高中学生发展核心素养与学校课程创新

GAOZHONG XUESHENG FAZHAN HEXIN SUYANG
YU XUEXIAO KECHENG CHUANGXIN

杨德军 黄晓玲 / 主编

北京师范大学出版集团
BEIJING NORMAL UNIVERSITY PUBLISHING GROUP
北京师范大学出版社

图书在版编目(CIP)数据

高中学生发展核心素养与学校课程创新/杨德军，黄晓玲主编. —北京：北京师范大学出版社，2019.12
(智慧教师：中国学生核心素养教与学丛书)
ISBN 978-7-303-25530-6

Ⅰ.①高… Ⅱ.①杨… ②黄… Ⅲ.①素质教育—课程建设—研究—高中 Ⅳ.①G632.3

中国版本图书馆 CIP 数据核字(2019)第 298368 号

营 销 中 心 电 话 010-58802135 010-58802786
北师大出版社教师教育分社微信公众号 京师教师教育

出版发行：北京师范大学出版社 www.bnup.com
北京市西城区新街口外大街 12-3 号
邮政编码：100088
印 刷：天津旭非印刷有限公司
经 销：全国新华书店
开 本：710 mm×1000 mm 1/16
印 张：21
字 数：293 千字
版 次：2020 年 9 月第 1 版
印 次：2020 年 9 月第 1 次印刷
定 价：72.00 元

策划编辑：姚贵平 冯谦益 责任编辑：马力敏
美术编辑：焦 丽 装帧设计：焦 丽
责任校对：康 悦 责任印制：马 洁

编委会

主　编　杨德军　黄晓玲

编　委　朱传世　范佳午　陈忠玲　张福生
张晓玉　周长凤　贺争光　周　慧
王自勇　苏秋云　易　瑾　朱栓平

前　言

2014年教育部在《关于全面深化课程改革落实立德树人根本任务的意见》中提出组织研究“学生发展核心素养”。学生发展核心素养是根据学生的成长规律和社会对人才的需求，把对学生德智体美劳全面发展总体要求和社会主义核心价值观的有关内容进行具体化和细化，以深入回答“培养什么人、怎样培养人”的问题。中国学生发展核心素养明确了学生应具备的适应终身发展和社会发展需要的正确的价值观、必备品格和关键能力，突出强调个人修养、社会关爱、家国情怀，更加注重自主发展、合作参与、创新实践。课程是教育思想、教育目标和教育内容的主要载体，集中体现国家意志和社会主义核心价值观，是落实党的教育方针的关键渠道，是学校教育教学活动的基本依据，是学生成长成才的重要保障，直接影响学校教育人才培养质量。学生发展核心素养搭建了培养目标与课程之间的桥梁，作为课改深化的基本方向和原动力，是学校课程建设的基本出发点和归宿。北京市自2007年进入普通高中课程改革以来，注重区域顶层设计和重点专题项目推进，主要围绕普通高中育人方式的关键环节和重点领域，突出课程整体育人和协同治理理念，基于学生发展核心素养发挥课程的育人价值，进一步下放课程专业自主权，包括赋予学校合理而充分的课程自主权、教师课程开发权和学生课程选择权，调动学校、教师和学生参与的积极性与主动性，形成生动活泼的、探索创新的课改深化面貌，努力构建具有首都特色和充满活力的普通高中课程体系，以培养有理想、有本领、有担当的时代新人。

在以学生发展核心素养为统领的高中课改深化过程中，北京市不断总结和巩固前期探索经验和成果，同时围绕学生发展核心素养和学科核心素养的落实开展专题性的理论研究和实践推动。自2016年《中国学生发展核心素养》发布以来，北京教育科学研究院基础教育课程教材发展研究中心专门成立研究课题组，对高中阶段学生发展核心素养以及高中课改深化如何落实学生发展核心素养进行专题研究。该研究在梳理国内外学生发展核心素养文献的基础上，结合中国学生发展核心素养框架、当前高中阶段学生的主要特点、高中教育的价值功能定位和培养目标、高中学生发展核心素养培育中的主要问题，梳理当前高中阶段学生素养中最核心而又最亟需培养的部分，如社会责任感、创新精神与实践能力、自我管理能力等，形成高中学生发展核心素养的要素表达。在此基础上，从学校课程整体建设、领域课程群建设、学科课程建设以及特色课程建设的角度，探讨课程建设促进高中学生发展核心素养培养的思路、策略和具体途径，并结合区县和实验学校探索整理的典型案例，剖析有效案例和经验，形成可借鉴、可操作的行动指南。本书即是该研究的阶段成果。

本书内容主要包括三个方面：一是理论与文献研究成果，主要从学生发展核心素养入手，研究并尝试细化高中阶段学生发展核心素养，为高中课改深化提供最直接的依据；二是实践及行动研究成果，即结合区县和学校实践，研究高中阶段学生发展核心素养与学校课程整体建设、领域课程群建设、学科课程实施、特色课程建设的主要方向、具体思路、创新空间及行动路径；三是经验及案例研究成果，即分析区县和学校的案例，提炼案例的核心要素并形成操作策略，进而提出相关政策建议。三个方面的研究成果在编排思路上按总—分—总的结构分为七章，第一章为普通高中学生发展核心素养专题研究，呈现高中学生发展核心素养的独特性以及培养现状；第二章至第六章分别基于高中学生发展核心素养，从学校课程整体建设、领域课程群建设、学科课程建设、特色课程建设四个角度揭示课程创新的一般路径和实践操作；第七章从反思与展望的角度，审视学生发展核心素养与课程建设的相关问题，并提出未来落实学生发展核心素养的课程改革的重点，即如何从系统性、整体性、精准性思维的角度，形成学生发展核心素养生态化养成的理念和基于深度学习培养学生发展核心素养。

本书理论与实践相结合呈现针对性和操作性的成果，其主要特点有：

一是系统梳理和研究高中学生发展核心素养。中国学生发展核心素养是基于“学生”群体的总体性的素养体系，针对高中学生而言，如何体现其阶段特征，这是本书的重要内容和出发点。本书在进行深入文献研究的基础上，尝试结合高中学生身心发展特点和高中教育实际，提出高中学生发展核心素养是更强调具有有发展梯度的高阶思维和高级素养，更突出“自主发展”的价值导向，以及更加关注与时代变革直接关联的素养，并基于此分析高中学生发展核心素养的培养现状。二是基于高中学生发展核心素养围绕课程创新从四个层面展开理论与实践分析，基本涵盖当前高中学校课程创新的主要领域和行动路径。四个层面既整体关联，又彼此相对独立，适合不同课程建设水平的学校有针对性地选择参考和借鉴。三是一般操作路径与实践案例相结合，有利于读者既把握基于高中学生发展核心素养课程创新的一般规律，同时又能借鉴鲜活的实践操作案例，在突出文献研究和理论研究解释力的同时，增强实践智慧和有效经验的显性再现和转化，以提升实践及行动研究的说服力。四是变革性实践中不断反思理论逻辑及其实践指导问题，加强理论与实践的对话和互促，在审视学生发展核心素养及其课程创新相关问题的基础上，提出需要用整体性、系统性、精准性的思维观照高中学生发展核心素养的培养。从学校教育角度，整体上可从生态化养成的角度进行学校教育的系统性变革；从学生自主发展角度，深度学习是促进学生发展核心素养的重要过程和手段。

本书是研究团队历时三年的集体成果，由北京教育科学研究院基础教育课程教材发展研究中心总体策划，由“北京市普通高中课程方案研制与实施管理”项目组具体承担。项目组成立了市—区—校三级联动的课题组，主要研究人员和写作者有市级项目组：杨德军、朱传世、黄晓玲、范佳午(北京教育科学研究院基础教育课程教材发展研究中心)，区级高中课程研究负责人：陈忠玲(东城区教育研修学院)、张福生(西城区教育研修学院)、张晓玉(海淀区教育科学研究院)、周长凤(房山区教师进修学校)、贺争光(大兴区教师进修学校)，高中学校课程负责人：周慧(北京中学)、王自勇(北京市第十二中学)、苏秋云(北京市三里屯一中)、易瑾(北京师范大学附属中学平谷第一分校)、朱栓平(北京师范大学燕化附属中学)。全书由市级项目组拟定研究方案和写作提纲，市一区一校负责人分工合作撰写各章内容，参与研究的学校相关教师(北京中学任炜东、岳蕾、高畅、张树宏，北京市第十二中学郭燕红、李婷婷，中国人民大学附属中学梁丽平，北京市第五十五中学马文伶等)提供部分具体案例，最后由市级高中课改项目负责人黄晓玲修改并统稿、北京教育科学研究院基础教育课程教材发展研究中心杨德军主任审定。

高中阶段是学生个性形成和自主发展的关键时期，一方面，高中学生发展核心素养具有鲜明的阶段性，即高中学生基础性及准定向分化性特点突出，要求对高中学生发展核心素养的理论研究进行进一步深化。另一方面，高中教育是连接义务教育和高等教育的承上启下的教育阶段。在高考综合改革的背景下，高中学生发展核心素养具有很强的发展性，需要统筹多个学段、多个学科和多种培养方式，考虑多个利益相关者对高中教育的期望，这无疑需要借助更多的视角进行更深入的研究。从课程创新的角度，当前高中课改已进入深化阶段，需要围绕高中育人方式的关键环节和重点领域，深入贯彻落实全国教育大会精神，在构建全面培养体系、优化课程实施、创新教学组织管理、加强学生发展指导、完善考试和招生制度、强化师资和条件保障等方面进行更多实践推进和创新探索。本书作为基于学生发展核心素养的高中学校课程创新的理论研究与实践探索结合的尝试，在理论研究的系统性和深入度以及变革性实践的代表性及持续性等方面还有待进一步探索，敬请读者批评并提出宝贵建议。本书在成书过程中得到北京市教委高中课改项目组、相关区县高中课改项目负责人和部分实验学校负责人及参与教师的大力支持，在此一并致谢。

编　者

2019 年 6 月

目　录

第一章

普通高中学生发展核心素养研究与培养现状

21世纪以来，学生发展核心素养受到世界主要国家教育研究者的共同关注；2014年我国提出研制学生发展核心素养体系，并以此作为培养目标和课程体系之间的桥梁，促进基础教育课程改革的不断深化。本章从部分国家和国际组织的学生发展核心素养主要代表观点出发，分析学生发展核心素养研究的关键问题，在此基础上，着眼高中阶段学生身心发展特点和高中教育的基本价值功能定位，探讨高中学生发展核心素养要素表达，并结合实际分析高中学生发展核心素养培养现状，提出改进的思路和建议。

第一节　学生发展核心素养研究进展综述

从 20 世纪后期开始，世界各国着力思考如何进一步优化人才培养模式以提升本国的综合国力。在教育改革与发展的浪潮中，核心素养越来越受到重视。各国通过不同的方式，将核心素养模型融入课程体系中，逐步从强调学科知识体系完备性、强调知识结构忽视能力培养的教育模式，向重视学生能力水平和全面发展的新模式转变。[①] 2014 年教育部《关于全面深化课程改革落实立德树人根本任务的意见》指出：要建立各学段学生发展核心素养体系，明确学生应具备的适应终身发展和社会发展需要的必备品格和关键能力。这为我国基于核心素养的课程改革指明了方向，也直接推动了我国学生发展核心素养研究。

一、 核心素养概念的提出与内涵

（一）核心素养概念的提出

进入 21 世纪以来，面对日新月异的社会与经济变革，许多国际组织、国家和地区都在思考如何培养未来的公民，以使其能够更好地适应 21 世纪的工作与生活。基于对未来公民形象的追问，自 1997 年以来，经济合作与发展组织(Organization for Economic Co-operation and Development，OECD)、联合国教科文组织(United Nations Educational，Scientific and Cultural Organization，UNESCO)、欧盟(European Union，EU)等国际组织先后开展了关于核心素养的相关研究。受其影响，美国、英国、法国、德国、芬兰、日本、新加坡以及中国台湾地区等也积极研究核心素养框架。

1997 年 12 月，经济合作与发展组织就启动了核心素养的界定与遴选：理论和概念基础项目(Definition and Selection of Competencies：The-

① 辛涛、姜宇、王烨辉：《基于学生核心素养的课程体系建构》，载《北京师范大学学报(社会科学版)》，2014(1)。

oretical and Conceptual Foundations，DeSeCo）。DeSeCo 项目的整个研究思路是：确立核心素养的功能是实现个体生活的成功和社会的健全；基于此，分析社会的愿景和个人的生活需求，进而研制核心素养的理论要素，集合多方观点，并对之进行分类，最后形成核心素养体系（图 1-1）。其具体包括三个维度九项素养。第一，能互动地使用工具，包括三项素养：互动地使用语言、符号和文本；互动地使用知识和信息；互动地使用（新）技术。第二，能在异质群体中进行互动，包括三项素养：了解所处的外部环境，预料自己的行动后果，能在复杂的大环境中确定自己的具体行动；形成并执行个人计划或生活规划；知道自己的权利和义务，能保护及维护权利、利益，也知道自己的局限与不足。第三，能自律自主地行动，包括三项素养：与他人建立良好的关系；团队合作；管理与解决冲突。

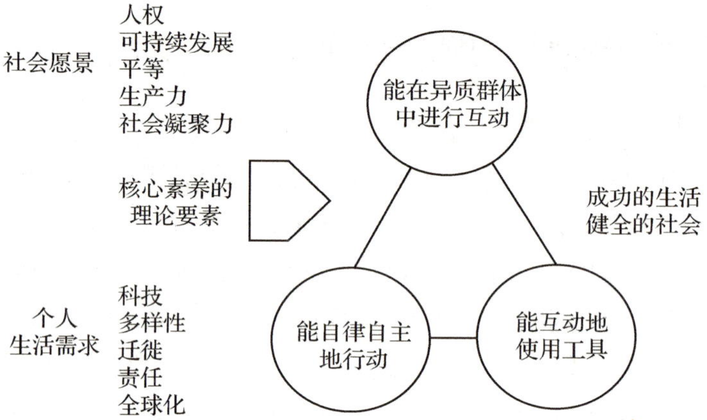

图 1-1　OECD 核心素养的概念参照框架图

美国在 2002 年成立了“21 世纪技能联盟”（Partnership for 21st century），该组织负责研发制定《21 世纪技能框架》，并以合作伙伴形式将教育界、企业、社区和政府联合起来，经过了十几次会议、一次全国性大会，邀请了数十位教育家、企业领导人和政策制定者对《21 世纪技能框架》进行审查和修订，制定的 21 世纪技能包括三大类技能十一项技能（表 1-1）。

表 1-1 美国 21 世纪技能框架

一级指标	二级指标
学习与创新技能	创造性和创新能力
	批判性思维和问题解决能力
	交流与合作能力
信息、媒体与技术技能	信息素养
	媒体素养
	信息交流和科技素养
生活与职业技能	灵活性和适应性
	主动性和自我指导
	社交和跨文化交际能力
	效率与胜任力
	领导力和责任感

2006 年欧盟向各成员国推荐了关于核心素养的建议案，将核心素养定义为知识社会中每个人发展自我、融入社会及胜任工作所必需的一系列知识、技能和态度的集合。建议案主要涉及母语交往、外语交往、数学素养和基本的科学技术素养、信息素养、学会学习、社会和公民素养、主动和创新意识以及文化意识和表达八大核心素养体系(表 1-2)。

表 1-2 欧盟“核心素养体系”

核心素养的类型	核心素养的内涵
母语交往	能够适当地、创造性地使用口语和书面表达来解释概念、想法、感觉、态度和事实，且能够运用语言在不同的社会和文化情境中进行交往，如教育、工作、休闲和日常生活
	语言对他人的影响以及如何通过积极的、对社会负责的方式使语言越来越得到人们的关注
外语交往	能够学会口语和书面表达，在不同的社会和文化情境中使用外语解释概念、想法、感觉、态度和事实
	跨文化的理解技能的发展

续表

核心素养的类型	核心素养的内涵
数学素养和基本的科学技术素养	能够使用知识和方法来解释自然世界，并能够发现问题进行事实分析得出结论
	技术素养被认为是应用科学知识和科学方法的一个重要条件
信息素养	信息素养是一个人能够在工作、个人和社会生活、人际交往中自信和批判性地使用信息与通信技术的一个重要条件
	基本的信息与通信技术技能：能够使用计算机实现对信息的检索、评估、存储、创建、显示和互换，通过互联网开发合作网络
学会学习	学会坚持学习和管理个人学习，包含在自主学习和合作学习中高效率地管理学习时间和学习信息
社会和公民素养	在人际交往和互相合作方面的素养
主动和创新意识	个体将想法转化为行动的能力，包括创造力、创新、敢于冒险、规划和管理项目的能力
	管理个体工作、社会生活和日常生活的能力基础
文化意识和表达	创造性地表达在艺术和媒体方面的想法、经验和情感，包含音乐、舞蹈、喜剧、文学和视觉艺术
	这里的文化包含当地以及国家的知识和意识，欧洲文化遗产以及个人在世界中的地位

2010 年 3 月，新加坡颁布了“21 世纪素养”框架(图 1-2)。其中，核心价值观包括尊重、负责、正直、关爱、坚毅不屈、和谐。社交与情绪管理技能包括自我意识、自我管理、社会意识、人际关系管理、负责任的决策。公民素养、全球意识和跨文化交流技能，包括活跃的社区生活、国家与文化认同、全球意识、跨文化的敏感性和意识。批判性、创新性思维，包括合理的推理与决策、反思性思维、好奇心与创造力、处理复杂性和模糊性。交流、合作和信息技能，包括开放、信息管理、负责任地使用信息、有效地交流。学校所有学科的教学，就是为了培育这些素养，最后培养出充满自信的人、能主动学习的人、积极奉献的人、心系祖国的公民。

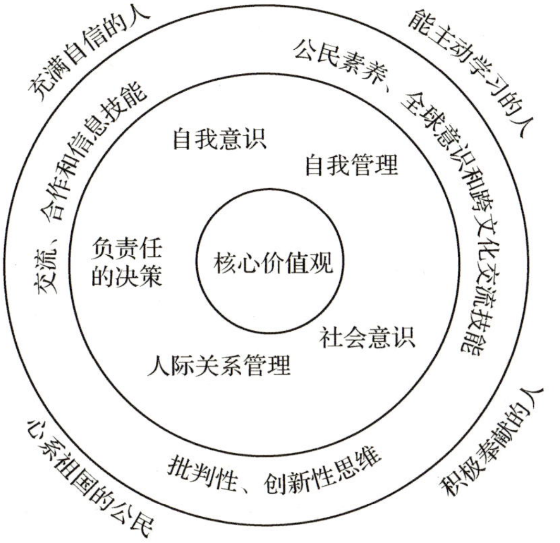

图 1-2 新加坡“21 世纪素养”框架图

随着上述研究成果的发布，全球很多国家和地区都关注未来理想人才应具备的核心能力和素养的研究，逐渐形成了各具特色的国家核心素养框架。2013 年，我国教育部基础教育二司委托林崇德教授组织“我国基础教育和高等教育阶段学生核心素养总体框架研究”，通过理论研究、国际比较和调研，制定出一套可操作、可测量、可评价的指标体系，以落实立德树人的根本任务，推动我国课改与世界趋势同步。① 经过三年多的研究，2016 年 9 月我国正式公布了《中国学生发展核心素养》，具体包括文化基础、自主发展、社会参与三大领域的学生发展核心素养框架(表 1-3)，引领我国课改的整体方向。

表 1-3 中国学生发展核心素养框架

一级指标	二级指标
文化基础	人文底蕴
	科学精神

① 教育部重大项目“我国基础教育和高等教育阶段学生核心素养研究”启动，http://bnu.cuepa.cn/show_more.php?tkey=&bkey=&doc_id=809567，2013-05-30。

续表

一级指标	二级指标
自主发展	学会学习
	健康生活
社会参与	责任担当
	实践创新

（二）核心素养概念的内涵

梳理国外核心素养的研究成果，可以从思想基础、具体内容、呈现方式三个维度来解读其内涵。一是学生核心素养培育的思想基础是“人的全面发展”，具体说明了教育需要赋予学生的基本素养和能力。二是核心素养的具体内容包括知识、能力、情感等多个方面。例如，国际上重视的语言交往、信息处理、问题解决、社会合作、创新意识等素养，都是学生获得知识、习得能力、情感、发展情感后相互融合的产物。三是核心素养以三维整合的方式呈现，侧重学生的生存能力和人文素养，有较强的综合性和实践性。可见，核心素养是知识、能力、情感、态度和价值观多方面的融合，既包括问题解决、探究能力、批判性思维等认知性素养，又包括自我管理、组织能力、人际交往等非认知性素养。核心素养是个体适应社会需要、获得全面发展、提高生存能力的必备素养，是满足终身学习的基本条件，是提升国民素质的重要保障。

纵观部分国家、地区及国际组织对核心素养的内涵界定及结构分析，关于核心素养的特点目前已经达成较高的共识，其基本特点可以概括为：一是全体性，世界各地的核心素养研究的出发点各不相同，但面向的对象是社会全体成员，这是共有的特点。二是发展性，显而易见，核心素养的形成不是一蹴而就的，而是根据学生身心发展的不同阶段不断完善的。例如，联合国教科文组织对核心素养的内涵解析，就是根据不同年龄段儿童的心理、生理特点解析核心素养的落脚点及达成标准。发展性的另一层含义是在当代终身学习的背景下，不同人生阶段对核心素养的学习和理解也不断深化，因此是伴随终身的。三是系统性，由于各地制定核心素养的出发点不同，即便要素相似也有不同的搭建原则，但整体而言，核心素养的构成具有系统性，不同的结构说明从各自的逻辑阐述需要培养什么样的人。

尽管现在学界关于“核心素养”还没有一个统一的概念界定，但可以明确的是，核心素养应该是一个时空概念，也是一个发展性概念，在不同国家、不同地区、不同组织、不同时间，具有不同的内涵。同时，核心素养具有可培养、可评价、可持续发展的特征。从小学到大学，学生核心素养是一个有机的统一整体，在不同的学段，其关键内涵有纵向的梯度衔接。核心素养体现了当今时代对教育目标的整体定位，也是今后各级教育制定培养目标首先可以考虑的方向性原则。

二、 核心素养培养的国内外实践

（一）核心素养培养的国外实践

在国际组织、研究机构和部分国家(地区)的研究中，关于核心素养的具体培养方式和策略研究并不多。鉴于学生发展核心素养培养的重要性，本书同时关注学生发展核心素养培养的实践。目前国际上对核心素养培养的研究主要集中在基于核心素养的课程改革实践和测量评价体系建立等方面。构建基于核心素养的课程体系包括具体化的教学目标、内容标准、教学建议和质量标准。[①] 其中，前两者是核心素养的体现，后两者是帮助学生形成核心素养的方法。目前国外基于核心素养的课程改革实践主要包含以下几种模式。

1. 核心素养独立于课程体系之外并与之融合的美国模式

由于美国的联邦体制，长期以来，美国并没有国家层面的课程标准。2002 年，美国劳工部通过联合戴尔、苹果、思科、英特尔等几大公司，以及州立学校首席管理会 (Council of Chief State School Officer, CCSSO)、国际科技教育学会 (International Technology Education Associa-

---

① 辛涛、姜宇、王烨辉：《基于学生核心素养的课程体系建构》，载《北京师范大学学报（社会科学版）》，2014(1)。

tion，ITEA）等合作伙伴，一起创办了“21 世纪技能联盟”。该组织将 21 世纪应具备的基本技能进行整合，制定了《21 世纪技能框架》，以合作伙伴的形式将教育界、商业界、社区以及政府领导联合起来，把 21 世纪技能的培养融入中小学教育当中。21 世纪议题是跨学科的，其内容包括全球意识、理财素养、公民素养、健康素养、环保素养。

基于学生发展核心素养的美国教材带给人们多方面的启示。在教材编写方面：教材以学生心理逻辑为主、学科知识体系为辅，相对中国的现行教材更加生活化。在课堂教学方面：从“知识核心时代”走向“核心素养时代”是时代的必然，但对于大多数教师而言，这是一个巨大的挑战。因为要落实学生发展核心素养，不仅在于教材，更在于每一位教师，在于每一节课。这要求教师转变观念，变课堂教学为课堂教育，变知识传授为教书育人，强调课程整体育人功能和价值。①

2. 在课程体系中体现核心素养的芬兰模式

芬兰将核心素养培养与其课程的制定紧密结合，将核心素养模型分解至各学科、各学段，并且作为课程目标以及学生学段结束后达到水平标准的指导，从上位的教育目标到中间层面的核心素养再到具体的学科目标，各个层面较好的衔接，核心素养与整体的课程设计是一体的，这不仅有助于教师对课程的实施和对教育目标的把握，更有利于学生核心素养的实现。②

3. 通过课程标准体现核心素养的日本模式

2008 年，日本对教育法做出一系列修改后制定了《学习指导要领》，将培养学生的生存能力定为日本义务教育的基本目标，关注学生八个方面的素养：语言能力、科技应用能力、外语能力、注重传统文化、实践能力、道德素养、身体健康、参与社会活动的素养。从课程标准的结构和形式上看，日本的课程标准更接近传统课程标准的形式，与我国传统

---

① 徐达：《学科核心素养视角看美国高中生物主流教材——以“免疫系统”为例》，载《中学生物学》，2016(3)。

② 王烨晖、辛涛：《国际学生核心素养构建模式的启示》，载《中小学管理》，2015(9)。

课程标准的形式与内容也较为一致。但其课程标准试图在不同学科的教学内容和教学建议当中都体现培养学生某一方面或者几个方面的核心素养，展现了核心素养的培养与多个学科共同培养、与具体学科内容相结合的特点。

4. 核心素养与国家课程紧密结合的英国模式

2007 年英国修订的国家课程对核心素养有了更为清晰和全面的表述，其分别从课程目标、学科重要性、关键概念、关键过程和内容范围几个方面，对跨领域和学科特异性的学生发展所需具备的素养和能力进行了系统而完整的阐述。核心素养在推动课程改革的同时，也为学业质量评估带来了新的机遇。在摒弃过去仅仅以学业成绩为考核标准的同时，如何开发出一种针对学生综合能力的科学的评价体系成为一个巨大的挑战。英国建立起贯穿学生 4 个关键阶段的连续性学业质量评价标准，每个学科包括 8 个水平加一个优秀水平的标准，每个水平都有相对应的能力类型和能力范围，以保证学生的能力发展状况能被实时监测，能及时发现问题，保证预设的课程目标能得以实现。

（二）核心素养培养的国内探索

我国较早研究核心素养的学者柳夕浪认为核心素养是知识、能力、态度或价值观等方面的融合，既包括问题解决、探究能力、批判性思维等认知性素养，也包括自我管理、组织能力、人际交往等非认知性素养。从人的全面发展、适应社会角度出发，这是“核心的”素养，是可教、可学、可测得的必要素养，解决的是“培养什么样的人”的教育问题。

辛涛等学者通过总结质量标准建立的需要，梳理国家宏观教育目标，分析当前国际形势，提出我国基础教育阶段学生核心素养的概念内涵；并指出核心素养必须能够指导教师日常教学、促进教育评价、指引教育改革发展方向；在核心素养的遴选时要遵守素养可教可学、对个体和社会都有积极意义、面向未来且注重本国文化这三个原则。学生核心素养的遴选应注重一贯性、发展性与时代性，其建立过程需要广泛征集教育利益相关者的意见；要处理好核心素养与教育改革和发展的关系，让其更好地服务教学实践；要完善核心素养测量与评价体系，推进其服务教育评价领域。①

在学校层面，学生发展核心素养是整个学校课程的灵魂，统整学校课程规划和建设的各个要素。有学者以学生核心素养与课程的关联一致性作为划分标准，将当前学校课程分成6种水平。水平1：无关联的单一课程；水平2：无关联的碎片课程；水平3：表面关联的课程；水平4：实质关联的课程；水平5：部分实质关联的课程；水平6：有质量的素养课程。②

在学科层面，2011年颁布的《义务教育历史课程标准(2011年版)》提出了“历史素养”概念。历史素养是通过日常教化和自我积累而获得的历史知识、能力、意识及情感价值观的有机构成与综合反映；其所表现出来的，是能够从历史和历史学的角度发现问题、思考问题及解决问题的富有个性的心理品质。另有学者从历史学科专业的角度提出史学素养，具体分为时空意识、现实意识、证据意识、问题意识、融合意识与分层意识六个方面。③ 普通高中各学科课程标准(2017年版2020年修订)，也从学科核心素养和学业质量角度对落实学科核心素养提出了具体要求和建议。

在实践探索中，清华大学附属小学以“为聪慧与高尚的人生奠基”为办学使命，确定该校学生的核心素养为：家国情怀、公共道德、身心健康、社会参与、学会学习、国际视野……构建了基于学生发展核心素养的“1＋X课程”。在课程实施过程中，研制了《质量目标指南》和《课堂乐学手册》，搭建了课程标准、教材、教学之间的桥梁；进行了学科间的课程整合，还儿童以真实情境；不断调整课时，体现课程的丰富性、选择性与人性化，使课程真正服务于学生成长。④ 浙江大学附属中学对高中生核心素养培养进行了校本探索，学校以“健康力”“人格力”“学科力”“学习

---

① 辛涛、姜宇：《全球视域下学生核心素养模型的构建》，载《人民教育》，2015(9)。

② 夏雪梅：《基于学生核心素养的学校课程建设：水平划分与干预实例》，载《课程·教材·教法》，2013(7)。

③ 张华中：《基于实践的历史学科核心素养体系刍议——以普通高中为例》，载《历史教学(上半月刊)》，2015(9)。

④ 窦桂梅、胡兰：《基于学生核心素养发展的“1＋X课程”建构与实施》，载《课程·教材·教法》，2015(1)。

力”“规划力”来表述高中生核心素养的内涵。

第二节 学生发展核心素养研究关键问题

培养什么样的人，是教育永恒的命题。素养是每个人生活所需的，核心素养代表社会中所有个体成员应普遍达到的共同要求。通过文献梳理与分析可见，从素养到核心素养这一研究视角的转变，体现了教育发展所需要适应的社会环境的变化，不同国家和地区在这一问题上的着眼点也是各有千秋，整体来看是反映了基于理想人才培养的基本趋势。

一、 关注理想人才的培养——从全面发展到核心素养

学校教育应该承担什么职责，并把学生培养成适应未来社会需要的理想人才，先贤们无不围绕促进学生全面发展进行论述。古希腊就提出了“全面发展的人”的理念，文艺复兴时期的启蒙思想家和之后的教育家们也主张人们要多方面地、和谐地发展。马克思、恩格斯从社会分工角度提出的人的全面发展学说——“将使一个以各个人自由发展为一切人自由发展的条件的联合体”。① 联合国教科文组织在 1972 年发表的《学会生存——教育世界的今天和明天》报告中提出了培养“完人”的教育目的，“把一个人在体力、智力、情绪、伦理等方面的因素综合起来，使他成为一个完善的人②，一个家庭和社会的成员，一个公民、生产者、技术发明者、有创造性的理想家，来承担各种不同的责任”。③ 国际教育发展委员会认为教育应该围绕“学会认知”“学会做事”“学会共同生活”“学会生存”四种基本学习整体安排，促进学生主体性发展，促进学生全面发展。我国 1982 年《中华人民共和国宪法》也规定了“国家培养青年、少年、儿童在品

---

① 转引自黄济：《教育哲学通论》，440 页，太原，山西教育出版社，1998。

② 联合国教科文组织国际教育发展委员会：《学会生存：教育世界的今天和明天》，196 页，北京，教育科学出版社，1996。

③ 联合国教科文组织国际教育发展委员会：《学会生存：教育世界的今天和明天》，2 页，北京，教育科学出版社，1996。

德、智力、体质等方面全面发展”①，是人的全面发展思想的进一步阐释。

如何培养和提升学生在未来社会的生存能力和竞争力，在学校教育中积极培养学生的核心能力，成为20世纪末以来的重点话题，国际组织、发达国家的密切关注，直接推动了学生核心素养的研究。经过多年的研究积累，专家们和社会各界普遍认同核心素养是代表社会中所有个体成员应普遍达到的共同层次，是每一个人完成自我实现，成为主动积极发展的个体，参与社会与沟通互动所需要的重要素养，也是个体获得成功生活与社会健全发展所具备的核心的、关键的、必要的、重要的素养。

近年来，关于核心素养的讨论日趋热烈，到底什么素养属于核心素养，如何积极培育，更是引起了社会各界的关注。在诸多学术争鸣中，褚宏启教授的观点备受关注。2016年褚宏启教授在“学生核心素养发展六人谈”中指出，第一，核心素养是“关键素养”，而不是“全面素养”，必须从人的发展与社会发展要求来确定。第二，核心素养要反映“个体需求”，更要反映“社会需要”，是为了让学生能够更好地适应未来社会的挑战。第三，核心素养是“高级素养”，不是“低级素养”，甚至不是“基础素养”。第四，核心素养要反映“全球化”的要求，更要体现“本土性”的要求。在中国所要注重的两大核心素养是创新能力和合作能力，积极培养会创造的人，会合作的人，推动创新型国家的建设。2017年褚宏启教授又以《核心素养是否过时：关键能力能否取代核心素养?》一文理性回应了社会各界关于“核心素养是否过时”的疑虑，具体指出：第一，核心素养和关键能力的内涵是一致的，不存在谁代替谁的说法，核心素养的培育必须成为当今中国教育改革与发展的目标，抓好基础素养的同时，更要提升学生的高级素养。第二，课程内容要与核心素养精准对接。服务于教育目标和培养目标，推进课程内容的结构性调整是有必要的。第三，教与学的方式要与核心素养精准对接，当下核心素养中的两大高级素养是创新能力和合作能力，分别体现为“聪明的脑”和“温暖的心”。

① 转引自黄济：《教育哲学通论》，443页，太原，山西教育出版社，1998。

二、 关注核心素养的界定——从公共定义到个性解读

（一）从特定职业教育领域到基础教育公共领域

最早出现的与核心素养有关的概念是关键能力，产生于 20 世纪 70 年代，在德国职业教育界提出并得到很大发展。德国社会教育学家梅腾斯(Mertens)1974 年提出的关键能力，是指能对人生历程的各个方面如职业生涯、个性发展和社会存在起着关键性作用的能力，是一种跨专业的知识、技能和能力，在职业生涯中起关键作用的综合能力，超出了专业技能和知识的范畴，是方法能力、社会能力和个人能力的进一步发展，具体包括基础能力、职业拓展性要素、信息获取和加工能力、时代关联性要素。① 此后，关键能力在多个国家的职业教育、高等教育乃至基础教育都产生了深远影响。我国形成了两大研究主题：一是职业教育、高职教育中综合能力、培养、问题解决等关键词凸显的主题；二是专业类关键词和“启示”“创新”“探究”“思考”等关键词，代表了研究的前沿方向(图 1-3)。②

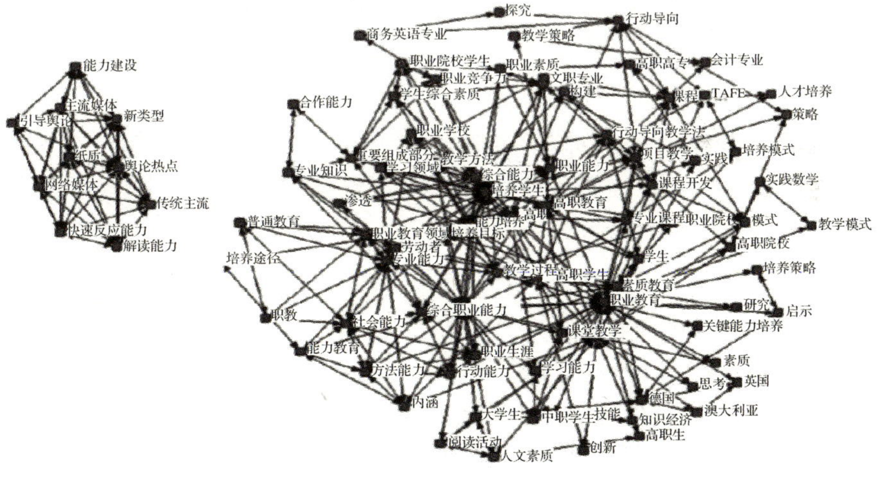

图 1-3 国内关键能力研究的两大研究主题

① 徐朔：《“关键能力”培养理念在德国的起源和发展》，载《外国教育研究》，2006(6)。

② 杨继龙：《近十年关于大学生关键能力培养研究的文献统计与可视化分析——兼论基于关键能力的职业教育研究热点》，载《现代教育科学》，2014(7)。

（二）从国际组织（机构）研究到国家本土化研究

本书在查阅 OECD、欧盟等官方网站资料的同时，通过 ProQuest、Springer、CNKI 等学术文献资源库广泛查阅文献，对核心素养相关概念的内涵进行梳理，具体如下。CNKI 全文数据库中，以“核心素养”“关键能力”为关键词进行搜索，涵盖了基础教育、职业教育、教师教育和高等教育。目前关于核心素养的基本框架，学界关注最多的是三个核心素养研究成果，分别由 OECD、欧盟和美国研制。核心素养在德国、挪威、瑞典、芬兰、丹麦、新西兰等许多国家已经被当成教育目标，据此推动课程发展与设计的改革，通过教育培育优质的公民，使其有能力实现个人目标，了解自己，学会与人互动，有效处理生活需求，建构运作良好而功能健全的社会。

1997 年 12 月，OECD 启动了素养的界定与遴选(DeSeCo 项目)，在素养的界定中特别强调了 OECD 各国普遍认同的人权和民主价值观、可持续发展，重视促进个人拥有成功的生活，具体表现为与他人具有亲密的关系，认识自我和所处的环境，能在社会环境中自如互动，有成就感和愉悦感。特别强调了核心素养的习得是通过个体在正式教育和非正式教育情境中的互动和个体的反思能力实现的。

欧盟 2006 年发布确定了八大核心素养，强调终身学习是基本理念，注重发展能适应知识社会，能提升个体语言学习、发展职业能力、促进欧盟整体发展的素养，实现个人、社会、经济三个方面的目标和追求，被称为综合性素养或跨学科素养，强调其多领域知识、技能与态度的整合性及其作为人才基本素质的基础性。①

美国在 2002 年成立了“21 世纪技能联盟”，负责研发制定《21 世纪技能框架》，并以合作伙伴形式将教育界、企业、社区和政府联合起来，最终制定的 21 世纪技能包括三大类技能十一项技能。

随着上述研究成果的发布，全球很多国家都关注未来理想人才应具

① European Union, " Recommendation of the European parliament and of the council—of 18 December 2006 on key competences for lifelong learning,"Official Journal of the European Union, 2006(12).

备的核心能力和素养的研究，逐渐形成了各具特色的国家核心素养框架。近 20 年来，国际组织、世界部分国家(地区)的研究分别结合本组织和国家(地区)所关注的理想人才培养的核心要义，建构了特色纷呈的核心素养框架或体系，此后在一定范围内推动了学校教育的变革。

三、 关注研究视角的转变——厘清“变”与“不变”

尽管不同机构在研制该素养框架时使用的英文单词不完全一致，有用 core competence 的，也有用 core competency 的。在翻译过程中有人将其译为核心素养，也有人译为关键能力、关键技能；欧盟和 OECD 将该框架应用到本成员国人才素养框架研制，又将其转译为 key skill，美国将其界定为 21st century skill，故本书中将核心素养、关键能力、关键技能、21 世纪技能视为同一个概念。当今学生面临多元复杂多面的社会，学习若关注于狭隘的学科知识能力范围，未能广泛积极接触其他学习领域与社会生活所需的知识、能力、态度，恐怕很难适应未来的需求。研究者指出人才素养的差异与学校教育是有关的，学生在学校的学习时间对参与社会活动、未来的学习都有影响。① 由此可见，以核心素养研制为先导的学校教育变革是势不可挡的。核心素养的研究被视为一种多学科、多领域的协同研究，整体来说从回答教育应培养什么样的人起步，确实直接带动了学校教育的变革。

在已有研究中，钟启泉教授关于基础教育人格培养的分析，是对培养理想人才的研究中“不变”部分的高度概括：基础教育是奠定每一个儿童学力发展和人格发展的基础，人格发展研究的是首要的人格、是相互关联的内在条件的总体，其发展过程受种种社会条件的规定和制约，通过活动得到全面发展。② 人格培养的分析，与我国 20 世纪 80 年代以来提出的素质教育是一脉相承的。核心素养的研究能更好地澄清培养什么样的人的问题，是对素质教育的丰富和完善，进一步厘清素质教育的思路，

---

① E A Hanushek & D D Kimko, “Schooling, Labour-Force Quality, and the Growth of Nations”American Economic Review, 2000(5).

② 钟启泉：《如何应对学力问题：教育实践的课题》，载《全球教育展望》，2005(12)。

突破了原来将素质孤立划分为身体、道德、审美、文化素质等提法，凸显了素养培养的综合性，明确了每一种素养的养成是学校多种课程综合作用的结果，对于聚焦学生发展核心素养，合理统整、设计学校课程，推进基于核心素养的育人体系建设具有重大的价值。

近几十年来，随着互联网、现代科技的快速发展，社会分工、产业结构、人才市场的调整和发展，为创新、参与、共享以及自我组织提供了一个全球性的平台①，教育的发展和变革面临更为复杂的社会环境。一是以电子计算机为标志的科学技术已经影响到了社会的各个领域，社会产业结构、劳动分工、劳动方式发生了翻天覆地的变化②，技术变革给劳动过程管理、劳动岗位的流动、劳动职业的更替、劳动者素质和能力的培养等方面都提出了新的课题，对劳动者的体力、智力、社会性等方面的发展提出了更高的要求，全面发展的内涵更加丰富，对学校所提供的课程要求也越来越高了。二是新兴的教育技术和开放的学习资源紧密围绕以学习者为中心，使学习的发生变得更加容易，对学习者的能力和素养有了更准确的定位。《时代周刊》发表了某研究者的文章《使学校走出20世纪》，指出学习者所需要具备的创新与创造力、沟通、翻译、综合、协作、问题解决以及跨学科的见解等必须被给予重视，这是当前时代与不同国家或地区的人协同工作所必备的核心技能之一。③ 三是随着社会的发展，人才市场对于理想人才有更高的要求。从美国400名企业雇主调查数据来看，最被看重的高中毕业生的五项技能是——职业道德、合作、良好的沟通能力、社会责任感、缜密思考和解决问题能力；主要考核大学本科毕业生的五项技能是——口头表达能力、合作、专业或职业道德、书面表达能力、严密思考和问题解决能力。被访问的雇主中有超过70%的人还提到了在未来五年需进一步提高的知识和能力为缜密的思考、信

① Don Tapscott & Anthony D. Williams. *Wikinomics*: *How Mass Collaboration Changes Everything*, New York, Penguin, 2006, p. 37.

② 杨兆山：《关于人的全面发展的几点认识——兼论马克思人的全面发展思想的时代价值》，载《东北师大学报(哲学社会科学版)》，2003(3)。

③ 柯蒂斯·J·邦克：《世界是开放的——网络技术如何变革教育》，35页，上海，华东师范大学出版社，2011。

息技术、健康意识、合作、创新能力以及个人财产责任。①

从素养到核心素养研究视角来看，核心素养的研制与推动是社会快速发展的必然结果，也是促进人才培养更好地适应未来社会需要的必要途径。世界各国以核心素养为指引的课程改革规划途径的主要特点有：①以核心素养为课程规划的开始；②聚焦于学生将要学习的内容，学习领域与课程内容是获得核心素养的媒介；③核心素养是可以测量的知识与技能，与课程实施、评估是紧密联系的；④以多元的课程实施促进核心素养的统整教育。② 核心素养在德国、挪威、瑞典、芬兰、丹麦、新西兰等许多国家已经被当成教育目标，据此推动课程发展与设计的改革，通过教育培育优质的公民，使其有能力实现个人目标，了解自己，学会与人互动，有效处理生活需求，建构运作良好而功能健全的社会。

第三节　高中学生发展核心素养研究概述

《关于全面深化课程改革落实立德树人根本任务的意见》提出“研究各学段学生发展核心素养体系”；“明确学生完成不同学段、不同年级、不同学科学习内容后应该达到的程度要求……要从实际情况和学生特点出发，把核心素养和学业质量要求落实到各学科教学中”。相关研究者也认为，“中小学阶段是人的核心素养形成和发展的关键期。对学校教育功能和时间的有限性而言，特别有必要强调核心素养”③，“要想真正发挥核心素养对于我国各级各类学校教育的引领和辐射功能，就必须将核心素养体系中高度抽象、概括的条目细化为不同学段学生的具体培养目标和发展要求”。④ 这在客观上要求高中学段形成具体的核心素养目标和要求，

---

① 周满生、陆瑜：《聚焦 21 世纪人才基本技能的培养——美国的政策转换与实践》，载《北京大学教育评论》，2009(2)。

② 蔡清田：《课程发展与设计的关键 DNA：核心素养》，162 页，台北，五南图书出版股份有限公司，2012。

③ 余文森：核心素养的内涵与意蕴，http：//blog. sina. com. cn/educationtoday，2019-10-01。

④ 刘磊：《建构中国学生的核心素养》，载《中国德育》，2016(1)。

把高中学生核心素养培养的问题提上日程。

一、 高中阶段学生发展核心素养相关研究

（一）新加坡高中学生发展核心素养的内涵界定

新加坡的“21 世纪素养”理想的教育成果是培养充满自信的人、能主动学习的人、积极奉献的人和心系祖国的公民。小学、中学、中学后教育三个阶段也有各自的培养目标(表 1-4)。

表 1-4 新加坡各教育阶段学生核心素养发展目标①

在小学毕业时应当	在中学毕业时应当	在中学后教育毕业时应当
能够分辨是非	刚正不阿	有道德勇气，捍卫正义
知道自己的优点和发展领域	相信自己的才能，能够适应变化	面对逆境不屈不挠
能够合作、分享，关心他人	能够从事团队工作，同情他人	能够进行跨文化合作，富有社会责任感
对事物怀有强烈的好奇心	有创造力，善于探索	富有创新精神和创业精神
能够独立思考，自信地表达自己的见解	能够欣赏不同的观点，并进行有效的交流	能够批判性地思考，并进行有说服力的交流
为自己的学习感到骄傲	对自己的学习负责任	坚定地追求卓越
养成良好的习惯，对艺术感兴趣	喜欢体育运动，欣赏艺术	追求健康的生活方式，能够欣赏美
了解并热爱新加坡	对新加坡有信心，知道新加坡的切身利益	对自己是新加坡人感到自豪，知道新加坡与世界的关系

新加坡不仅给出了基础教育各阶段学生学业应实现的目标，对高中阶段学生核心素养也进行了具体界定。从表 1-5 可见，该框架对于中学教育、中学以后教育的态度与价值观给出了明确的建议，相对于低学段教育，高中阶段教育是一种高阶的价值追求，体现了学段之间的衔接与发

① 褚宏启、张咏梅、田一：《我国学生的核心素养及其培育》，载《中小学管理》，2015(9)。

展，更倾向于对学生道德、精神、价值层面的培育，并形成一个体系：①核心价值(个人)包括道德、责任、美的诉求、自信、自律等；②核心价值(社会)包括国家情怀、团队合作、善良仁慈、健康生活等；③态度包括乐于参与、批判性、具有创意等。此素养框架与我国人文底蕴、科学精神、学会学习、健康生活、责任担当、实践创新六大核心素养也具有一定的共同点，即将价值观和态度摆在十分重要的位置。但相对于我国学生发展核心素养的“文化基础”“社会参与”“自主发展”维度，则明显倾向于“自主发展”，对其他方面的关注度则较少。

表 1-5　新加坡高中核心素养的内涵界定

主要领域指标	高中阶段的主要目标	与其他学段的主要差异
核心价值观	有道德勇气，捍卫正义；面对逆境不屈不挠	更注重高中学生的价值判断、选择与行为决策能力的培养
社交与情绪管理技能	坚定地追求卓越，追求健康的生活方式	更注重高中学生主动追求健康生活、卓越学习能力的培养，侧重鼓励个体为自己所规划的目标而努力
公民素养、全球意识和跨文化交流技能	能够进行跨文化合作，富有社会责任感，能够欣赏美，对自己是新加坡人感到自豪，知道新加坡与世界的关系	更注重高中学生所关注和活动领域的扩大，拓展培养全球意识，能增强对国家的情感和地缘关系的认识，并能运用多种工具进行跨文化合作与交流
批判性、创新性思维	有创新精神和创业精神	更注重高中学生生涯规划、创业精神的培养，与高中阶段要开设相关课程有密切关联
交流、合作和信息技能	能够批判性地思考，并进行有说服力的交流	更注重高中学生批判性思维的培养，侧重学生批判、质疑、高水平表达与交流能力的培养，这与高中的教与学方式有密切关联

（二）我国高中学生发展核心素养相关研究

目前关于高中阶段核心素养的研究成果不多，这与教育部颁布《中国学生发展核心素养》总体框架的时间有关。近年来，不少研究者、教师在学科领域内进行了关于学科核心能力、素养培养的初步探索，涉及学校管理和语文、英语、地理、化学、政治、体育、生物、物理等多个学科，从文献发表的情况来看，有以下几个特征。

一是核心素养在中学教育教学中如何落实和推进，对学校各方面工作提出了挑战。关于教与学方式变革，如刘启迪、褚宏启等完成的《高中课程改革如何强化学生的核心素养》《我国学生的核心素养及其培育》等①；范永梅完成的《核心素养：催生高中物理学习方式的变革》则从物理学科如何通过自主学习、实验探究、合作学习、综合实践等方式的转变，积极落实高中学生核心素养的培养，在学科教与学方式的变革中培养学生的物理观念、科学态度和责任、科学思维和科学创新。②

二是围绕核心素养对高中学科课程标准、学科教学中的定义、功能等进行辨析。例如，关晶完成的《高中数学核心素养的内涵及教育价值》研究，结合高中学段的特点及国内外学者对其进行的前沿性研究，浅谈对数学核心素养的理解，分析数学核心素养三大特征及其教育价值。③

三是以教材、课标、试题等素材的部分内容为切入点，进行中外对比分析的学科核心素养培养分析，如朱伟义和曹凤山、印晓明和陈坤分别完成的《从高中数学核心素养的视角看2016年浙江高考数学试题》《中美高中主流物理教材在"光学"部分内容呈现的差异与启示——基于培养学生科学领域内"核心素养"的视角》研究。其中高中物理学科的探索侧重引导学生从知识走向智慧，从重视物理实验到进行科学实践，以学科融合提升综合思维等。④

四是以点带面，对案例教学进行剖析，反思学科核心素养的培养方式、策略，如袁富强进行的《基于高中数学核心素养的渗透教学——以〈等差数列〉为例》研究、张乐进行的《高中生物教学中培养学生核心素养的实例研究》。其中数学学科围绕高中数学课标组提出的六大核心素

---

① 刘启迪：《高中课程改革如何强化学生的核心素养》，载《当代教育科学》，2016(12)。褚宏启、张咏梅、田一：《我国学生的核心素养及其培育》，载《中小学管理》，2015(9)。

② 范永梅：《核心素养：催生高中物理学习方式的变革》，载《新课程研究(上旬刊)》，2016(2)。

③ 关晶：《高中数学核心素养的内涵及教育价值》，载《数学之友》，2016(12)。

④ 印晓明、陈坤：《中美高中主流物理教材在"光学"部分内容呈现的差异与启示——基于培养学生科学领域内"核心素养"的视角》，载《物理教师》，2016(2)。

养——数据分析、数学抽象、逻辑推理、数学建模、数学运算、直观想象，批判了目前高中数学教学中存在的三大弊端，以教学案例为切入点进行了积极探索。

此外，学校结合育人目标整体设计的课程中，也尝试对高中阶段学生发展核心素养进行校本化表达，如浙江大学附属中学(以下简称“浙大附中”)确定学生发展核心素养主要包括身心健康、人格健全、学科素养、学力发展与生涯规划五个方面。用“健康力”“人格力”“学科力”“学习力”和“规划力”来表述高中生核心素养的内涵，以凸显核心素养的生长特性，建构高中生核心素养模型(表 1-6)。[①] 这五方面素养相辅相成、密不可分，共同支撑高中生的可持续发展。

表 1-6　浙大附中高中生核心素养培育的“五力”模型

核心素养	素养表述	地位	素养内涵
身心健康	健康力	躯体	指学生健康成长的生长力，主要包括获取健康成长的基础知识、基本技能与健康成长的愿望
人格健全	人格力	灵魂	指学生人格成长的生长力，主要包括自我意识、道德意识、自我认同感、自我发展的愿望与社会责任感等
学科素养	学科力	载体	指学生各学科发展的生长力，主要包括学科的核心知识、能力、方法与思想
学力发展	学习力	动力	指学生学习的生长力，主要包括自主学习、合作探究学习、研究性学习、选择性学习与社会实践活动等
生涯规划	规划力	导航	指学生生涯发展的生长力，主要包括学业规划、职业规划与人生规划三部分

从表 1-6 可以看出，浙大附中对高中学段学生发展素养进行了校本化探索和具体实践。该框架总体设计致力于学生的身心全面发展、长远发展，内涵丰富，可操作性强，对于高中学生核心素养的发展进行了有益

① 申屠永庆、缪仁票：《“五力”相成 评育结合：高中生核心素养培育的校本探索》，载《中小学管理》，2015(9)。

尝试，并形成了较为完整的体系。

二、 高中阶段学生发展核心素养研究评述

高中生核心素养内涵的确定，就是要回答“高中到底要培养什么样的人”这一教育本源问题。高中教育既要为高等教育输送合格新生，又要为学生未来的就业和生活做准备。因此，高中阶段学生的核心素养，既是小学、初中阶段学生核心素养的发展，又是高等教育阶段学生核心素养后续发展的基础，同时又要为学生就业与生活服务。因此，高中生核心素养内涵的确定不仅要立足于学科之上，而且应该遵循学生成长规律、教育规律和高中教育目标，同时还要符合社会各界的需求。“高中生核心素养应该是高中阶段最核心的知识、能力与情感、态度与价值观的集合体，是学生适应社会生活与未来发展的最基本素质，其本质是学生可持续发展的一种生长力。”①

（一）高中学生核心素养突出有发展梯度的高阶思维和高级素养

核心素养是适应个人幸福生活、实现终身发展、融入并推动社会进步所必需的核心内容，这些素养应当是具有核心价值的关键素养，以上研究在相关组织、国家或地区对于未来的公民到底应该是什么样子的追问中都有体现。有的以培养学习能力为目标，指向终身学习；有的以培养创造力和创业精神为导向，关注 21 世纪职场需要；有的突显核心价值观，培养有责任感的合格公民。但从学段发展视角看，高中核心素养都是发生在较高认知水平层次上的心智活动或认知能力，相对低学段是一种高阶思维和高级素养。例如，台湾地区小学教育核心素养要求“具备良好的生活习惯，促进身心健全发展，并认识个人特质，发展生命潜能”；中学教育核心素养要求“具备良好的身心发展知能与态度，并展现自我潜能、探索人性、自我价值与生命意义、积极实践”；高级中等教育核心素养则要求“提升各项身心健全发展素质，发展个人潜能，探索自我观，肯

---

① 申屠永庆、缪仁票：《“五力”相成 评育结合：高中生核心素养培育的校本探索》，载《中小学管理》，2015(9)。

定自我价值，有效规划生涯，并通过自我精进与超越，追求至善与幸福人生”。这体现了明显的发展阶梯，由外在要求到内在自觉的发展趋势。

（二）高中学生核心素养的“核心”更突出“自主发展”的价值导向

核心素养同时具有个人价值和社会价值，是对个人和社会都具有积极意义的重要素养。核心素养的获得可以使学生升学或更好地进行未来的工作，但是素养的功能不仅仅包括升学和就业，素养的获得是为了使学生能够发展成更为健全的个体，能够更好地适应未来社会的发展变化，为终身学习、终身发展打下良好的基础，并且能够达到促进社会良好运行的目的。已有研究都十分强调核心素养的价值引领，尤其突出个人自主发展、终身发展、幸福生活的必备品格和关键能力。核心素养是一个复杂的结构，其所涉及的内涵并非单一维度，而是多元维度的。核心素养是关于学生知识、技能及情感、态度与价值观等多方面要求的综合表现。各素养之间相互联系，相互补充，相互促进，在不同情境中整体发挥作用。相对而言，突出个体自主发展，是实现社会价值的重要途径。高中阶段学生发展核心素养不仅仅是知识、技能，更重要的是知识、技能及情感、态度与价值观的综合表现，更加突出“价值导向”的必备品格和关键能力。这一超越知识和技能的内涵，也可以矫正过去重知识、轻能力、忽略情感、态度与价值观的教育偏失，更加完善和系统地反映立德树人的教育目标和素质教育理念。

（三）高中学生核心素养特别关注与时代变革直接关联的素养

当今社会发展中，时代与科技变革对人们生活方式与工作方式的影响大大增强。我们所处的科技与信息时代，对于公民的素养提出了更高的要求，高中阶段学生发展核心素养要适应这种时代要求。我们首先要了解高中阶段教育的特殊性：从学段衔接上看，高中阶段是初中教育的后段、基础教育的高段、本科教育的前段；从课程设置上看，高中阶段是基础教育必修课程与根据学生兴趣自主选择的选修课程相结合的课程模式；从学生人生发展角度看，高中阶段是学生自己生涯规划与职业选择的预备阶段；从招生体制角度看，高中阶段是培养高中合格毕业生与为高校准备选拔人才的阶段。知识时代以及衍生的创意经济，要求公民

二、 高中学生核心素养的要素萃取

（一）高中学生核心素养要素选取基本思考

1. 要素维度选取

2014年《关于全面深化课程改革落实立德树人根本任务的意见》提出："教育部将组织研究提出各学段学生发展核心素养体系，明确学生应具备的适应终身发展和社会发展需要的必备品格和关键能力。"2016年9月《中国学生发展核心素养》总体框架正式发布。依据《中国学生发展核心素养》总体框架，中国学生发展核心素养，以科学性、时代性和民族性为基本原则，以培养全面发展的人为核心，分为文化基础、自主发展、社会参与三个方面，综合表现为人文底蕴、科学精神、学会学习、健康生活、责任担当、实践创新六大素养，具体细化为国家认同等十八个基本要点。教育行政部门根据这一总体框架，可针对学生年龄特点进一步提出各学段学生的具体表现要求。高中阶段学生核心素养要素维度选取，拟以总体框架提出的六大核心素养为基本维度，比照高中阶段学生的基本特点，探析当下高中阶段学生核心素养现状。

2. 维度程度要求

从优势和劣势两个程度，对核心框架下的十八个基本要点逐一细化分析，以期得出目前高中学生亟待提高的素养，为提炼普通高中学生核心素养的要素水平做准备。

3. 语言表述要求

在语言表述上，强调针对当下高中学生的校内学习时间及课程设置，访谈了北京市西城区部分高中的高三学生，并通过"线上头脑风暴会议"(Brain-storm Meeting on Line，BSM-OL)调研了北京部分高校的大一学生，尽量萃取关键词或者相应词组、短语，描述其在六大核心素养十八个基本要点上的优势表现和劣势表现。据此，得出高中阶段学生素养现状(表1-7)。

表 1-7 高中阶段学生核心素养现状一览表

素养方面	素养指标	素养基本着力点	优势	劣势
文化基础	人文底蕴	人文积淀	语言知识、词汇量、语法知识	语言应用、言语交际技能、中华优秀传统文化的传承
		人文情怀	古圣先贤建树	自我情怀塑形
		审美情趣	考级比赛、模仿表演	源流意识、鉴赏能力
	科学精神	理性思维	计算能力，科学知识、原理、理论	解决实际问题，生活中的科学
		批判质疑	感性、表象	溯源、证实
		勇于探究	有预设的结果	未知结论领域和课题
自主发展	学会学习	乐学善学	受老师等外在影响	自我计划能力
		勤于反思	间或、浅表	常规、行动转化
		信息意识	搜索、使用	鉴别、选择
	健康生活	珍爱生命	身体锻炼	心理疏解
		健全人格	独善其身	兼及他人，团队协作
		自我管理	时间	时间、金钱、精力等全方位
社会参与	责任担当	社会责任	理念抱负	实践、奉献
		国家认同	识记内容	内化、行动
		国际理解	语言学习，旁观者	内化行动，参与者
	实践创新	劳动意识	定位模糊，努力摆脱	指引与实践
		问题解决	逻辑过程，实验室解决	试误与贴近现实生活
		技术应用	程式化使用	原理学习，技术改进

经由关键词萃取，可看出在人文底蕴素养指标之下，高中学生的人文情怀塑造和审美鉴赏能力培养，是缺失不足的；在科学精神素养指标之下，高中学生的批判性思维和探究式学习还远未实现；在学会学习素养指标之下，高中学生的自我规划、自主选择和行动能力不够；在健康生活素养指标之下，高中学生的心理疏解能力、统筹兼顾意识有待提升；在责任担当素养指标之下，要更加强调高中学生的国家认同感，家国意

识要内化和付诸实际行动；在实践创新素养指标之下，仍然要大力提升高中学生的批判性思维品质，提高解决实际问题的能力。

（二）高中阶段学生应凸显的素养要素

从高中阶段学生核心素养现状看，高中学生的家国意识、人文修养、创新精神、思考习惯和团队协作能力，应该成为普通高中教育阶段的学生亟待培育的核心素养，需大力重视和重点培育。

1. 家国意识

培养家国意识是基础教育的首要目的和根本要求。青少年学生首先要做到爱母语、爱祖国。只有对母语、对祖国有深切的爱和深厚的情感，我们的下一代才能真正肩承起发扬文化、建设强国的重任。在此基础上进行的世界观、人生观教育，才会变得有的放矢，青年学生的国家责任心、世界领袖意识才能树立。

2. 人文修养

人文修养程度决定了一个人的底蕴。优秀中华传统文化的继承和扬弃、自省与传播，是每个中国人的人文修养的必备环节。同时，有顺畅达意地进行多语种言语交流沟通的能力，对于音乐、美术、文学、雕塑等多种艺术形式拥有基本的品鉴赏析能力，是当下高中学生人文修养核心素养培育的重中之重，唯其如此，即将成年的新一代才能成为一个博雅的人，一个快乐的人。

3. 创新精神

创新精神的培育，目前已经成为全球人才培养的灵魂所在。经过十几年课程改革洗礼，尽管学生是“知识的容器”的观念已经不复存在，但是在教学实践中，在基础教育后端的普通高中阶段，学生的创新精神和创新意识，即对所学知识、所历事件的推陈出新，包括知识本身及学习方法、实践路径等，都有待于在核心素养体系实现培养上的突破。

4. 思考习惯

思考习惯不是一朝一夕形成的，有待以学校教育为主对学生进行引领，逐步形成。其中，最为可贵的是养成批判性思维的习惯。是否具有批判性思维是检验高中学生是否具有独立思考能力，是否掌握了对问题进行深入了解，能否努力寻求解决问题的重要手段。

5. 合作能力

团队协作能力是检验高中学生情商的一个重要指标。当今时代，因互联网的广泛普及，整个地球也成为一个小小村落。高中学生要具备全球眼光，必须培养团队协作能力。高中学生个性极强，加之较为繁重的学习任务，极易封闭自我，因此，学校教育就需要积极创造多种条件，让学生们通过团队协作解决学习问题，完成实践课题，从而在合作中学会协作共事，体验“1+1＞2”的喜悦。

（三）高中阶段学生核心素养概念表述

目前学生发展核心素养的一般表述为中国学生发展核心素养总体框架中的：“学生应具备的适应终身发展和社会发展需要的必备品格和关键能力”。结合高中学生的特点和上述分析，高中学生核心素养的概念可表述为：高中阶段学生的核心素养主要指基础教育后期为学生成人奠基的，能够帮助学生适应社会，凝练思想、夯实底蕴、健康身心所需要的正确价值观、必备品格和关键能力。

在这里，基础教育后期指的是高中阶段。高中阶段是未成年向成人迈进的关键阶段；高中阶段是基础教育的高级阶段，在教育体系中处于承上启下的作用。在这一阶段，首先要做好的是为学生成人的奠基工作，具体地，就是要帮助学生更好地适应即将走进的社会大舞台。高中学生的思想最为活跃，这就需要我们进一步通过人生观、世界观、价值观的正确引领，使其更加凝练，更加积极向上。

通过密集的人文教育和科学精神的培育，高中学生将拥有一生最为充实完善的全面全方位的学习，待毕业时，他们已经具备较为完善的知识体系。这期间，要强化高中学生的文化底蕴培育，经由传统文化和现代文明洗礼，使其真正成为底蕴深厚的人才。身心健康是做一切工作、每一天快乐生活的基本前提，当下高中学生高考竞争压力大，往往忽略甚至漠视这一点，一些学校和家长对此也关注不够，这就造成高中学生升入大学、走入社会后产生诸多不适应。因此，高中学生要自觉自主地锻炼身体，培养爱好兴趣，同时关注心理健康，养成主动疏解心理问题的习惯。

第五节　高中学生发展核心素养培养现状

研制中国学生发展核心素养，其根本出发点是全面贯彻党的教育方针，践行社会主义核心价值观，落实立德树人根本任务，突出强调社会责任感、创新精神和实践能力，促进学生全面发展，使之成为中国特色社会主义合格建设者和可靠接班人。在分析国内外学生发展核心素养有关文献和高中学生发展核心素养的基础上，尝试梳理我国高中学生核心素养培养现状。

一、我国高中教育目标定位与学生核心素养

核心素养的提出不能切断历史，所以核心素养具有发展连续性和阶段性。随着社会环境变化和国家的发展，我国高中教育目标也在不断调整，不同时期对高中培养目标的界定也蕴含着这一时期学生核心素养的价值取向、基本框架、基本特点和发展水平。核心素养的形成和发展还具有时代性，需要面向世界、面向未来，体现新时期社会对人才的新要求。

（一）新中国成立以来高中教育目标的基本定位

普通高中教育的目标既要回答我国普通高中教育培养的人的总体规格，也要回答这种特定规格的人所应该具备的素质结构和关键素质，是对“我国普通高中应该培养什么人”的明确回答。新中国成立以来，党和政府对普通高中培养目标的界定有时是单独的，有时是包含在对中学教育任务的一般表述之中的。从具体内容来说，基本上采取“双重任务”的提法——既为高一级学校输送合格新生，也为高中毕业生就业做准备。不同历史时期有关“双重任务”的具体表述略有不同。以下通过对不同时期国家对总体教育目标的表述的梳理反映其基本定位。

1952 年教育部颁布《中学暂行规程(草案)》，对中学教育的目标进行如下表述：“一、使学生能正确运用本国语文，得到现代化科学的基础知

识和技能，养成科学的世界观。二、发展学生为祖国效忠，为人民服务的思想，养成其爱祖国、爱人民、爱劳动、爱科学、爱护公共财物的国民公德和刚毅勇敢、自觉遵守纪律的优良品质。三、培养学生体育卫生的智能和习惯，以养成其强健的体格。四、陶冶学生的审美观念，并启发其艺术的创造能力。”

1957 年，毛泽东在最高国务会议上提出：“让受教育者在德育、智育、体育几方面都得到发展，成为有社会主义觉悟的有文化的劳动者。”

1963 年《全日制中学暂行工作条例(草案)》提出：“使学生具有爱国主义和国际主义精神，具有共产主义道德品质，拥护共产党的领导，拥护社会主义，愿意为社会主义事业服务，为人民服务；逐步培养学生的工人阶级的阶级观点、劳动观点、群众观点、辩证唯物主义观点。使学生在小学教育的基础上，进一步掌握语文、数学、外国语等课程的基础知识和基本技能，并且具有一定的生产知识。使学生的身心得到正常的发展，具有健康的体质，培养良好的生活习惯和劳动习惯。”

1978 年，《中华人民共和国宪法》规定：“教育必须为无产阶级政治服务，同生产劳动相结合，使受教育者在德育、智育、体育几方面都得到发展，成为有社会主义觉悟的有文化的劳动者。”

1981 年，《全日制六年制重点中学教学计划(试行草案)》指出：“重点中学应模范地贯彻德、智、体全面发展的方针，培养有社会主义觉悟的有文化的劳动者，为高一级学校输送合格新生，为社会培养优良的劳动后备力量。要使学生具有爱国主义精神，培养共产主义道德品质，逐步树立无产阶级世界观和人生观，立志为人民服务，为实现祖国的社会主义现代化服务。要使学生学好文化科学基础知识和基本技能，培养能力，发展智力。要使学生的身心得到正常的发展，具有健康的体质。同时，要使学生具有一定的审美能力和初步掌握一些劳动技能。”

1995 年，国家教育委员会发布《关于大力办好普通高级中学的若干意见》指出：“高中是九年义务教育后的高层次的基础教育。普通高中的任务是进一步提高学生的思想道德、文化科学、劳动技能和身体心理素质，发展学生的个性和特长，为高等学校输送合格的新生，为社会各行各业输送素质较高的劳动后备力量，有侧重地对学生实施升学预备教育或就业预备教育，为培养社会主义现代化建设需要的各类专门人才奠定基础。”

2001 年，《基础教育课程改革纲要》指出基础教育课程改革的具体目标是五个“改变”，其中之一是“改变课程过于注重知识传授的倾向，强调形成积极主动的学习态度，使获得基础知识与基本技能的过程同时成为学会学习和形成正确价值观的过程”。

2003 年，《普通高中课程方案(实验)》指出：“初步形成正确的世界观、人生观、价值观；热爱社会主义祖国，热爱中国共产党，自觉维护国家尊严和利益，继承中华民族的优秀传统，弘扬民族精神，有为民族振兴和社会进步做贡献的志向与愿望；具有民主与法制意识，遵守国家法律和社会公德，维护社会正义，自觉行使公民的权利，履行公民的义务，对自己的行为负责，具有社会责任感；具有终身学习的愿望和能力，掌握适应时代发展需要的基础知识和基本技能，学会收集、判断和处理信息，具有初步的科学与人文素养、环境意识、创新精神与实践能力；具有强健的体魄、顽强的意志，形成积极健康的生活方式和审美情趣，初步具有独立生活的能力、职业意识、创业精神和人生规划能力；正确认识自己，尊重他人，学会交流与合作，具有团队精神，理解文化的多样性，初步具有面向世界的开放意识。”

2007 年，《中华人民共和国未成年人保护法》指出：“注重培养未成年学生独立思考能力、创新能力和实践能力，促进未成年学生全面发展。”

2010 年，《国家中长期教育改革和发展规划纲要(2010—2020 年)》提出，坚持德育为先，坚持能力为重，坚持全面发展。

2012 年，党的十八大报告指出：把立德树人作为教育的根本任务，培养德智体美全面发展的社会主义建设者和接班人，并倡导“富强、民主、文明、和谐、自由、平等、公正、法治、爱国、敬业、诚信、友善”的社会主义核心价值观。

2013 年，十八届三中全会提出，坚持立德树人，加强社会主义核心价值观教育，完善中华传统文化教育，增强学生社会责任感、创新精神、实践能力。

2014 年，《关于全面深化课程改革落实立德树人根本任务的意见》指出：研究制订学生发展核心素养体系和学业质量标准。要根据学生的成长规律和社会对人才的需求，把对学生德智体美全面发展总体要求和社会主义核心价值观的有关内容具体化、细化，深入回答“培养什么人、怎样培养人”的问题。教育部将组织研究提出各学段学生发展核心素养体系，明确学生应具备的适应终身发展和社会发展需要的必备品格和关键能力，突出强调个人修养、社会关爱、家国情怀，更加注重自主发展、合作参与、创新实践。

《普通高中课程方案(2017 年版 2020 年修订)》，明确了普通高中课程培养目标，即普通高中课程在义务教育的基础上，进一步促进学生核心素养的形成和发展。其培养目标为：具有理想信念和社会责任感；具有科学文化素养和终身学习能力；具有自主发展能力和沟通合作能力。

由此可见，我国普通高中的培养目标逐步从笼统的共性走向务实的个性，其总体特点和任务如下。第一，“社会主义事业的建设者和接班人”是普通高中阶段人才培养的总体规格或根本任务。第二，“德智体美全面发展”是对人才素质结构的总体要求。最近几年还提出了更加综合的如心理健康教育、安全教育、生命教育、国防教育、可持续发展教育以及综合素质教育等内容，极大地丰富和扩展了对德智体美劳全面发展教育的理解。第三，在关键素养的培养上，“社会责任感”“创新精神”“实践能力”“终身学习能力”“开放意识”“人生规划能力”等都具有鲜明的时代特征。总体而言，普通高中教育具有“五大任务”：为成人做准备(人格教育)、为未来公民做准备(公民教育)、为终身发展做准备(终身教育)、为升学(高等学校)做准备(大学预备教育)、为就业准备(职业预备教育)。

（二）我国学生发展核心素养的基本内容

关于学生发展核心素养，其本质是对“面向未来教育要培养什么样的人，如何培养”等教育最根本问题的反思与追问。我国学生发展核心素养有自己的界定。学生发展核心素养，主要指学生应具备的，能够适应终身发展和社会发展需要的正确价值观、必备品格和关键能力。核心素养具有六个基本特点：核心素养是所有学生应具有的最关键、最必要的基础素养；核心素养是知识、能力和态度等的综合表现；核心素养可以通过接受教育来形成和发展；核心素养具有发展连续性和阶段性；核心素养兼具个人价值和社会价值；学生发展核心素养是一个体系，其作用具有整合性。

不同的国家、地区和组织关于学生核心素养的价值取向有着不同的追求，有侧重于健康生活的，有偏向于终身学习的，也有指向于个人发展的，还有综合性取向的。中国学生发展核心素养的价值取向贴近中国国情，顺应中国发展大势，既有个人发展取向，又有社会发展取向，坚持个人终身发展与社会发展价值的统一、融合、互动。

中国学生发展核心素养以培养“全面发展的人”为核心，分为文化基础、自主发展、社会参与三个方面，综合表现为人文底蕴、科学精神、学会学习、健康生活、责任担当、实践创新六大素养。具体细化为人文积淀、人文情怀、审美情趣，理性思维、批判质疑、勇于探究，乐学善学、勤于反思、信息意识，珍爱生命、健全人格、自我管理，社会责任、国家认同、国际理解，劳动意识、问题解决、技术应用 18 个基本要点。根据这一总体框架，可针对学生年龄特点进一步提出各学段学生的具体表现要求。

二、 我国高中学生核心素养培养的突出问题

在 OECD 进行的 2009 年、2012 年第四、五次国际学生评估项目(PISA)测试中，上海学生在阅读、数学和科学素养三个方面的成绩均排名全球第一，信息、财经素养成绩也比较高。虽然这不能代表我国 15 岁学生在这三个方面的素养水平，但却是我国学生在阅读、数学和科学等素养总体水平的一个缩影。另外，我国高中学生具有扎实的基础理论知识，学业水平比较高等。可以说我国学生在人文底蕴、科学精神等素养上具有明显优势，但是高中学生核心素养培养中还存在很多问题。

（一）身心健康不容乐观

身心健康不容乐观主要表现在视力不良、体重超标和不良的心理反

应等方面。2014 年 3 月 18 日，北京市政协发布中小学生体质健康状况调研报告，本市中小学生视力不良检出率从 59.96%增加到 62.96%，其中中学阶段达到了 81.19%。据 2012 年卫生部门对北京市 401 名七年级、高一肥胖学生进行的慢性病风险评估结果显示，空腹血糖升高检出率达 50.2%、血脂异常检出率 46%、脂肪肝检出率 45.1%、高血压检出率 30.7%。另外，据有关机构调查结果显示，近 50%的高中学生存在着各种程度的不良心理反应，心理健康问题主要表现为：情绪不稳，自我失控，心理承受力低，意志薄弱，缺乏自信，学习困难，考试焦虑，记忆力衰退，注意力不集中，思维贫乏，难于应付挫折，青春期闭锁心理等方面。不良的心理严重影响着学生的健康成长。①

（二）基本国民素质堪忧

2014 年联合国公布全球国民素质道德水平调查及排名显示，中国国民素质状况堪忧，连续几十年在 160 个国家中排名倒数第二，包括思想、修养、礼仪、文化、政治、道德、教育、法规等。而在这样一个群体中有的是中学生，大多数是受过高中教育乃至高等教育的公民。

（三）创新能力相对薄弱

我国高中学生的创新能力主要表现在自主学习能力不足，创新意识和动手实践能力不高，缺乏强烈的好奇心，缺乏敏锐的观察和分析问题的能力，思维相对固化，缺乏质疑能力和发表自己观点的勇气，获取、判断和处理信息能力不高等。

（四）缺乏持续学习兴趣

我们知道，有些中学生肩负着对国家发展、民族进步的责任感和使命感，以及对所学领域浓厚的兴趣，在刻苦钻研学习过程中享受着学习的快乐和学习的成就感，而有些中学生乐学善学、勤于反思、勇于探究等素养却不高。正如顾明远先生所言，今天中国学生学业水平不成问题，但现实中的问题是学生缺乏学习兴趣，处于一种被教育、被学习的状态，

① 《北京市政协发布中小学生体质健康状况调研报告》，载《北京日报》，2014-03-18。

而使学习变成完成父母、老师的任务。这样的状态怎能形成终身学习的意愿和能力，怎能培养出创新人才？

此外，自我管理、交流合作等也是学生急需、社会迫切而当前又最薄弱的素养。这一代高中学生特别是城市学生基本上都是独生子女，对于这样的特殊群体，多数家长存在过分溺爱、包办替代、重智轻德等不妥的教育方式，使得学生对家庭、社会、国家和民族的责任感不够强烈，与他人的交往合作、学习管理、生活方式等素养也相对薄弱。

三、我国高中阶段学生核心素养培养的思考

（一）突出核心素养的学段特征

核心素养是一个时空概念，也是一个发展性概念，在不同国家、不同地区、不同组织、不同时间，具有不同的内涵。同时，核心素养具有可培养、可评价、可持续发展的特征。从小学到大学，学生核心素养是一个有机的统一整体，在不同的学段，其关键内涵有纵向的梯度衔接。高中教育既要为高等教育输送合格新生，又要为学生未来的就业和生活做准备。因此，高中阶段学生的核心素养，既是小学、初中阶段学生核心素养的发展，又是高等教育阶段学生核心素养后续发展的基础，同时又要为学生的就业与生活服务。因此，高中学生核心素养内涵的确定不仅要立足于学科之上，而且还应该遵循学生成长规律、教育规律和高中教育目标，同时还要符合社会各界的需求。

高中阶段教育需要梳理各种素养层级关系，找准核心素养实施的切入点。核心素养的教育实践基于这样一个发展逻辑：未来的工作与生活对公民提出若干要求(驱动力)，教育便依据这些要求逐一建立相应的素养目标和实施体系并付诸实践。然而教育面对的是活生生的人，尤其高中学生思想独立性强、个性鲜明，如何顺应学生的天性，让每一个公民都有能力健康、幸福、有个性、有尊严地生活？这是作为教育工作者应有的人文关怀，也是最值得反思的问题。高中阶段如何从整体上规划对学生核心素养的培养，重视培养学生的自主发展能力，超越传统意义上单纯的培养“技术人”“知识人”的目标，使学生成为具有多种潜质、能够

创新的人，能够创造出符合时代需要的具有独创性的、有用的知识价值。教育领域中大量的事实已经越来越倾向认为一个人的发展取决于他的道德水平所能够达到的程度，特别是性格发展的状况，这是一种以道德素养为基础的综合性素养，由此真正成为影响学生终身健康发展和社会持续发展所需要的正确的价值观、必备品格和关键能力。因此，教育的目的主要是帮助学生提高其道德水平和性格状况，并由此促进学生的全面发展。因此，在核心素养体系的建设中应该更加突出和强调学生的道德素养。

（二）以人为本关注教育目标的实现

研究者对美国 60 所英才高中学校的办学使命分析得出如下结论。① 一是非常关注“人”的属性的培养，如学生的品格、勤奋努力、伦理懂得、有责任感、服务他人等。二是注重学生认知发展、学会学习、终身学习、创新与创造素养的培养，简而言之就是注重将学生培养成会思考、会学习、能创造的人才。三是注重学生领导力、身体素质和服务他人素养的培养。高中学校教育的功能在于培养学生作为个体和社会人的成功，尤其是示范校更要承担起这份使命和责任，这是培养学生能够面向未来、适应未来社会生活与挑战的机会，也是学校育人的重要职责。在重新审视学校办学目标的同时，高中学校可以系统设计体现本校特色的高级素养培养方案，以此作为学校办出特色的路径。

高中学生核心素养培养是指向于高中学生适应未来社会发展需要和个人终身发展所需要的素养，这是高中教育教学实践活动的价值追求，也是高中阶段教育目标和培养目标的具体化，而不能简单等同于每个学科核心素养的培养，要注重核心素养在各类课程和具体学科的培养路径和实现方式。高中学校可以通过主动构建具有丰富性、选择性、特色化的课程体系，设计研学旅行活动和跨学科教育教学活动等，为学生核心素养的培育拓宽教育路径，为每一个学生的个性化发展提供可能。

① 熊万曦：《美国英才高中学生核心素养的要素研究——基于使命陈述的文本分析》，载《教师教育研究》，2016(5)。

（三）统筹高中阶段学生核心素养培育路径

核心素养是可教、可学的，并且能够在一定的情境下通过一定的方式表现出来，因此能够有效地评估和测量。核心素养培育是一个系统的工程。通过对国际学生核心素养构建模式和培育的研究得到的启示主要有：在学生核心素养体系的框架下，进行课程设计与改进，特别要强化培育当前最薄弱的关键核心素养的课程创新；同时，基于核心素养体系，建立系统的学业质量评价标准。未来，核心素养在教育改革发展中的功能主要体现在“指导课程改革、指导教学实践、引导学生学习和指导建议评价”四个方面①，通过构建“核心素养—学科素养—课程创新—教学变革—评价转型—队伍建设”这一模型，层层细化、落地生根，就可以将学生发展核心素养具体化并便于操作。

首先，发挥课程整体育人价值。学生发展核心素养体现了教育的育人价值和学科的育人功能，是落实立德树人根本任务的育人目标。学生发展核心素养超越了传统的“双基”和三维目标，它强调的是知识、能力与价值观的有机融合，以核心素养为发展目标的教育，形成的是整合的、跨学科的、可沉淀的、可迁移的综合素养，融合了认知性素养和非认知性素养，可伴随学生一生，使其终身受益。② 因此，新时期的课程改革，不仅要求每个学科的教育教学除了发挥本学科独特的育人功能之外，还要高度重视跨学科之间的综合育人功能。这就要求在开展学科教学过程当中大量增加综合性的实践活动性的教育。同时，淡化学科边界，整合学科内容。

其次，培育学科核心素养。核心素养培育最终通过转化学科素养培养落实。学科核心素养在特定学科（或学习领域）的具体化，是学生学习一门学科（或特定学习领域）之后所形成的、具有学科特点的关键成就，是学科育人价值的集中体现。学科核心素养的基本特征：学科素养以学生发展素养为核心价值追求。学科核心素养是对能力、情感、态度三维

---

① 林崇德：《核心素养的构建：回到原点的教育追问和反思——访北京师范大学林崇德教授》，载《基础教育课程》，2016(9)。

② 梅德明：《对核心素养若干问题的思考——访上海外国语大学梅德明教授》，载《基础教育课程》，2016(9)。

目标的整合，是确定学科课程标准、学科知识体系、学科质量标准的依据和导向。学科核心素养形成以结构化的学科知识与技能体系为重要基础和载体。① 因此，需要进一步更新教育教学理念，树立大教育观，要从“学科教学”转向“学科教育”。在课程目标中融入核心素养，并深刻领悟学科素养的内涵、要点、价值取向、层次以及基于核心素养制定出来的质量标准。

再次，推进评价方式变革。在高中新课程标准修订中评价方式已有巨大变革。在评价方式上，过程性评价和真实性评价越来越受重视。在终结性评价方面，更加关注学生在真实情境下运用学科知识处理问题的能力。在综合素质评价方面，将综合实践活动、选修课程的修习情况列为综合素质评价的内容。新一轮高考改革撬动课程与教学以及评价改革，高考改革的主要措施有：增加选择性，包括科目选择、赋分选择、考题选择、答案开放、教学开放选择；命题考查学生 12 年的知识积累与核心素养；考试命题将降低难度，突出“宽”“活”“新”“实践”，强化母语和传统文化；选材范围更加贴近生活、注重实践；探索创设整合的、情境化的、不良结构的真实任务，要有利于促进学生核心素养的发展，以及高考招生“两依据、一参考”的多元录取机制等，这些举措都将促进评价的变革。课程标准修订与高考改革是一套组合拳，只有关注评价的转型才能促使核心素养的转化。

最后，提升教师专业素质。核心素养的落实，关键在校长，主体在教师。只有有了校长，有了教师，才能更好地落实核心素养。② 因此，培育学生的核心素养，要求教育工作者始终坚持育人为本的教育理念，并且校长必须具备较强的课程领导力，教师必须具备很高的专业素养。为此，必须对教师开展新一轮培训并促进教师研修。要不断根据学生核心素养培育的要求，以及习主席对教师提出的“四个引路人”要求，探索建构教师专业发展的目标、课程和新模式等。

---

① 缪水娟：《基于核心素养的课程建设》，杭州，2015。

② 林崇德：《核心素养的构建：回到原点的教育追问和反思——访北京师范大学林崇德教授》，载《基础教育课程》，2016(9)。

第二章

基于高中学生发展核心素养的学校课程整体建设

核心素养搭建起培养目标与课程目标之间的桥梁。培养学生发展核心素养，需从学校课程整体建设入手，进一步厘清培养目标、核心素养与课程目标，课程结构与课程实施、课程管理及评价的关系。本章从促进高中学生发展核心素养的学校课程整体建设的基本问题和一般路径出发，通过呈现“真善美”课程体系构建促进学生发展核心素养，以及基于自主理念的人格教育课程体系构建两个具体案例，揭示基于高中学生发展核心素养的学校课程整体建设的创新探索。

第一节　围绕学生发展核心素养进行学校课程整体设计

学生发展核心素养引领基础教育阶段课程改革深化的发展方向和实现路径。课程是教育思想、教育目标和教育内容的主要载体，集中体现国家意志和社会主义核心价值观，是学校教育教学活动的基本依据，直接影响人才培养质量。此部分从梳理育人目标与学生发展核心素养、课程目标的关系出发，以及促进学生发展核心素养的课程结构搭建、课程实施重点、课程评价管理的一般操作路径，从学校课程整体建设角度提出操作建议。

一、学生发展核心素养与学校课程整体建设

通过学校整体课程体系建设促进高中学生发展核心素养，需要突破以下几个重点问题。

（一）建立育人目标、核心素养和课程目标之间的有机联系

核心素养是学生应具备的适应终身发展和社会发展需要的正确价值观、必备品格和关键能力，是对学生德智体美全面发展总体要求和社会主义核心价值观的有关内容的具体化、细化。同时，核心素养体系是“明确学生完成不同学段、不同年级、不同学科学习内容后应该达到的程度要求”的依据。因此，核心素养是育人目标的具体化，是将育人目标落实到课程目标的中间桥梁。只有构建好育人目标、核心素养和课程目标的有机联系，才能保证育人目标和发展学生核心素养落到实处。

在国家课程政策文件的指导下，学校一般会根据本校的历史文化传承、现实特点和教育哲学，提出富有学校特色的育人目标。在确定学校的育人目标时，需要结合学生发展核心素养做好分析和解读工作，确保学生在文化基础、自主发展、社会参与三大方面获得全面发展，同时能在适合自己的个性和优势的方面实现深度发展。

确定学校育人目标后，需要以核心素养为桥梁，设计各门课程的目标。以核心素养统领各门课程的目标，优势在于有利于促进从学科本位

转向育人本位、从关注知识技能的落实转向关注它们对促进学生发展的作用和价值，从而促进课程育人功能的发挥。基于学生发展核心素养设计各门课程的目标时，可以通过填写表格，分析学校各门课程落实学生发展核心素养的价值和定位。如表 2-1 所示，在填表时，可以用●表示具有较强的落实功能，用◎表示具有中等的落实功能，用○表示具有较弱的落实功能。以机器人课程为例，这门校本课程在落实理性思维、批判质疑、勇于探究、信息意识、问题解决、技术运用上有较强的功能，在落实审美情趣、乐学善学、勤于反思、自我管理、社会责任、劳动意识上有中等的落实功能，在落实人文积淀、人文情怀、珍爱生命、健全人格、国家认同、国际理解方面的功能较弱。

表 2-1　学校各门课程落实学生发展核心素养的价值和定位分析表

学生发展核心素养			国家课程				地方课程			校本课程		
			语文	数学	英语	……	学生发展指导	中华优秀传统文化	……	领导力课程	机器人课程	……
文化基础	人文底蕴	人文积淀									○	
		人文情怀									○	
		审美情趣									◎	
	科学精神	理性思维									●	
		批判质疑									●	
		勇于探究									●	
自主发展	学会学习	乐学善学									◎	
		勤于反思									◎	
		信息意识									●	
	健康生活	珍爱生命									○	
		健全人格									○	
		自我管理									◎	

续表

学生发展核心素养			国家课程				地方课程			校本课程		
			语文	数学	英语	……	学生发展指导	中华优秀传统文化	…	领导力课程	机器人课程	……
社会参与	责任担当	社会责任									◎	
		国家认同									○	
		国际理解									○	
	实践创新	劳动意识									◎	
		问题解决									●	
		技术运用									●	

值得注意的是，在构建课程目标和核心素养的联系时，需要避免的误区是将课程和一个或几个核心素养机械对应起来。例如，某学校在课程设计中，将语文、历史、音乐、美术与人文底蕴对应起来，将数学、物理、化学、生物与科学精神对应起来，其他国家课程和地方、校本课程亦是如此机械对应。这种机械的分析方式是明显不合理的。第一，任何一个学科的育人价值都是多元的。人文学科在培养学生的科学精神方面也有独特的价值，如历史学科注重史料实证，也要基于证据进行理性分析，对不同的观点进行批判质疑和深入探究。理科在培养学生的人文底蕴方面也有自身的价值，如物理学科在教学中可以渗透我国古人对科学技术发展的贡献，物理学在欣赏世界之美时的独特视角(简洁美、对称美等)。因此，虽然某个学科在培养学生某些核心素养方面具有重要的价值，在培养另外一些核心素养方面其作用不那么大，但不能说这个学科只能培养某些核心素养，不能培养其他的核心素养。第二，有些核心素养可以融合在所有的课程中，有的还提倡进行学科融合。例如，学会学习，是在所有课程的学习过程中逐步培养提升的。责任担当，尤其是国家认同，要求在每一门课程中能够有所体现和渗透。第三，核心素养的落实不仅靠课程内容，还与课程的实施方式、过程等密切相关。如果在

课程的实施过程中注重学生的自主学习，则能够有效培养学生学会学习的素养。无论什么课程的教学，若教师在教学过程中认真对待学生提出的问题，则有利于培养学生批判质疑、勇于探究的核心素养。因此，核心素养的落实蕴含在所有课程及其实施过程中，不同课程在落实核心素养的不同方面各有优势和侧重，但同时要注意不应将课程和核心素养机械对应。

（二）搭建有利于核心素养培养的科学合理的课程结构

课程结构是课程各部分的配合和组织，是课程各要素之间所形成的关系形态。它包括组成课程体系的学科门类，以及各学科内容的比例关系，包括必修课与选修课、分科课程与综合课程的搭配等。课程结构可以分为实质结构和形式结构。① 课程的实质结构是指课程内部的实质性构成要素及其相互关系，如知识与经验的关系、各学科课程的门类及时间分配等。课程的形式结构是指课程形式性构成要素及其相互关系，如国家课程、地方课程、校本课程的构成及其关系，必修课程与选修课程的构成及其关系，正式课程与非正式课程的构成及其关系，学科课程与活动课程的构成及其关系，分科课程与综合课程的构成及其关系等。

结构决定功能。学校课程结构搭建得合理，才能有效发挥课程的整体育人功能。学校的课程体系应该为学生当前与未来的发展奠基，应能促进学生全面而有个性的发展。从落实学生发展核心素养的角度看，每名学生应通过高中的课程学习落实中国学生发展核心素养所有要点的基本要求，并根据个人优势在某些方面深入发展和提升。在进行学校课程结构的分析时，可以从实质结构和形式结构两个方面入手。

从实质结构分析，要求学校的必修课程能够覆盖中国学生发展核心素养各个要点的基本要求，为全体学生打好共同基础。选修课程最好能给学生在中国学生发展核心素养各个要点上提供发展、提升的空间，实现学生的个性发展和优势发展。在具体实施时，可以利用表格，在表中填入学校的所有必修课程、选修课程，并分析每名学生通过学习必修课

① 郭晓明：《整体性课程结构观与优化课程结构的新思路》，载《教育理论与实践》，2001(5)。

程和自主选择选修课程能否实现全面而有个性的发展。

从形式结构分析，要求不同类型的课程能够得到合理设置和实施，充分发挥其优势，整体有效促进学生核心素养的发展。例如，开齐国家课程，并结合学校特点对国家课程和地方课程进行校本化实施，根据学校育人目标和学生需求灵活开设校本课程。通过必修课程打好共同基础，必修课程可以分层，同时增强学校课程的选择性，为学生提供种类丰富、多种层次的选修课程，适应学生的兴趣爱好，促进学生的潜能发展。通过学科课程帮助学生形成体系相对完整的文化基础，通过活动课程进一步促进学生在社会参与等方面的切身体验和在实践能力、创新精神等方面的深入发展。丰富、多元的不同类型的课程相辅相成，形成合理有序、优势互补的课程结构，才能有效地促进学生不同方面核心素养的发展。

（三）构建具有选择性、时代性和开放性的学校课程体系

落实核心素养的学校课程体系应当具有选择性、时代性和开放性。增强选择性是高考综合改革和深化高中课程改革的一个重要特点。以往，我国高中课程和高考留给学生的选择空间较小，不能满足相当一部分学生的选择权。不同学生的兴趣、能力特点、需求均不同，社会对人才的需求也是多元的，大一统、缺乏选择性的高中课程体系不能满足学生发展需求和社会对人才的多元需求，因此，增强高中课程体系的选择性成为必然。从核心素养的角度来说，提高课程的选择性，一方面要满足不同学生的能力特点，实现优势发展；另一方面要注意的是，不论学生做出何种选择，都应培养他们基本的核心素养，在此基础上再实现个性化发展。为提升学校课程体系的选择性，学校要从以下几个方面下功夫：开齐选择性必修课程，并逐步实现课程的分层、分类；调研学生需求，挖掘课程资源，加强校本课程建设；加强对选课走班的支持和管理；做好学生发展指导工作。

核心素养的概念本身是面向未来提出的。核心素养是在科技和社会高速发展，信息化时代、经济全球化渗透到生活的方方面面，新知识、新问题不断涌现，对未来公民的综合素质、解决问题的能力和创新能力提出更高要求的背景下提出的。时代发展要求，使得世界各国在基础教育课程改革中，都在探索应当培养学生的哪些核心素养，使他们能够在21世纪适应个人的终身发展和社会的发展需要。学校课程的时代性，包括课程内容和课程实施方式的时代性。从课程内容的时代性角度，学校课程应反映现代社会和科技的发展，联系学生当代的日常生活实际。例如，开设人工智能课程、机器人课程、海洋课程、创客教育、3D打印课等；在物理课程中渗透对引力波、我国载人航天事业、“中国天眼”、北斗卫星导航系统等的介绍；在学科实践活动或研究性学习中开展对雾霾、共享经济等的研究讨论。从课程实施方式的时代性角度看，应积极探索通过信息技术促进课程和教学突破时空的限制，研究信息技术的应用给学校课程带来的变化。例如，通过计算机选课系统、课程管理系统、综合素质评价系统的建设，记录学生通过课程学习实现核心素养的发展轨迹，实现对学生成长过程的反馈和分析。通过慕课、微课的引进、建设、应用，通过利用手机、平板电脑等开展移动学习，促使学生的学习突破时空的限制，使学习随时随地发生。信息技术的深入发展，将给课程和教学带来深刻的影响，甚至会引起学校课程的重构。

学校课程应具有开放性。开放性与时代性、与社会生活有着密切的联系。学校要积极开发、利用校内外课程资源，为学生提供学习的机会和发展的平台。例如，组织学生在学校、社区、养老院等开展劳动服务；组织学生到工厂、博物馆、科技馆、自然场域等开展实践活动；与大学、科研院所合作，或借助它们的力量在学校建设特色实验室，指导有兴趣的学生开展研究性学习和科研实践；与校外的专业艺术、体育等机构组织合作，为在艺术、体育方面具有特长的学生搭建成长和展示的平台等。还可以邀请对学校教育工作热心的其他行业的专业人员，到学校讲座或授课，给学生提供多样的视角。学校还可开发和利用网络上的微课、慕课资源，鼓励学生自主学习发展。有条件的地区和学校还可以尝试跨校选修课的建设和实施，共建共享优质课程资源。

（四）创造性地进行课程实施落实核心素养

学校课程建设不能仅仅停留在课程方案、计划等文本层面，更重要的是通过课程实施落实到学生的实际获得，否则课程文本就会成为纸上谈兵。只有当学校、教师在课程实施中实际执行了这些文本、计划，理想的课程才能转化为教师“运作的课程”和学生“经验的课程”。课程实施是真正提高课程育人质量和迈向成功的课程改革的重要条件，对核心素养的落实非常重要。课程的实施应与课程目标一致，促进学生核心素养的发展。以核心素养为目标实施课程，核心素养的培养才能得以落实。例如，学会学习，如果教师在教学中重视学生的探究学习、自主学习、合作学习，让学生经历知识得出的过程，久而久之，学生的自主学习能力就提升了。基于核心素养实施课程，需要从学校管理和教师专业发展两个方面做好相关工作，具体如下。

1. 学校课程管理是课程实施质量的重要保证

有效的课程实施离不开学校对课程实施的管理、监控和支持。一是校长要具有课程领导力。校长是领导学校课程建设的关键，决定着学校课程改革的成败。校长的课程领导大致有三种风格①：反应者、管理者和发起者。反应者的校长较少亲身参与课程顶层设计和建设工作，认为自己的角色主要是维持学校的正常运行，但允许学校干部和相关教师领导参与课程建设，并给予协调支持。管理者的校长以管理为中心，在课程建设上落实国家或地方的课程实施方案，但是对符合学校实际、发展学校特色的学校课程建设不够关心。发起者的校长具有较强的课程创新意识，他们对教育有深刻的思考、有先进的哲学理念、对学校育人有清晰的定位和追求。这一类型的校长在学校的现实基础上，主动思考学校发展和课程建设，在国家和地方的课程实施方案及相关政策的基础上，能够组织相关人员开发潜在资源，开展创造性地顶层设计和建设学校课程体系，打造学校课程特色。基于核心素养的学校课程建设，需要对学校的课程体系进行整体重构。这要求校长作为学校的课程领导者，实现从反应者、管理者向发起者的转变。二是学校要有系统完整的课程实施管理制度。学校要成立课程委员会，由学校领导、教师和学生代表、家长

① 汪霞：《课程实施：一个值得关注的问题》，载《教育科学研究》，2003(3)。

代表等人员共同组成。他们负责学校课程方案的设计、审议、评估，规范课程编制、实施的程序要求和质量要求，监管学校课程的实施过程。对于国家和地方课程，要监控课程实施的过程和质量，保证培养学生共同核心素养的落实。对于校本课程，要建立完善的申报制度、准入制度、实施评价制度、奖励制度，从而保证校本课程的高质量。三是学校要建设有力的课程支持系统，包括经费、资源和人力上的支持等。例如，积极与企事业单位、科研院所合作，开发共建课程资源，邀请社会人士、相关专家支持学校课程建设；聘请课程专家指导学校课程建设；组织课程建设交流研讨活动；认可教师的课程建设工作并奖励优秀课程建设成果等。

2. 教师专业发展是保证课程实施质量的关键

教师是课程的实施者和学校特色课程开发的主体，是决定实际实施的课程质量的关键。学生核心素养的发展在很大程度上依赖于教师的教育工作，教师是学生成长的引路人。因此，促进教师的专业发展，提高教师的课程意识和课程能力，成为实施层面的课程质量保证的关键。在日常教学工作中，促进教师在课程方面的专业发展可以从以下几个方面入手：一是要求教师参与课程建设工作。当前，教师一般熟悉教学工作，但只有部分教师参与课程建设工作，教师的课程意识和课程能力整体上有待加强。对于职后的专业发展，大规模培训和理论灌输效率不高，而支持教师参与相关工作，在工作中学习和发展是最有效的途径。因此，学校要鼓励、支持教师参与课程建设工作，并将其作为教师日常教育工作的考核方面。二是支持教师参与课程决策。在学校课程开发和实施中，教师不应只作为被动执行者，而应让他们积极参与到相关的决策过程中，唤醒教师的教育情怀和理念，请教师们对相关课程问题做出专业判断和选择，在集体决策的基础上认真执行。三是赋予教师充分的专业自主权。对于什么样的课程是好课程、怎样的教学是好的教学、如何培养学生的核心素养更有效，这些问题既有共识，又因为价值取向和个人经验差异不同，理论工作者和实践者又会有不同的认识，这都是正常现象。学校要尊重教师的专业判断，支持教师的积极探索实践，在工作中赋予教师一定的自主权，鼓励教师开展教育教学创新，运用新理念、开发新课程、尝试新方法。四是支持教师培训和教师专业发展。随着时代的发展，新理论、新技术层出不穷，深化课程改革要求越来越高，教师需要理念、资源、技术等多方面的更新。学校要在时间、经费、机会等多方面支持教师参加学习，获得专业发展。例如，关于对核心素养的理解的学习、对信息技术辅助课程教学的学习、对深化课程改革的理念政策的学习等。五是搭建平台，鼓励教师间合作。推进课程改革深化，面临的都是新任务、新问题，没有现成的解决方案。与其等待“模板”，不如积极探索并加强交流共享，相互借鉴智慧。学校通过搭建平台，能有效促进教师间沟通、交流、合作、彼此支持，促进学校课程教学资源的共建共享，提供工作效率，在交流研讨与反思中提高课程质量和教师的专业水平。

（五）基于核心素养要素及水平开展评价

课程评价对学校课程发展具有诊断、反馈、管理、促进等作用。基于核心素养，对学生开展综合素质评价、形成性评价，能有效地促进学生核心素养的发展。在推进基于学生发展核心素养的课程建设时，应将学校课程评价工作的改进作为一项重要的工作。基于核心素养要素及水平开展评价的策略如下。

1. 构建课程评价体系

学校应基于学生发展核心素养，构建系统、多元的课程评价体系，突出评价的诊断、反馈、促进作用，弱化以往过于强调的评价的甄别功能、选拔功能，尤其要摒弃“唯分数论”的评价。

第一，应建立促进学生核心素养发展的学校课程评价体系。学校应基于中国学生发展核心素养、课程方案、课程标准等的理念要求，对学生开展综合素质评价，而学业评价只是学生综合素质评价中的一部分。《关于推进中小学教育质量综合评价改革的意见》要求构建思想品德、学业水平、身心健康、兴趣特长和学业负担五个方面的评价内容。学生学业成绩只是学校评价学生的一方面，还要关注学生的实践能力、创新精神、合作能力等方面的素养。

第二，学校应对课程本身是否有利于促进学生核心素养发展进行评价。对课程本身进行评价，有利于监控课程实施，保证课程质量。在实施时，可以从课程目标、课程结构(主题和内容)、课程资源、课程评价方案等方面进行评价。对这些方面进行评价时，出发点和价值取向都要考虑是否有助于学生核心素养的发展。

第三，从落实核心素养的角度，对教师的课程实施进行评价。评价课程实施的标准可以有很多，站在不同的价值取向对课程实施的评判结论可能完全不同。学校应从有利于发展学生核心素养的角度制定评价标准，对教师的课程实施的重点是对课堂教学进行观察和评价。

2. 采用多元评价方式

第一，重视形成性评价。在日常教学中，终结性评价运用得较多，如期中考、期末考、学业水平考试、高考等。这些考试都是对一个阶段的学习成果的考查，是对学生学业水平的甄别，甚至带有选拔功能，而对学生日常学习、发展的促进功能不强。形成性评价是对学生日常学习过程中的表现、取得的成绩以及所反映出的情感、态度等方面的发展进行的评价，是基于对学生整个学习过程的观察、记录、反思而做出的评价。其目的是激励学生发展，帮助学生有效监控学习过程，使学生获得自信心和成就感并持续进步。形成性评价不仅可以应用于对学生的评价，还可以运用于对课程及教师教学的评价。基于核心素养的评价应重视形成性评价，在学校育人及课程实施过程中持续对学生、课程、教师教学进行评价，充分发挥评价的反馈、改进作用，及时发现进步、亮点和优势，促进学生、教师和学校课程的发展。

第二，重视表现性评价。纸笔测试是学校常用的评价方式，有效率高、客观性强等优势，但也有自身的不足，需要和其他评价形式相互补充。表现性评价是让学生在真实或模拟的生活环境中，运用学会的知识解决某个问题或创造某种事物，以考查学生知识与技能的掌握情况，以及实践能力、问题解决能力、交流合作能力、审辩式思维、创新精神等素养的发展状况。基于核心素养的评价应重视表现性评价的运用，相比纸笔测试，表现性评价更能评价出学生的素养水平，也有利于学生获得真实的反馈，从而更好地发展核心素养。

3. 多元主体参与评价

学校教育评价的主体不仅有教师、学校管理人员，还应使学生、家长、社区、专家等参与进来，发挥多元评价主体的作用，这样才能更为全面、客观，并给予学生多方面的反馈，促进学生全面认识自我，激发进步动机。为更好地促进学生核心素养发展，评价学校课程的主体应当多元。

教师一般是评价学校课程的主要主体，因为教师既是学校课程的开发者，也是优势课程的实施者，还更加了解学校课程的实际情况。应尊重教师在学校课程建设中的主体地位，鼓励教师基于核心素养，在日常工作中积极反思、评价课程及其实施情况，不断完善学校课程建设。

学生成长是学校课程建设的最终目标。应高度重视学生对学校课程的评价，学生是课程的亲身经历者，对课程的优点和不足体验最深，对课程及其实施是否切合自身需求、兴趣、能力等最有发言权。不重视学生的切身体验，就偏离了课程建设的初心。另外，培养学生的评价反思能力，本身也是“自主发展”这一核心素养的一种体现。家长、社区、教育专家等也应成为课程评价主体。因为不同方面代表的知识背景、角度、立场、价值取向不同，所以可以对课程展开多角度的评价，这更有助于全面地认识课程，促进课程不断提升。

二、 基于核心素养整体构建学校课程体系的路径

（一）学校课程规划调研

学校课程规划是在学校现有基础上进行的课程顶层设计，需要分析国家和地方的课程政策、课程改革方向，需要系统分析学校的历史传承、未来发展、当前形势，需要分析学校的现有资源、学生特点及需求、师资现状、优势和不足。学校课程规划应当是多方积极参与的过程，需要充分调动各方面课程主体的力量，形成课程建设共同体，促使学校课程规划能够顺利地进行和有效的落实实施。

1. 分析课程政策

学校课程规划必须符合国家和地方课程政策的要求，如必须符合教

育部公布的课程方案、各学科课程标准的要求，从而保证国家对高中毕业学生的基本要求。学校课程规划还应符合国家课程改革的方向，积极迎接改革，落实立德树人根本任务。在政策允许的范围内，学校可以结合当地的社会、经济情况，结合本校的办学定位，结合学生、教师的资源特点，整体规划设计体现学校特点的课程实施方案，对国家和地方课程进行校本化实施，开设校本课程。

2. 学校情况调研

对学校情况进行系统、深入的调研分析是学校课程规划必须认真做的基础工作，只有明确了学校的历史和发展定位，对学校情况有全面的摸底和考察，在此基础上制定的学校课程整体规划才能符合学校的特点，扎根学校，才能有效地得到落实和发挥作用。学校情况调研主要包括对学校的历史、文化传统、地理位置、学校硬件设施、拥有或可获得的教育资源、已有课程基础、师资情况、发展定位与理念愿景等相关因素进行系统分析，找到学校课程建设的出发点和未来发展的方向。在对学校的基本情况实施调研时，学校应做好整体设计，根据需要采用多种方法。例如，通过问卷调查学生、家长对学校课程建设的需求和要求，调查教师能够开设的课程和课程开发能力现状；通过对社区、家长、教师、学生的深入访谈掌握一些深层的课程情况；组建团队梳理学校的历史传承和文化理念等；完成各项调研后，要对收回的资料进行梳理和整体分析，并进一步形成调研报告。

在具体操作时，可采用 SWOT 分析法。SWOT 分析是从企业的内部分析方法中借用而来，是将与研究对象密切相关的各种主要内部优势(Strength)、劣势(Weakness)、机会(Opportunity)和威胁(Threat)等，通过调查列举出来，并依照矩阵形式排列，然后用系统分析的思想，把各种因素相互匹配起来加以分析，从而得出一系列相应的结论或做出决策。借用 SWOT 分析法分析学校情况，要运用系统思维的方法，从优势、劣势、机会和威胁四个方面对学校的各方面基本情况进行调研与分析，如教育政策、师资、学生、教育资源、课程基础等，并详细具体地列出分析表格，为学校课程规划提供坚实的基础和依据。在系统分析的基础上，明确影响学校发展和课程建设的关键因素，找出需要集中力量解决的问题，为制定学校发展定位和课程建设目标打下坚实的基础。

（二）明确学校课程愿景

学校课程愿景指的是学校课程建设希望实现的理想图景，包括学校的教育哲学立场、办学定位和特色、育人目标的制定和核心素养的解读。持有不同的教育哲学，对学校教育和课程有不同的理解，这种理解将影响到课程建设的方方面面。因此，学校应反思和明确自身的教育和课程哲学观，并慎重地做出选择。需要注意的是，学校选择教育和课程哲学立场不应由个别学校领导决定，而应经过学校课程建设团队的研讨与协商确定。因为教育哲学立场的选择涉及学校课程规划的方向，通过协商实现各种观点的汇聚、分析、判断，比较不同的课程主体对课程的不同理解和要求，在此基础上选择最有利于学校发展的课程哲学观。学校教育哲学是学校课程规划的理论基础，决定着学校课程建设的方向。

学校办学定位是对“办什么样的学校”的思考，这影响到培养什么样的学生。思考学校办学定位要综合考虑学校的历史传承、地方社会对学校教育的期望、学校教育哲学、学校的地理位置和教育教学资源、生源和师资特点等。学校办学定位与育人目标有密切的联系，但归根结底，学校先要考虑清楚所培养学生的特点，即培养什么样的人，然后再确定办学定位。育人目标的制定是学校课程规划的核心，它决定着学校课程建设的方向。育人目标的确定需要学校课程建设共同体基于办学理念和定位、学生特点、学校现状等进行深入的思考与集体研讨协商。在确定育人目标时，需要思考：希望培养的学生具有哪些特质，学校育人目标如何与国家对普通高中育人的要求一致，国家课程方案明确要求培养德智体美全面发展的社会主义建设者和接班人，素质教育战略要求重视培养学生的社会责任感、创新精神和实践能力。学校育人目标的表达可以富有个性特点，但应与国家要求协调一致。在提出凝练的育人目标后，应对育人目标进行具体细致的解读，在解读中体现学校育人目标和国家育人要求的一致性，说清育人目标的内涵和背后的理念，并结合学生发展核心素养分析和解读学校育人目标，体现出学生在文化基础、自主发展、社会参与三大方面的全面发展和在具有学校育人特色的某些方面的深度发展。

（三）构建学校课程体系

构建学校课程体系是在学校课程结构设计与课程设置安排的基础上结合课程整合的需要，对学校课程进行系统化架构的过程。构建学校课程体系是学校课程整体规划中搭建“课程骨架”的核心部分，集中体现出学校课程的整体性、系统性。搭建课程结构需要明确课程内各个构成要素及其相互间的关系，如领域和学科门类，各学科课时分配的比例关系和开设时间及顺序，必修课与选修课、分科课程与综合课程的搭配，学科内模块的设计和内容的安排等。在设计课程结构时，可以思考如下问题：怎样使课程结构与课程目标具有一致性，通过课程结构促进课程目标的落实；怎样设置课程内容和形式，形成协调互补的课程结构；怎样构建以学生学习为核心的课程结构；怎样构建学校的特色课程。①

构建学校课程体系时，可从以下工作分析和入手：一是分析课程内容领域，如语言人文、数学逻辑、社会科学、自然科学、艺术审美、身心健康、思想品德、技术等。课程领域划分可体现出学校的特色，但划分时需要符合各学科的特点，不能随意划分。二是分析课程的水平层次，如基础性课程、拓展性课程、研究性课程等，为在不同领域处于不同水平的学生提供立体的课程。分析了基于内容领域和水平层次的划分，就可以尝试搭建合理的“关系结构”并用课程结构图描述出来。② 三是分析课程的形式，如国家课程、地方课程与校本课程，必修课程与选修课程，学科课程与活动课程，分科课程与综合课程等，搭建丰富、多元、互补的形式结构。四是分析课程的实施方式。根据学校的实际情况，灵活设计课程的实施，设置长短课、连排课、实践活动、社团活动等多种实施方式。

（四）制定课程实施方案

课程实施是对学校课程规划、各门课程等具体落实的过程。一般在

---

① 韩艳梅：《如何使学校课程从局部零敲碎打转向整体系统设计——学校课程计划的框架及实践分析》，载《基础教育课程》，2013(10)。

② 陈如平：《学校课程体系建设之“一二三”》，载《中国民族教育》，2016(Z1)。

课程规划文本中，需要根据学校的实际情况提出具体、务实的课程实施的原则、策略等。具体需要写出：对课程实施及教学有哪些要求，如何保证教学基于核心素养、围绕着课程目标的落实？怎样充分开发利用课程资源服务于课程实施，从落实课程规划的角度，怎样提升教学水平、促进教师专业发展，等等。这部分内容主要写明课程实施的基本要求和基本规范，从宏观上把握实施的方向和原则，不追求微观的具体实施和面面俱到。要鼓励课程实施中各主体的创造性，赋予教师充分的自主权，鼓励教师根据具体的课程特点和实际情况开展教学，实施多样化的教与学方式。

（五）完善评价与管理措施

课程评价是学校课程规划的要素之一。评价对学校课程实施既有监控反馈，又有导向作用。通过合理的评价体系可以了解学校课程的实施情况、发现问题，以便及时做出调整，保证学校课程建设工作的顺利进行。制定学校课程评价方案可从评价对象、评价主体、评价方法和评价指标体系等几个方面进行。课程评价对象应包括学校课程整体规划本身、具体每一门课程的质量、课程的实施和教师教学效果、学生学习情况。主体可以是学校干部、教师、学生、家长、校外机构等。评价方法可以采取问卷调查、访谈、课堂观察、学生选课率及打分等方法。制定课程评价指标体系时，需要结合学校的课程目标、评价对象等灵活制定，要求体现出可操作性和导向性。

（六）优化保障制度和条件

优化课程建设保障制度和条件，是学校课程规划能够有序得以落实实施的关键。学校要将常规的课程管理制度化，包括明确学校课程开发制度、课程审议制度、课程奖励制度等，这些制度是保障课程实施质量必不可少的措施，保证了学校课程建设工作明确具体、有章可循。另外，还可以明确写出落实学校课程规划的组织保障、专业保障、物质保障等条件。

第二节　凸显学生发展核心素养的“真善美”课程体系建设

基于核心素养的课程顶层设计需要考虑核心素养如何通过课程具体落实，核心素养目标也就是学生的整体发展目标需要与课程保持内在一致。北京市第十二中学(以下简称北京十二中)从基于核心素养整体构建课程的基本问题入手，明确建设的重点和内容，在解读“真善美”教育理念的前提下，凝聚学校育人目标的核心素养，构建“真善美”交融的初高一体化课程体系，满足学生多样性和个性化的课程需求。

一、学校基于核心素养整体构建课程的基本认识

（一）对基于核心素养构建课程体系重点的认识

1. 将核心素养转化为领域/学科核心素养

整体构建学校课程体系需要明确培养目标、核心素养与具体课程目标的关系，明确每一门课程能培养什么样的核心素养，能培养到什么程度，该选择什么样的内容和材料，通过什么样的途径和方式去培养，如何监测和评估实施效果。设计者在将核心素养落实到领域/学科核心素养的过程中，需要结合具体课程的特性，对课程目标、内容、实施、评价等课程系统内部诸要素进行统筹设计。

2. 建立课程与核心素养要素与水平之间的联系

准确把握学科、学科目标与学生核心素养的关系，通过课程之间的纵向衔接明确核心素养的学段阶段性目标，通过课程的横向统整明确课程体系在整体育人的同时突显不同课程对核心素养的独特贡献，进而实现课程整体育人功能。

3. 调整课程要素及组合关系等优化课程结构

纵览学校课程体系，统筹规划，使不同课程要素比例适当、结构合理，形成全面、均衡且结构化的课程体系，发挥课程育人的整合效应。

（二）对基于核心素养构建课程体系内容的认识

1. 确立基于核心素养的课程目标

中国学生发展核心素养具体地描述了小学生、初中生和高中生的应然形象，能更好地指导学校进行课程设计，而课程设计的关键步骤就是要确定基于核心素养的课程目标，架起核心素养与课程建设之间的桥梁。基于核心素养的课程目标就是要在深刻把握学科本质的基础上，明确课程在核心素养实现方面的独特价值和贡献。

核心素养与课程领域的整合，重视不同知识之间的关联性和统一性，使同一领域的课程共同为某一或某些核心素养服务，强调领域核心素养；核心素养与学科课程的整合，强调学科知识的相对独立性。总体来看，课程领域与核心素养的对接，反映了课程之间的内在联系对核心素养的整体性贡献，与核心素养的综合性特征更加吻合。而学科课程与核心素养的对接，与中小学现行的以学科作为课程分类依据的课程建设模式有关。

2. 塔建基于核心素养的课程结构

基于核心素养的课程内容结构，一种是一门课程或者一个领域体现所有的核心素养，这种模式可以在某些具有独立价值和特性的学科或学习领域中实施。另一种是一门课程或者一个领域体现部分核心素养，开设的所有课程能够覆盖所有的核心素养，但又不是一对一的单一模式。后者彰显了不同课程的独特育人价值，但可能会忽视不同课程内容之间的共通性，不利于核心素养的跨学科实施。

3. 规划基于核心素养的实施过程

课程方案设计付诸实施的过程中，会涉及整个教育系统的变化，如管理体制的变化、教学过程的改变、校长和教师角色的更新、学生角色的变化等。教育教学的相关支持系统需要不断更新。例如，要求改善教师专业发展和学习环境，要求教师具备整合教学方法、高效地利用技术手段和技能等诸多方面的能力。

基于核心素养的课程实施过程中，教师在教学活动中能够获得更多的自主权，教师可以创新教学单元的设计、教学内容的组织、教学过程的展开、教学评价的实施等，促进学生核心素养目标的实现。不论教学如何变革，充分发挥学生的主体性，注重学生的参与性，关注学生的认知、情感和态度的培育，对于核心素养的落实都是至关重要的。

4. 实施基于核心素养的课程评价

基于核心素养的学业质量评价，是从学习结果的角度评价课程效果，通过学生在特定情境中外显的行为表现来检测核心素养是否达成。其中，认知类的核心素养评价比较成熟，而对于情绪情感、态度价值观等非认知方面的核心素养的评价则因其隐蔽性的特征面临很大的挑战。

此外，基于核心素养的课程效果的评价，就是评价课程体系的设计与课程实施是否真正落实了学生核心素养的培育，重点在于对基于核心素养的课程目标、内容、实施及对课程评价的规范化、科学化的评价。这对于完善基于核心素养的课程体系建设，实现核心素养目标具有重要意义。

二、“真善美”教育理念下学校课程整体建设实践

（一）解读“真善美”的教育理念

北京十二中秉承“求真、崇善、唯美”的教育理念，在求真之育智慧的过程中通过创新驱动培养学生的知，掌握科学正确的认知论和方法论，润泽学生的智慧。在崇善之育精神的过程中通过实践积淀培养学生的行，拥有走向社会、面向世界的伦理观和行为，塑造学生的精神。求真和崇善两条线最终汇至于唯美，实现真善统一，知行合一，达到唯美之育气质的结果。

关于“真善美”的思考，学校是基于由远及近的视角，通过文化基础、名家思想、教育理论、政策导向、社会需求和学校发展六个维度，全方位解读“真善美”的实质以及“真善美”对学校教育的启示。学校外部环境要求和内部发展印迹中都渗透着对“真善美”的思考与实践，总结出了“真善美”的教育本质。“真”即求真，是教会学生去追求真理，求真知识、做真学问、悟真智慧、学真本领，体会求真的过程，拥有大智的品格。“善”即崇善，是激励学生追求善行，与己为善、与人为善、与自然为善、与社会为善，经历崇善的历程，拥有大爱的品格。“美”即唯美，是引领学生去追求卓越，发现美、欣赏美、表现美、传递美，展现唯美的结果，拥有大雅的品格。

“真善美”就是塑造一个人大智、大爱直至大雅的卓尔不凡的品格。“雅者，正也”，大雅就是德高而有大才的人，大雅就是大写。

（二）确立放眼学生未来的课程目标

学校需要根据教育哲学和学习理论，考虑学生的需要、当代社会生活、学科专家的建议等多方面确定课程育人目标。学校课程育人目标是培养具有“社会责任、学术素养、创新能力、国际视野”的大写的人。其具体目标为：培养具有中华美德、勇于肩负责任的早期社会化人才；培养具有丰富知识、精于融会贯通的早期复合型人才；培养具有创新精神、勤于探究实践的早期创新型人才；培养具有全球视野、善于国际交往的早期国际化人才。

（三）构建“真善美”交融的课程体系

根据“求真、崇善、唯美”的办学理念和培养目标，学校重新构建了“真善美”交融的初高一体化课程体系，满足学生课程多样性和选择性的需求。横向划分为课程系列，依次为综合课程、创新课程、社会课程和国际课程；纵向划分为课程层次，依次为基础课程、拓展课程和卓越课程(图 2-1)。

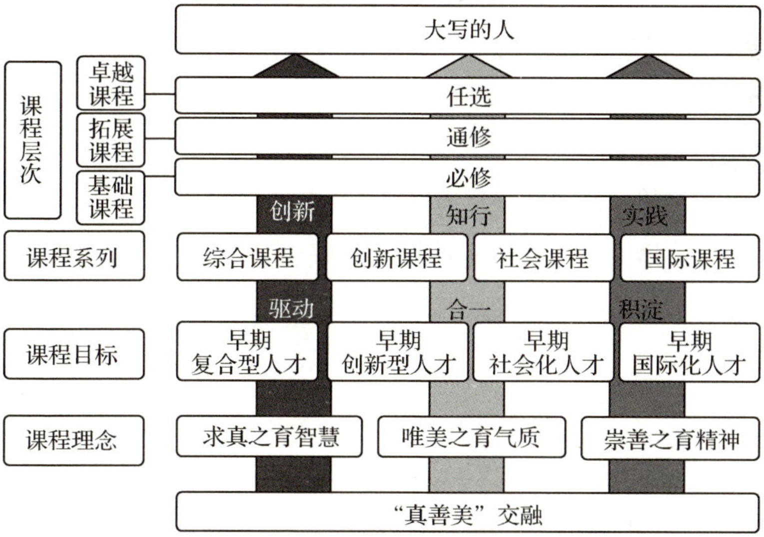

图 2-1　北京十二中“真善美”交融的课程体系

（四）凸显四大系列精品特色课程

根据学生的认知水平和知识的深广度，目前由以校内教师为主，校外教师为辅的师资团队研究、开发形成了“社会课程、综合课程、创新课程、国际课程”四大课程系列。

社会课程是指根据立德树人、融入社会主义核心价值观教育、增强学生社会责任感的精神要求，开展一系列能够让学生参与志愿服务和社会实践的体验类活动群。课程目标是满足从自然人向社会人转变的教育本质，锻炼学生社会实践能力，培养具有爱国主义的民族精神，有社会担当的社会化人才。

综合课程旨在夯实各个学科和领域知识的基础上，强调各学科的纵向视野和学科间的横向联系，帮助学生建立“既见树木，又见森林”的完整的、综合的、图谱化的知识结构，并能够综合运用以解决问题。

创新课程是指根据培养高素质拔尖创新人才的要求，系统构建以培养学生创新精神、创新意识、创新思维、创新能力为核心的创新课程群。课程目标是满足学生分析性智力、创造性智力和实践性智力的优质发展，培养具有改革创新的时代精神，为国家发展发挥作用的创新型人才。

国际课程是根据培养学生未来具有参与国际事务和国际竞争能力的要求以及向世界传播中国文化的精神，而开设的一系列以增进学生世界文化理解水平与国际交流能力的国际课程群。这一系列课程突出国际交流能力培养，注重多元文化理解，初步熟悉国际文明礼仪和国际规则，提倡有意识地培养学生作为一名世界人应有的修养。

（五）选择立足学生兴趣的课程内容

课程内容的构成应以课程目标和学生特长兴趣为出发点，包括三个维度的构成要素：学科知识、社会生活经验、活动经验。学校课程内容选择与组织包括国家课程内容校本化改造和校本课程内容自主性开发，并且达到两者之间的相对平衡。

1. 国家课程校本化改造

国家课程也称为“国家统一课程”，它是指自上而下由中央政府负责编制、实施和评价的课程，它集中体现了一个国家在学校教育方面的基本要求，是提高公民基本素质的保障。因此，国家课程体现学校教育“共性”的一面。而每一所学校的条件、环境、特色和学生基础都有很大差异，国家课程还要体现学校教育“个性”的一面。因此，对于国家课程和地方课程，依据课程标准，根据学校和学生实际，对国家课程按照学科知识逻辑体系和不同学科知识之间的匹配、学生的认知水平和学生的发展方向进行校本化改造，对常规课程进行改编、扩充、整合和拓展，使符合教的课程走向符合学的课程。

学校规划实现了小学、初中与高中的课程目标、课程内容、教学方法、课程评价、课程资源等方面的衔接。它主要对国家课程按照学科知识逻辑体系、学科素养、学生的认知水平和不同学科知识之间的匹配进行校本化调适和整合，实现了“四个打通”：打通学段边界、打通必修与选修边界、打通学科边界、打通校内外边界。

案例 1

北京十二中国家课程校本化实施的部分学科实践

语文阅读设计。初高中分别按三年计划，内部各学段和初高中之间要相互衔接。目标与计划呈螺旋式上升；各年级各学段的篇目书目计划公开共享，以保证同一年级各班级在以后的阅读计划中尽量避免重复。初中努力方向——坚持五个“到底”，努力做阅读的推广者。拟定“三年诗文背诵计划”，三年完成400篇(首)，将诗文背诵进行到底。拟定“三年国学经典选读计划”，将国学选读进行到底。拟定“三年文学名著阅读计划”，将名著阅读进行到底。坐拥书城，品茗书香，将读书笔记写作进行到底。交流体会，分享感动，将学生阅读展示进行到底。高中的拓展阅读和专题阅读内容有：根据语文教材进行同步拓展阅读(如纵横阅读篇目)；根据语文读本选修教材进行专题阅读(如读本选修教材)；根据文学体裁类别进行专题阅读(如文学经典篇目)；根据思想文化主题进行专题阅读(如文史哲艺篇目)；根据时代时事主题进行专题阅读(如时代论坛篇目)；根据学生兴趣需求进行专题阅读(如青春侠义篇目)；根据各类考试选文进行专题阅读(如高考自招篇目)。

学校高中数学采取专题教学调适，即分为大函数专题、解析几何专题(包括4—4坐标系与参数方程)、立体几何专题、概率统计专题及其他零散的知识专题(算法初步、复数、推理与证明、平面几何等)。此外，增加《微积分》《线性代数》《概率与统计》《数学金融学》等大学先修课程学习。其中直升班的数学进行初高大一体化设计，将大学相关教学内容、高中相关教学内容分别向高中和初中渗透。

学校根据研究性学习课程和通用技术课程的性质进行课程整合，目前已整合完成三大模块课程：通用技术联动装置模块、通用技术数字电路模块、通用技术智能控制模块，近期将正式实施。

2. 地方课程校本化实施

“形体艺术修养”课程是面向全体学生开设的地方课程。该课程是由学校整合了北京市多所知名中学的资源，建立了中学形体课程的课程标准、出版通用教材和相关音视频资料，现已纳入教育部国家资源库建设项目。形体艺术课程融合礼仪、舞蹈、健美操、艺术体操、流行元素等多学科内容，旨在对学生进行全方位综合素养的培养。

“职业规划与生涯发展”是学校近年来根据学生兴趣爱好和职业倾向开展的一门指导学生开展学业规划和就业指导的生涯发展指导课程，旨在通过引导学生认识自我和了解社会，正确选择自己的学科专业，培养自己的专业素养，规划自己的生涯发展。

3. 校本课程特色化开发

校本课程是指学校根据自己的教育哲学，在有效实施国家课程的前提下，通过对本校学生的需求进行科学评估，充分利用当地社区和学校的课程资源而开发的多样性的、可供学生选择的课程。校本课程是对国家课程的补充和拓展。

学校基于核心素养建设包括基础课程、拓展课程和卓越课程约150门校本选修课程，60多个社团。其价值取向主要体现为每一位学生的发展而设计，主要包括养成健全人格、责任担当、实践创新、人文底蕴、科学精神、学会学习、健康生活、国际视野和凸显学校“真善美”特色等方面。目前已经开发了一批品牌的校本课程。

“航天科技课程”是由“钱学森青少年航天科学院”、学校聘请中国科学院和中国工程院院士以及航天、天文、生命科学、教育领域专家、学者组成的专家团队为学校“钱学森航天实验班”编写的航天科技基础课程。它包括钱学森精神与思想、航天发展史、航天基础知识、航天飞行原理、卫星结构及原理、航天概论等，旨在通过航天科技基础课程拓宽学生科技视野，培养学生爱国精神、责任感以及科学精神与科学方法的专修课程。

“探究实验课程”是由数学、物理、化学、生物教研组负责开发与实施，在“理化综合实验”校本课程基础上，从实验设计、实验操作、仪器使用、实验数据记录与处理分析等多角度设置专题问题，不再局限于单纯的问与答，而是以实际问题为基础，让学生在实验过程中自主分析问题。借助于现实世界的真实数据、技术手段，培养学生严谨、求实的科学态度，解决问题的能力和实验设计操作的能力，从而提升学生的实践能力和创新意识。

“典礼仪式教育课程”主要包括升旗仪式、开学典礼和高三成人礼。通过升旗仪式进行爱国主义教育、集体主义教育、传统美德教育、励志成才教育等价值观教育。升旗仪式由国旗演讲社和国旗护卫队承担。每学期的开学典礼是学校开展价值观教育的重要途径。近年来，开学典礼通过让学生参与策划与组织，不断为开学典礼注入新鲜活力，使开学典礼的内容与形式更加贴近学生，为学生所喜爱。开学典礼上，以求真、崇善和唯美三类形式颁发校长奖学金，表彰在三方面表现突出的优秀学生。每年为高三全体同学举办成人礼，通过颁发宪法，培养学生的法律意识、公民意识和责任意识；通过家长信件祝福、教师视频祝福增进亲子和师生的沟通；通过制作“那些年的我们 & 这些年的我们”唤起学生对美好生活的回忆；通过组织学生为自己撰写“致十年后的自己”的信件，让他们对自己的人生进行规划和畅想；通过组织学生创作“十八岁的诗歌”，展现学生积极向上的精神风貌。

（六）创新多样化的课程实施方式

1. 探索课程管理方式

第一，学校集团内成立课程中心，为课程创新提供学术、人才支撑和保障。第二，寻求与外部机构协同研究机制，创新“UDS”(U即University，指大学；D即District，指地区、区域；S即School，指学校)协同创新模式。第三，学校采用学院式的管理方式，构建综合学院、创新学院、社会学院、国际学院四大学院，对课程开发与实施进行管理。

2. 改变教学组织形式

学校采取了分类指导与分层教学相结合、长短课与大小课相结合的教学组织形式。艺体、技术、心理、校本选修课全员实行分类走班教学，分类走班在全校打通了班级和年级边界组织教学活动。根据学生的发展方向和学习基础，在高中部建立了“创新部”“理工部”“人文部”和“国际部”，分层走班分别在学部制内进行。语文、英语均实行“X＋1”课时制，其中“1”为阅读课或外教课周课时数。同时将技术与研究性学习课程整合，音乐与美术课程组合，形体与攀岩、柔道课程组合，实行单双周排课的方式。

3. 变革学与教的方式

变革教学方式的价值目标，就是要颠覆传统课堂教学的思维模式，以学生为中心，以技术为支撑，以资源为保障，激发学生自主学习的潜能，引导学生提出问题，并学会自己解决问题，充分利用各种学习资源和学习方式的开放和交互，让课堂成为培养学生批判性思维、实现自主发展的重要阵地。

(1)推广“四问”教学模式。

坚持“以教师为主导，学生为主体，问题为中心，研究为主线，思维为核心，能力为目标”的教学指导思想，深入推进“四问”(设问、解问、追问、新问)教学模式。真正将学生置于体验的学习环境，实现课堂互动，师生互疑，课堂生成，提高课堂教学的有效性。

(2)发展特色的学科教学法。

各学科探索具有学科特色的教学法。例如，英语学科的同语速听写教学法，数学学科的问题连续体教学法，语文学科的“三新”笔记、“五子登科”教学法、阅读教学课堂模式，化学学科的探究式教学法，生物、物理学科的数字互动与探究教学法，历史学科的图示教学法，政治学科的体验和案例教学法，艺术学科的生态式教学法等。

(3)开展探究体验学习活动。

秉承教育大师陶行知先生的观点——“在学中做，在做中学”，学校开展了丰富多彩的探究性学习活动。例如，在台湾实践大学、大叶大学已连续四年开展暑假培养科技创新人才活动中，在“萃智科技创新中心”的十五个科技工作室里，在京外社会实践活动中，在每年一次的科技节等活动中，学生主要的学习方式是开展课题研究，既包括学生个性化的探究性学习，也包括通过合作开展的研究活动。

(4)尝试数字化学习方式。

数字化学习是信息时代学习的重要方式，数字化学习是信息技术与课程整合的核心。语文、英语、生物、技术等学科探索“翻转课堂”“互动课堂”实践研究，语文、英语等学科建立了微信公众学习平台。学校全面引入“智慧课堂”“智慧学习”等教育新技术产品，将信息技术与课程进行深度融合。

4. 形成导师制培养机制

“钱学森航天实验班”聘请了包括中国科学院院士在内的学术导师。学校特聘名家(师)、学长来学校定期开设学术讲堂。学校与北京市丰台区青年联合会联合开展青春导师——职业生涯规划教育活动。青春导师计划包含四个方面：职业生涯讲座、职业开放日、职业见习体验和成功职业人物访谈。为了适应新课改的变化，学校建立专业制、全员制、导师制、学长制等学生发展指导制度，指导学生完成个性化的课程修习。

（七）建立发展性课程评价机制

学校构建了多元化发展的课程评价体系，从课程的价值取向、目标达成、教学过程、主体参与等方面进行有效评价。

在校本课程方面，对教师的课程评价围绕课程开发、实施、效果三个阶段进行。对学生的课程评价本着终结性与过程性评价相结合、定量评价和定性评价相结合的原则进行。对课程本身的评价，突出课程的价值取向、课程内容、课程实施和课程效果等方面的评价。

例如，对选修课评价，通过问卷对每学期校本选修课进行评价。问卷调查包括两个部分：第一部分是对现有校本选修课程的评价；第二部分是调查学生需求哪些方面的校本选修课程。对每一门校本选修课程评价分为封闭性评价和开放性评价两个部分。

第三节　基于自主理念的人格教育课程体系构建与实施

中国学生发展核心素养为高中学校人才培养指明了方向。北京中学作为一所新成立的学校，始终秉持“让人成为人，让自己成为自己”的育人理念，基于学生需求调研和未来人才发展素养研究，坚持以课程创新建设为载体，通过多种形式和路径的探索，使不同学生都能得到积极、主动和丰富的发展，增强学习的获得感和成就感，使具有中国文化底蕴、国际视野、社会责任感、法治意识、创新精神、实践能力的中国特色社会主义建设者和接班人的育人目标，在学校基于自主理念的人格教育课程体系的构建与实施中逐步实现。

一、塑造理想人格的追求

依据中华优秀传统文化文献研究，学校提出将“仁、智、勇、乐”作为学生理想人格进行培育，以“学会学习、学会共处、学生创新、学会生活”为培养路径，培养学生成为具有社会责任感、法治意识、创新精神、实践能力的合格公民，能够初步具备君子人格的特性，仁者不忧，智者不惑，勇者不惧，乐者不疲，他们能够成人——享幸福人生，成才——做中华栋梁，让“世界因我更美好”。

关于理想人格的塑造，主要是结合《论语》中关于君子人格的论述发展而成的。“仁者不忧”，以中华优秀传统文化为载体，关注培育学生的仁爱之心，明礼守信，有同理心，与自我、社会、自然友好相处，乐于助人。“智者不惑”，关注培育学生的博学善问、独立思考与批判性思维，能主动持续地学习。“勇者不惧”，关注培育学生的勇敢创造、求真探究意识，能综合联系和应用知识，不畏挫折和失败，勇于挑战和创新。“乐者不疲”，关注培育学生的身心健康、热爱生活、合作进取精神，能具有社会责任感，法治意识，自信乐观地参与社会实践，灵活应对各种变化和挑战，乐此不疲。

学校秉持“让人成为人，让自己成为自己”的育人理念，基于学生需求调研和未来人才发展素养研究，进行课程规划和开发；以“尊重、信任”为文化因子，以“和而不同，乐在其中”为校风，让多样化的课堂、灵动的校园成为师生的精神家园；以“世界因我更美好”为价值追求，遵循学生身心发展规律，使学生个体都能获得充分的发展，成为最好的自己。

二、 推动课程体系化建设

在社会科技迅猛发展、国际竞争日益激烈的时代背景下，国家迫切需要提升国民素质，高中学校更要注重升学、就业、全人目标的统一和课程结构的多样化，在促进学生发展共同基础的基础上，能全面而有个性的发展，成为具有创新精神、实践能力、全面发展的一代新人，以实现中华民族的伟大复兴。学校积极推进全方位的课程改革，全面探索贯通人才培养的课程方案，注重课程实施过程的互动性、联系性、体验性、个性化支撑，注重学生学科素养和创新实践能力的培养。

（一）课程建设目标

一是建设基于学生核心素养发展与优势潜能培养的多元开放支持性课程体系。通过整合国家、地方、校本课程，统筹初中、高中各学段课程的衔接设计，关注跨领域、跨学科的相互关联与影响。

二是为未来学生的可持续发展奠定共同基础。通过不同层级、不同领域的课程设置和实践，实现学生“仁、智、勇、乐”的培养目标，促进学生全面而自由的成长。

三是为教师的卓越发展构建平台。通过学科课程规划和建设，课程的开发与实施，使教师在课程研发、课程实施、课程评价上实现专业化发展，逐渐成长为课改“名师”。

四是促进学校的内涵发展，以期实现学校的办学目标。通过课程的规划与管理，实现学校的自我突破与创新发展，并为区域教育领域的综合改革探路。

（二）课程建设原则

一是课程规划的系统性和贯通性。基于办学定位和学生成长需要，统筹设计学校课程结构和各层级、各领域课程，系统设置必修课程、选考课程、选修课程，适当增加各层级课程之间的整合和拓展，促进学科内、学科间课程的融合互通，注重初中与高中、高中与大学课程学习方式方法的有效衔接，保持学校核心育人理念的整体贯通。

二是课程供给的丰富性和选择性。通过教师自主开发、师生合作开发、学生自主开发、引进国内外高端课程等多样化课程建设方式，增强拓展课程、潜能课程的均衡性、独特性、高供给度，丰富学校课程的供给，通过提供高度个性化的课程，为兴趣广泛、学有所长、学有余力的学生提供多样化选择，促进学生的个性化发展。

三是课程创新的综合性和实践性。通过个性化、体验性、联系性学习，跨越学科边界，跨越学校边界，跨越时空边界，通过走班选课、慕课等信息化教学方式的变革，推动跨越边界的课程和教学实践创新，培养学生的课程理解力、表达力、创造力，真正推动自主学习、个性化学习的发生，推动学习共同体的建设。

（三）课程体系内容

学校坚持以“四个学会”为培养路径，以实现学生“仁、智、勇、乐”为培养目标，促进学生全面而自由的成长，满足不同学生优势潜能的发展需求，整合国家课程、地方课程，积极开发选修课程(校本课程)，构建了三级立体分层的人格教育课程体系，即下设基础课程、拓展课程和潜能课程三个层级。

1. 构建基础课程，夯实基础，促进共同发展

基础课程是执行国家课程和地方课程并予以一定的校本化改进。基础课程涵盖了所有国家课程的必修和选择性必修模块，包括语文、数学、外语、思想政治、历史、地理、物理、化学、生物、艺术(音乐、美术)、体育与健康、技术(信息技术、通用技术)、劳动、综合实践活动等科目。学生的学业起点和学习能力不一致，在面对高考改革的背景下，同样一

门课程的设置更要体现层级和水平的差别，以便于学生选择适合的课程难度。根据北京新高考改革方案的安排，学生选考的六个科目分为合格考试水平、等级考试水平，故各学科在设计基础课程时分出适合各类、各层学生的学习层级，确立每一方向、每一层级的主干知识、核心概念、思想方法，使学生能够在适合的层级中掌握学科基础知识、基本技能、基本方法，初步具备学科核心素养(图 2-2)。

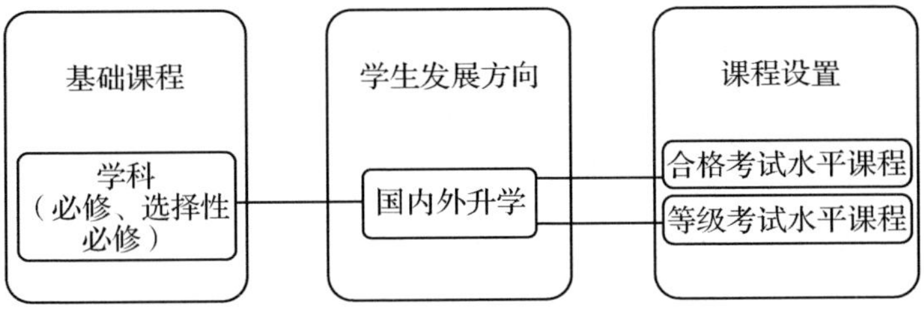

图 2-2　北京中学基础课程设置示意图

2. 提供拓展课程，丰富选择，推动个性发展

为了更好地满足学生的兴趣拓展、智能发展，学校建设了五大系列的拓展课程，分别为学院系列、阅历系列、健身系列、雅趣系列和服务系列。该类课程以开放性、多元化、个性化为基本研发理念，充分激发多元主体参与课程建设，不断整合多方课程资源，以促进全体学生的丰厚文化底蕴、好奇心与想象力、艺术与审美熏陶、科学研究启蒙、增进社会体验等综合素养提升为目标，进一步完善五大领域的选修课程，紧密围绕学校育人目标，秉承精心研发课程、逐年实践、形成特色、作为必选课程列入课表、持续提升综合素养的课程管理理念，形成了一批注重夯实学生的人文、科技、健康、艺术素养，培养社会责任感的特色课程。

3. 开发潜能课程，扬长补短，培养优秀人才

为了满足学生的个性化发展需求，真正实现扬长避短，志趣养成，学校建设了四大系列的潜能课程，分别为领导力系列、创造力系列、特长系列、特需系列。在人文、科技、体育、艺术方面进行特色构建，积极开设 STEM 课程、卡魅课程、创作课程、辩论课程、竞赛课程、体育艺术专项课程等，为学生提供个性化的深度课程选择，提升学生的创新品质和专业水平，突出学生综合创造能力的培养。

（四）课程设置安排

1. 学情分析

2016 年秋季学期起，学校加入北京市教委“1＋3”项目开始进入高中阶段办学，侧重初高中课程的衔接研究。由于新招的部分学生来自全区近 20 所学校，整体而言学生学业基础较扎实，学习坚持力与品质较好，但每所学校课程安排的进度不一样，学生们的知识、能力起点也不完全一样。有的学生思辨能力强，逻辑思维强；有的职业规划非常明确，自主性很强；有的兴趣广泛，但还没有形成持续深入的学习投入。

2. 生涯领航

根据对学情、学生升学需求的整体调研，学校对学生进行了兴趣、性格、智能的测试，并且进行数据分析，优化班级建设和管理。为每一名学生配备导师，定期进行以导师小组为单位的师生交流活动。在此基础上，在导师的指导下，学生自主完成多学科走班学习的层级选择，拓展课程和潜能课程的适量选择，积极推进选考科目的选择。

为了更好地应对高考改革的变化，帮助学生和家长更好地了解改革变化的关键点，学校组织学生、家长生涯测评数据解读培训，为学生如何更好地应对高考改革进行多种形式的交流活动。为了激发学生的自主规划意识，学校设置了焕发生命动力为核心的生涯规划课程，每周一课时，配套开展学生自主项目研究、寒假深度职业体验、生涯体验营、天赋优势体验营等生涯主题活动，以生涯角走廊、生涯展板等方式带给学生无声的生涯指导，逐步提升学生的生涯意识，发展学生的优势潜能。加强拓展课程和潜能课程的建设，确保其丰富性、层次性、选择性，满足学生的个性化学习需求。

3. 学段学时设置

学期实行“大小学段制”。每学年分为两个学期，每学期分两个大学段，中间设一个小学段，大学段 9 周，小学段 2 周。大学段以校内学习为主，小学段以学生自主活动、综合实践与社会考察为主(图 2-3)。

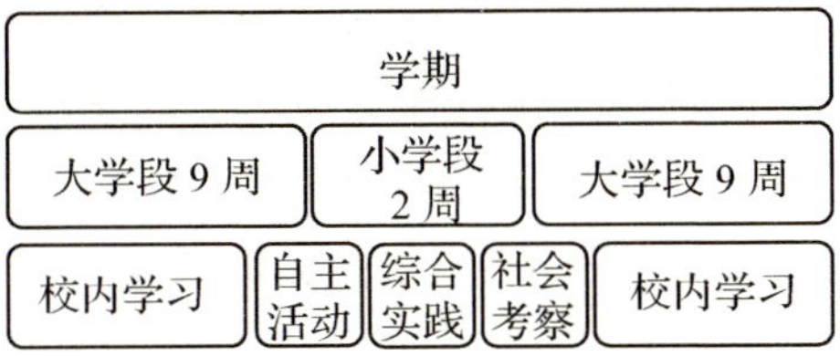

图 2-3　北京中学学段学时安排

学校课时实行“长短课时制”，设置 40 分钟、60 分钟、80 分钟的时长，满足不同课程的需要。基础学科的一般课程按每课时 40 分钟安排；体育、音乐、美术、技术、表演等课程以设计、创造、体验为主要学习方式，时长为 60 分钟，确保课程目标的高达成度；基于专项拓展与现场制作(创作、实验）等课程实施的需求，语文专项课程、理科实验专题、STEM 课程时长安排为 80 分钟。

4. 课程具体安排

根据学生未来发展走向，进行有差异的基础课程设置。一是夯实共同基础、促进共同发展的基础课程设置。二是拓展国际理解能力、促进个性发展的基础课程设置。三是拓宽兴趣爱好的拓展课程。四是满足个性支撑的潜能课程。

关于个性支撑课程，学校紧密依托导师制项目，组建学生生涯规划与指导工作小组。以个性化学业规划诊断为基础，以家校共同规划学业为渠道，开展一对一的学业需求调研与规划指导。优秀学生培养主要依托个性化生涯规划课程、国内学科竞赛课程、大学先修课程、自主招生考试专项课程、特长培养课程、国际教育课程进行个性化支撑。由于学生的潜质、学业规划各不相同，6 选 3 选考科目也略有些差异，为了更好支撑学生的个性化发展，针对各类人才的特点，制定了个性化支撑路径。

(1)语言文学方面有潜质的优秀学生培养特色课程。

语言文学方面有潜质的学生，以“听、说、读、写、演”的方式，通过专题阅读、对比阅读、整本书阅读、即兴创作、演讲辩论等多样化方式感悟语言与文学的魅力，在名师名家的指导下，以国学经典研读、博雅教育、高级辩论等课程为引领，深度理解和领会传统文化的精髓。通过参加创新科技大赛(人文类)、哈佛大学中国大智汇(人文类)、外语演讲与交流、英文戏剧表演等课程，为有语文、英语潜能的学生提供引领和支撑；通过名家讲坛、作家沙龙面对面等方式，为创作力、表达力突出的学生提供与大家交流的机会；启动专项资金，由学生原创小说、原创诗文作品提供出版等支持。

(2)理科方面有潜质的优秀学生培养特色课程。

培养理科方面有潜质的优秀学生的创新精神和创新能力是重点。学生在学习基础类课程、拓展类课程的基础上，还要学习竞赛课程、大学先修课程，深化理科知识，在促进知识纵深发展、奠定学科深厚基础的同时，具备自主学习和解决问题的能力。以科学素养为价值导向，以学科知识拓展为载体，以北京市创新科技学院和中国科学院为资源合作主要单位，积极创建遨游计划基地学校、中国科学院大学基地学校，合作开发符合不同学生需求的学科素养课程体系，如物理学科形成三层课程体系(表 2-2)。

表 2-2　北京中学物理学科课程群基本构成

课程层级	课程模块	课程实施对象	年级
基础类课程	物理衔接课程、物理 1、物理 2、物理 3－1、3－2、3－3、3－4、3－5	分层课程：A、B 层主要面向学考学生，C、D 层为理科潜质优秀的选考学生	9～11 年级
拓展类课程	过山车、发现与发明、物理学与社会发展、生活中的科学、物理与新材料、中国古代军事武器等	全体学生	9～11 年级
潜能类课程	物理竞赛、大学物理、AP 物理、科技创新大赛专项课、高端实验室课程与物理课题研究、STEM、物理科学研究前沿进展等	C、D 层学生	9～12 年级

(3)人文社会科学方面有潜质的优秀学生培养特色课程。

注重学生的良好人文素养、自主思考能力、积极进取精神、文化品位的培养。通过传统文化讲座、跨学科社会研究、非遗课程、中华文化寻根之旅、博物馆课程、学生公司、野外调查与考察项目等课程群的建设，组建话剧社、辩论社、演讲社等人文类学生社团和俱乐部，开阔学生的视野，丰富学生的知识，提升学生的人文品位，磨砺意志，陶冶情操，发展学科综合素养。

(4)国际教育方面有潜质的优秀学生培养特色课程。

基础课程。关注学生坚实的学科基础、深厚的文化底蕴、批判性思维能力、跨文化理解能力的培养。强化中华民族优秀传统文化、历史、民风民俗、非物质文化遗产等课程的学习，提升学生的国家认同感，并通过中外文学、历史、政治、哲学等的对比研究和分析，帮助学生形成良好的价值观和判断能力。

拓展课程。采取中外融合的方式，充分实现与国家课程内容的整合，并进行必要的拓展，发挥本校教师的课程创新能力，避免重复建设，且注重课堂学习方式的开放、体验、探究，更好地培养学生的学科素养与思想方法。

英语语言课程。主要包括三大类课程：一是综合英语课程、人文类英语课程，以提升学生英语熟练度、世界文化和历史的深度认识，拓展学生的国际视野和人文素养；二是通过英语戏剧、演讲与高效交流、国内外高校科研项目等高端课程，提升学生的学术力、表达力与创造力；三是第二外语课程，拓展学生的外语语言基础。

国际交流项目。利用假期积极参加国际留学项目、暑期学习项目，分别在九年级寒假、十年级寒假、十一年级暑假进入国际知名中学和大学进行短期留学，通过外方课堂学习、中外学生活动交流、博物馆和文化场馆参观、社区活动等多样化形式，深入体会世界大课堂的内涵，激发强烈的学习动机。

三、 推进课程实施创新

（一）课程实施主体多元

学校以“信任、发现、支持、引导”为教风，以“教学做合一”为学风，将教师作为课程开发与实施的核心主体，征集家长志愿者、社区志愿者、学生志愿者为课程开发的协作体，通过与高校、研究机构、第三方公司合作，积极构建有效支持学生丰富选择、充分自主的课程体系。课程选择、课程评估等环节，给予学生充分的自主权，让他们真正成为课程的消费者、评价者，有效促进学校课程体系的稳步完善和发展。学生自创的昆虫世界探究、青莲传统文化、开心农场等体验性课程，吸引了很多同龄学生的参与。学校课程的开设与实施，均以学生的实际获得为准则，积极运用多样化促进整体学习方式的变革，使得学生运用移动媒体进行泛在式学习渐成常态。

（二）积极推动走班制

初中阶段学校全面开展走班探索，进入高中阶段办学，学校延续开展了多样化的走班模式探索，根据学科的性质、特色和师资特点，结合不同年级学生的学习特征，创造性地探索出四种走班模式：基于学习方式差异的走班、基于学习起点差异的分层走班、基于专项能力培养的分类走班、基于学习兴趣的任意走班。其中学习方式差异的走班主要是语文、英语学科，基于学习起点差异的分层走班主要是理科课程，基于专项能力培养的分类走班主要是艺术、体育、技术学科，基于学习兴趣的任意走班主要是全校选修课程和社团，让学生根据自己的兴趣爱好进行自由选择，在选择中认识自我，发展自我，成就自我，逐渐形成一些课程实施策略。例如，数学学科在走班过程中，学习方式差异分成了研修班、自修班、导修班，其中研修班和自修班形成以学生自主学习为主、教师点拨的实施策略，导修班形成以教师引导为主、鼓励学生自主学习的实施策略，针对性的辅导以“洋葱数学”和“超级讲师”两个 APP 为支撑，为学生的预习和个性化答疑提供数字化的课程资源保障。

（三）多样化的教学方式

在秉持关注人的教育，坚持人格教育的基础上，继续致力于研究和探索以学习为中心的教与学组织形式的变革，凸显学生的多样化学习——个性化学习、体验性学习、联系性学习，逐步穿越课堂边界，穿越资源边界，穿越课程边界。

1. 个性化学习

穿越课堂，根据学生的身心发展规律和认知规律，教师采用多样化的教学方式，丰富课堂教学的学习方式，为学生提供科学的学习方法指导。关注学生动态学习时空的建构和转化，支持学生通过跨班级、跨年级、跨学部、跨校区的走班学习以及网络在线的个性化学习，以自主学习、合作探究、网络学习等方式，丰富学习的习得方式，在促进学生学业进步、个性成长的同时，培养学生的团队精神和合作能力。

2. 体验性学习

穿越资源，支持学生通过实践来认识周围事物，在自我经验获得的过程中，将显性知识转化为个体的默会知识。延展学生对资源这一概念的认识，向学生提供开放式网络资源、图书和展品资源、专家资源、场馆资源等丰富的学习资源，在实践学习、合作学习、问题解决、产品制作、互为师长、角色体验等活动中体验学习的乐趣，实践教学做合一，提高学生与社会联系的基本技能(包括交流、沟通、观察、倾听、分析、论证等)，促进学生社会责任意识的形成和发展。

3. 联系性学习

穿越课程，引导学生在学习过程中关注学科内的联系、跨学科的联系，以及学科与生活的联系，引导学生建立整体知识观，系统学习与思考，学会建立不同知识点之间的联系与沟通，并不断地将之结构化、体系化。通过项目学习、挑战式学习等方式，在任务驱动下进行研究和设计，将整个世界的知识联系起来，使学生学会按需“提取”知识，发现、认识、解决现实中问题的意识和能力得以发展。

学校非常关注学生学习的现实空间与虚拟空间的融合，努力探索“跨越边界，建设大地上的课堂；互联互通，实现自由自主的学习”模式，使得学生无论身处何地，均可以访问学校数字化资源平台，基于个人需求的学习得以更为便捷的发生。学生通过网络课程发帖、回帖、私信，运用微信、邮件、APP 等多种交流方式，实现泛在学习，打破常规学科班级或行政班级教学的时空局限，建立广泛的学习共同体，让他们产生共同的价值追求和荣誉动机，激励学习投入和相互约束，促进自我成长和团队意识的形成。

（四）跨学科课程研究

学校继续开展BA讲堂、“中华寻根之旅”、露营、博物馆之夜、科技实践活动课程、国际短期访学等系列阅历课程，通过多学科教师共同研发课程资源，设计各具特色的学习单，组织不同年级的学生开展课题研究，形成系列课程成果的方式，让学生在实践课程中进一步认识社会，学会共处，学会生活，开阔视野，提升综合能力。目前，已经确定开设天文观测、生命科学、野外科考等拓展课程，丰富学校课程内涵，促进学院课程的纵深发展，积极探索创新人才的培养模式。学生说：“我们在这里磨合了彼此的棱角，提高了默契度，锻炼了自己，提升了自己，在快乐氛围中学习，发生了很多有趣、暖心的事情。We will keep going to the destination with a passionate and hardworking heart until succeed.”这很好地诠释了“世界因我更美好”的校训。

以机制为支撑，组建多形态的学习共同体，指向跨越边界、互相融通，有利于学生学会学习，学会共处，学会生活，学会创新，有利于深度学习的发生。例如，地理课将地理课程与北京中学的阅历课程结合，开发巴蜀游学沿线的地理、交通等教学内容；语文课将语文的写作与中国的楹联文化、戏曲文化结合，开发相关教学内容……跨学科教学内容的开发，尤其关注学生各学科学习间的联系性，注重学生的个性化学习和体验式学习。2016年11月起，学校以“长城”为主题的项目学习的研发和实施，促进了教师和学生的共同成长。

四、突破课程评价难点

参照《北京市中学生综合素质评价意见》，北京中学实行学生学业成绩与成长记录相结合的综合评价方式，积极构建多元化、发展性的评价体系，注重评价方式方法的创新。通过与北京教育考试院、高校等机构的合作，探索跨越学科考试边界的评价方式创新，促进学生的全面发展，以此作为检验人才培养模式创新成效的基本方式和手段，评估“1＋3”培养模式改革的课程效应。评价体系包括两个系统，分别是学业水平评价和综合素质评价。

（一）多元化评价

1. 学业水平评价

学校采用学分制，细化学生毕业标准和学分认定细则，侧重学生各课程的学习过程和学习结果并进行整体评价。学生的学分由基础学分、拓展学分、荣誉学分构成。按照每学期每门课程每 18 学时计 1 学分的原则获得相应学分。学生获得的学分用于对学生学业评估、毕业资格认定以及各类评优奖励。学校鼓励学有余力或希望多方面发展的学生修习更多的选修课，获得更多的学分。

星级评价，侧重对学生各课程的学习过程进行评价。星级评价共设 5 个星级。1 星：完成课程学习基本任务，获得课程学分；2 星：达到 1 星标准的基础上，学习评价获得“良好”评价；3 星：达到 2 星标准的基础上，学习评价获得“优秀”评价；4 星：达到 3 星标准的基础上，课程学习中获得“突出表现”或“特长发展”评价；5 星：在课程学习中获得“卓越表现”评价。

学业评价方式注重多元创新。基础课程部分学科主要采取纸笔测试的方式进行，同时对语言类课程和理科实验类课程分别设有口语测试和动手实验考评。拓展课程依据课程特点，按照课程规划中制定的模式进行评价。

2. 综合素质评价

以北京市中学生综合素质评价为基础，建立多元评价机制，通过多元表彰机制、多元交流渠道、多元展示平台，为每个学生的发展提供体验成功的机会，并积极张扬学生的个性，让每个孩子的生命成长更加精彩。通过“校园生活七星评比”“北京中学年度人物”（优秀学生评选）、“优秀毕业生”等评价制度，侧重从品德发展、学业发展、身心健康、兴趣特长、实践能力等方面进行评价，引领学生的全面发展，以培养学生的健康体魄和健全人格。

（二）发展性评价

注重评价指标的全面性，设计学业五星评价、校园生活七星评比，通过北京中学特色成长记录档案手册记录学生的全面发展，包括学生的日常学习行为、学习习惯、学习投入与学业表现、团队与集体生活等，及时记录学生的行为与发展变化。星级评价手册很好地激发了学生的动力与志趣，增强了学生的信心，有效促进了学生持续的学习与全面自由的成长。

注重过程性评价数据的积累和即时反馈，关注每一位学生的纵向发展，使家长能看到“人”的发展过程与变化，使学生能看到自身的优势与进步，找到改进和完善自我的着力点。采用积分制的方式，进行递进式的评价，以达到评价诊断、激励、促进发展的目的。教师通过过程性评价数据的分析，能对学生个体以及学生集体的发展状况予以诊断和进行有针对性的指导。

学校一直致力于穿越课程边界，探索初高中学段育人目标的衔接，建成了富有特色的阅历课程育人模式；推动学科融合，以个性化学习、联系性学习、体验性学习等为主导，开设表演课程、卡魅课程、STEM课程等跨学科综合课程；突破教学时空，充分发挥信息技术的作用，协同推进学科读本编写、教学方式多样、评价方式创新、资源共建共享等环节的改革；融合各方育人力量，充分发挥学校教师、干部、家长、学生、专家学者的作用，协同参与学校治理，形成教育合力；畅通育人渠道，统筹课内外、校内外活动，突破年级、年龄、校园、个体身份的限制，广泛开展跨班级、跨年级、跨学校、跨地区的交流；引进 STEM 课程，实施中外团队英语合作教学，与高校协作研发戏剧表演课程、影视编导与制作、播音与主持、科学英才课程、卡魅课程和物联网实验室课程等。今后，学校将进一步探索促进学生积极、主动和发展的有效机制和策略，为高中阶段自主课程的规划与管理探索奠定坚实的基础，为学生持续取得学习获得感提供必要的智力支撑。

五、 取得显著育人成效

（一）培养了有根的人

同学们在校内外与大自然有亲密的接触，他们直接去观察、体验鸡蛋孵化、小鸡破壳而出、小鸡长大直至死亡的过程，饲养小白兔，养蚕吐丝，将流浪猫呵护成校园内人人关心的小伙伴，不断地感悟生命；校园内有不同年龄段的孩子，中学生们发起了“小一陪伴”计划；到社区教老年人使用智能手机，到相关学校去进行手拉手活动，进行 STEM 的教学，去云南边陲、太行山区进行支教，让同学们在关心自我的同时，更关心他人，关爱社会。

同学们亲历“中华文化寻根之旅”课程，他们一起看泰山日出、黄山云海、草原辽阔、大漠孤烟，感受山河壮丽；触摸兵马俑，体验孔子周游列国，到白公馆和宝塔山，感受历史沧桑。教师和学生一起攀登一座高山，跨过一条河流，领略一种地方曲艺，举行一场隆重的诗会，用脚步去丈量祖国的广袤，用稚嫩的诗歌唱响对壮美山河的热爱，对优秀传统文化的感悟，让学生学会把小我融入历史发展的“大我”之中，与祖国、与人类同呼吸共命运，在历史发展中体现个人生命的意义与价值，逐步成长为一个有大爱大德大情怀的人。

同学们参与的露营、军训、行知项目活动，无论是夜宿森林、轮流值班、攀岩速降、高空行走，还是跋山涉水、半夜负重急行军、挑战自我的极限、100 千米的戈壁行走……各种活动都激发了学生对理想的追求与对美好的向往，同时也运用各种载体来培养学生坚毅的品格与艰苦奋斗的精神。经历这些活动，他们一定会增强对自我潜能的信任、对生命的珍视、对远方的向往、对意义的追寻、对坚持的笃定、对团队的感恩。

（二）培养了自主发展的人

同学们能根据自我学习与规划、生涯测评情况、自己的学习基础和学业测评情况，向任课教师通过申请自修学习，通过与教师共同制订“自修学习计划”，约定辅导和答疑的时间，真正掌控自己学习的进度。例如，在生物学科中，学生可以在众多的生物探究活动中自主选择，可以选择进行观察，可以进行养殖，可以进行生物遗传性状调查，也可以进行实验探究，还可以申请与科研院所专家对话和进行课题研究。

人文社会课程注重指导同学们通过述评、辩论等多样化方式，运用所学知识来解释事件本身，做到客观审辩，科学理性，知行合一，学以致用。政治学科结合比特币暴跌，指导学生用货币的有关知识进行解析；针对某电商平台的双十一活动，学生结合经济学知识中的消费与生产、收入与消费、需求价格弹性等学科知识予以解释。通过学生自主选择的主题、素材、情境，培养学习者的描述与分类、预测与选择、辨析与评价、解释与论证学科核心能力和政治认同、科学精神、公共参与、法治意识学科核心素养。在地理辩论式课堂的“我的地理眼看世界”环节设置中，同学们所展示的地理视角非常广泛，包括从金沙江堰塞湖到港珠澳大桥的建设，从美国加州的森林大火到欧洲的热浪，从中国到世界，从自然到人文，学生们总能捕捉到与地理学科知识相关的时事信息，用地理的原理去解读分析，用人地和谐的思想去思考辨别人类活动的科学性。

近三年，同学们组建的自主项目总计 58 个，共计 635 人次，分布在公益与服务、科学与探究等六个领域，其中公益与服务领域项目多达 19 个，展示了同学们投身社会实践、服务社区、建设美好生活的热忱。例如，“BA STEM 支教课程”小组通过众筹的方式募集项目资金，先后向蒲公英中学七年级学生、安民学校六年级学生进行 STEM 课程授课的项目实践；“脊柱侧弯”小组，从北京中学的 BA 讲堂开始，先后登上兄弟学校、朝阳区校医培训、校长论坛的宣讲台，同时还到中国人民解放军第 306 医院座谈并看望患者。同学们用行动一步步践行着“少年强则国强”的信仰。通过与社会产生的真实链接，他们进一步培养了自身的社会责任感和担当意识。

（三）培养了会创造的人

科学课程侧重培养科学精神、探究意识，以探究实验为载体，进行科学解释和发现、创造和应用的实践活动，在合作中敢于质疑、勇于创新。例如，物理学科为增强同学们的感性体验，培养利用实验探索规律、解决问题的意识，让同学们完成了大量实验项目，如玩转魔术、疯狂过山车、投石机、“手摇发电机”、“水果电池”、“彩色陀螺”、“空气炮”等。同时本着实事求是的态度，注重实际实验中出现的异常现象，同学们一同分析异常现象背后的原因，逐步发展了合理质疑、严谨求实的科学精神。化学实验课程重视对同学们证据意识的培养，通过分析推理对预测进行证实，建立观点、结论和证据之间的关系。基于教师的精心设计和指导，同学们开展了大量的校本实验研究，构建证据推理意识。

学校开发了培养计算思维、问题解决能力的系列课程，让同学们用图文编程基础 Swift Playgrounds 构造世界，在 Xcode 中使用 Swift 进行 App 开发，用编程重构的校园模型，最后实现 3D 打印。在不断地尝试与错误之中，学生解决问题的能力、思维能力、创造能力以及学习的内动力得到了提升。

学校鼓励同学们积极从事科学研究、文艺创作、产品开发和创造活动。部分同学撰写了各种科研论文，有些论文已经在科技期刊上发表。科研论文涵盖了发明类、生命科学类、土壤类、水质类、古迹类、文化类等；自导自演的中英文戏剧涵盖了经典话剧、著名电影、中国古典小说选段、自创自编剧本；文艺创作涵盖了连载小说、诗词创作、微小说、各类评论、微视频、海报、绘画、家居作品设计、服装设计等；自主设计的产品包括专利科技产品、编程软件、校园生活用品等。

同学们正是通过各种创造性的活动过程，去模拟性地体验从事创造性活动所需要的知识、能力与品质。这种创造性的学习活动，打通了学生学习与科学家探索、学生生活与未来社会实践的壁垒，使同学们能够在活动中确证自己的主体力量，成为愿意创造、能够创造的主体，生发出创造美好未来的历史感与责任感，主动参与未来创造。

第三章

基于高中学生发展核心素养的人文课程群建设

学生发展核心素养是整体性的素养体系，核心素养培养需要跨越学科边界从领域及主题等角度为学生发展提供多种可能性。本章结合高中学生发展核心素养中的人文底蕴、社会担当和实践创新等素养要素，主要从人文学科课程群建设的角度，呈现人文素养课程体系在学校层面的构建、中华优秀传统文化在创造性继承和创新性转化中的课程建设以及人文学科融合培养学生发展核心素养的实践路径及具体操作，尝试从学科课程群建设的角度为当前学校落实核心素养的课程创新提供借鉴和启示。

第一节　高中学校人文素养课程体系构建的思考与实践

核心素养是学生终身学习、发展所必需的素养，它引领、指导学校课程建设。人文底蕴作为高中学生必备的核心素养之一，包括人文积淀、人文情怀和审美情趣。如何基于人文素养整体构建人文素养课程体系，北京市三里屯一中作为一所具有 50 多年办学历史的学校，在学校课程建设中以办学理念和育人目标为主线，整体构建人文课程体系，培养学生具有以人为本的意识，尊重、维护人的尊严和价值；能关切人的生存、发展和幸福，具有发现、感知、欣赏、评价美的意识和基本能力，理解和掌握人文思想中所蕴含的认识方法和实践方法。

一、 学校人文素养课程体系建设初衷

《国家中长期教育改革和发展规划纲要(2010—2020 年)》指出，把育人为本作为教育工作的根本要求，把促进学生健康成长作为学校一切工作的出发点和落脚点。学校针对青少年缺乏诚信、自尊突出、心理脆弱等现实问题，着力进行学生健全人格(具有一定的社会责任感、懂得感恩、学会感动，具有一定的社会交往能力、学会尊重、懂得合作)的培养，使之成为人文素养课程体系建设研究的实践基点。

培养高中学生人文素养和人文精神的过程，是一个自我人性境界提升的内在生长和文化滋养的综合发展过程，是一个知行统一的过程。人文素养培育就是将人类优秀的文化成果通过知识传授、环境熏陶，使之内化为人们的人格、气质、修养，成为人的相对稳定的内在品格。学校充分认识课程的育人功能，致力于三级课程体系的构建，在扎实落实国家课程、抓好学科教育教学活动的同时，建立凸显学校育人特色的，以科研课题为引领的，教师自主开发的人文课程体系。

学校的办学理念是“依法治校，以德育人；以质量求生存，以特色谋发展”，在这个理念指引下，提出以人文校园建设为特色的办学目标，努力实践人文管理、人文教育，建构人文环境。“人文教育”是人文校园的

组成部分，学校教育要培养学生的人文精神、实现人类文化的继承与创新，必须以人的发展为本，建设充满人文精神的学校课程体系，并通过课堂这个主渠道来实施。

二、 学校人文素养课程体系构建过程

（一）清晰把握人文素养教育现状

当前，科学技术是第一生产力的观念已经深入人心，科学教育、职业教育受到政府、学校和家庭的推崇。主宰教育界的科学教育和技术教育以征服自然、促进物质财富增长和社会发展为目的，反映了社会对财富增长的渴望，因而那些能促使物质财富快速增长、带来巨大经济效益的知识便受到鼓励和推崇。人文知识一度因其言辞的“虚大空洞”而被摒弃，在教学过程中往往华而不实，流于形式，甚至被当作折磨记忆力的工具。①

随着新课改的深入和核心素养的提出，基于“立德树人”和“育人为本”的深刻认识，我国人文素养教育越来越被重视。很多学校(特别是高校)都在做着积极的探索，主要的观点有：①人文素养教育是现代教育的重要组成部分，只有科学教育与人文教育并重，才有可能培养出一个完整的、和谐的人。②现代人文素养教育的根本目标是提高人们的人文素养，使人活得更自觉、更高尚、更高雅，做一名进步的现代人。③人文素养学科教育与人文素养实践活动相结合是人文素养教育的基本途径。人文素养学科教育是人文素养教育课程的核心内容，人文素养实践活动是人文素养成长的必由之路，人文素养的成长需要良好的人文环境的熏陶，要引导学生去体会并参与创造良好的人文环境。②

人文素养教育是对受教育者所进行的旨在促进其人性境界提升、理想人格塑造以及个人与社会价值实现的教育，其实质是人性教育，实施途径包括广博的文化知识滋养、高雅的文化氛围陶冶、优秀的文化传统

---

① 龙一芝：《构建课程文化：现代学校发展的新命题》，载《上海教育科研》，2009(6)。

② 徐怡敏：《中小学呼唤人文教育》，载《基础教育》，2005(10)。

熏染和深刻的人文实践体验等。人文素养教育是教育本身的需要。教育归根结底是要培养出健全的人，进而使这些人服务于社会、服务于国家、服务于人类。成功的教育不光能使人拥有广博的知识、相当的能力，更重要的是，它能充分调动人的潜能，发挥人性的作用，尤其是发挥人性中积极的一面，进而达到教育的目的。调动潜能、发挥人性，使受教育者在认识真理、认识社会、认识他人的同时，能够正确地认识自己并进行自我“反省”，这是教育本身所要达到的内在的、深层次的和本质的要求，这也是人文精神最集中的体现。①

人文素养教育实际上是通过各种教育形式，培养学生的人文精神，帮助他们树立自省意识和关怀意识(对他人、社会、国家乃至于整个人类的关怀)。对中学生进行人文素养教育，培养他们的人文精神，不仅是必要的，而且是重要的。一段时期以来，我们的教育过度地重视了学生知识的积累和“所谓”能力的培养，在教育过程中形成了一种过度“量化”的趋势，然而我们却忽视了一个显而易见的问题，那就是教育的对象是一群活生生的人，而非可以进行绝对“量化”的物质生产过程。

（二）深刻理解人文素养教育内涵

在中国文化中“人文”概念最早出现在《周易》里，《易・贲象》曰：“文明以止，人文也。观乎天文，以察时变，观乎人文，以化成天下。”《后汉书・公孙瓒传论》也有“舍诸天运，征乎人文”。这里的“人文”是与“天文”“天运”相对应的概念，是指人的生活、行为现象、规律，含有“道”的意思。“天文”“天运”意为“天道”，即宇宙自然之道；“人文”意指“人道”，即人本之道或人性之道。

人文素养是指人所具有的人文知识和由这些知识所反映的人文素养内化在人身上所表现出来的气质、修养，主要指一个人的思想品位、道德水准、心理素质、思维方式、人际交往、情感、人生观、价值观等个性品格，即一个人内在的身心品质与精神，包括按照社会要求正确处理

① 付冉：《认识人文教育的意义正视人文教育的现状》，载《首都师范大学学报(社会科学版)》，2002(S3)。

自己与他人、个人与集体、个人与社会、个人与国家，乃至个人与自然的关系。

人文素养的核心内涵是对人类生存意义和价值的关怀，是一种为人处世的基本的“德性”“价值观”和“人生哲学”，从外延上还包含科学精神、艺术精神和道德精神。基础教育的责任，不仅仅只是为高一级学校输送学生，只考虑升学应试问题，还应该抓好学生的人文素养培养和健全人格的形成。

在中国学生六大核心素养中，人文底蕴包括人文积淀、人文情怀和审美情趣。其中人文积淀的重点是：具有古今中外人文领域基本知识和成果的积累；能理解和掌握人文思想中所蕴含的认识方法和实践方法等。人文情怀的重点是：具有以人为本的意识，尊重、维护人的尊严和价值；能关切人的生存、发展和幸福等。审美情趣的重点是：具有艺术知识、技能与方法的积累；能理解和尊重文化艺术的多样性，具有发现、感知、欣赏、评价美的意识和基本能力；具有健康的审美价值取向；具有艺术表达和创意表现的兴趣和意识，能在生活中拓展和升华美等。以上这些概括起来就是人文素养。

人文素养教育是对受教育者所进行的旨在促进其人性境界提升、理想人格塑造以及个人与社会价值实现的教育，其实质是人性教育，实施途径包括广博的文化知识滋养、高雅的文化氛围陶冶、优秀的文化传统熏染和深刻的人文实践体验等。这一教育既重视由外而内的文化养成，更强调自我体悟。

人文素养教育强调的是通识教育，有两层含义：一是既通又识，通即通晓、明白、高尚，识即见识深邃、目光远大；二是通识教育观念，即通过通识教育使一个人有国家、文化、历史、社会问题的知识，有哲学、文学、艺术的修养，有科学的基本知识及对其发展、方法、精神的了解，对事物有客观分析的习惯和审辩能力。

（三）明确人文素养课程体系建设思路

人文素养培养要以课程为载体。一要关注人文素养教育课堂，人文素养教育课堂无疑是提高人文素养的最主要的途径。原中国教育学会会长顾明远呼吁："教育要强调人文精神，使每一个人了解人类发展的历史，了解世界的文化，了解他人，了解自身的能力和责任。"作为教书育人的场所，学校在课程设置方面，为学生提供多样可选择的人文类选修课，以提高学生的审美情趣、文化品位和人文素养，并提倡学生阅读一些文学、艺术、美学、教育、哲学、历史。二要举行人文素养教育讲座和相关活动，邀请人文类方面的学者举行讲座，积极引导学生开展"第二课堂"活动。例如，中国传统文化类讲座、中国现代文化类讲座、西方思想文化类讲座、东西方文化比较讲座、文化素养与科学精神讲座、伦理道德知识讲座、宗教与神学讲座、人文与社会讲座等，都可以加强对学生人文素质的培养。三要组织人文素养教育实践活动，通过组织建立学生社团、研学旅行活动，拓宽学校人文素质教育的渠道，加强对学生人文素质的培养。

学校进行人文素养课程体系建设，其整体育人目标为：建设促进学生具有较高人文素养的校本课程体系，探索实施"人文素养教育"的有效策略，丰富实施"人文素养教育"的资源和载体，从而构建学生健全人格，培养高素质人才，提高教师队伍的综合素养，形成高品质的校园文化。

课程整体设计中所体现的价值理念，应与学校的办学理念、发展目标、历史文化传统相结合来加以统筹规划。学校人文素养课程建设的整体思路是"一个主导、二条主线、三个结合"。"一个主导"，即以"育人为本，塑造学生健全人格，促进学生健康成长"的教育理念为主导。"二条主线"，即构建人文素养教育课堂，突出以提升人文素养为目的的课程文化内容；构建人文素养实践活动体系，突出以参与、体验、理解为标志的人文素养实践课程。"三个结合"，即与落实学校办学思想、办学目标及发展规划紧密结合；与立德树人、全面提升学生核心素养紧密结合；与教师内涵发展、专业素养提升紧密结合。实现提升学生人文素养，促进学生全面健康发展；提升教师人文教育水平，促进教师专业化发展；构建人文素养教育课程体系，形成学校课程文化特色；促进人文校园建设，营造具有人文气息的文化氛围，推进学校特色化发展。

（四）完善人文素养课程体系基本内容

课程最核心的要素就是价值和理念，如果说价值观和理念是灵魂，那么最为关键的就是“魂”是不是能真正“附体”。因此，检验课程是否已成为课程文化的第一要素，就要看核心价值和课程理念是否真正与课程的方案、课程的实施融为一体，能否在实施过程的细节中体现出来。学校实践立足于育人为本，塑造学生健全人格，促进学生健康成长，以校训“爱家、爱校、爱国；求真、求善、求美”为主线开发人文素养课程并实施。

首先，挖掘国家课程中人文素养教育的元素，将人文素养教育与日常的教学工作进行融合，并探索教育融合的形式和手段；在三级课程体系中，国家课程的主体作用不容置疑，同时国家课程也是学校最重要的课程资源。学校充分挖掘国家课程中的人文素养教育元素，如从学科发展史、学科发展关键人物、学科发展前沿应用等方面中挖掘和提炼人文素养教育元素，为学校人文素养教育的实施提供基础保证。

其次，构建人文素养校本课程体系，以校训“爱校、爱家、爱国；求真、求善、求美”为主线建设人文素养校本课程，通过课堂学习促学生人文素养提升。学校经过“普遍开设校本课程”阶段，对已有的校本课程进行筛选和深度开发，同时依托多方资源，开发人文素养教育理念下的校本课程，以此整体构建学校的人文素养教育课程体系，推出精品人文素养教育校本课程(含教材)，培养学校骨干校本课程教师。

最后，构建人文素养实践活动体系，整合学校社团活动、主题教育活动、综合实践活动等资源，突出以参与、体验、理解为标志的课程实施文化，通过实践活动促进学生人文素养的提升；探索学校德育与校本课程融合的模式。对学校现有的人文素养教育实践活动进行深度开发，提升学校人文素养教育实践活动的内涵，推出精品人文素养教育实践活动。充分挖掘校内外资源，开发实施新的实践活动。

学校以人文校园建设为主线，依据人文素养教育培养目标，整合国家课程、地方课程、校本课程、社会实践活动资源，经过多年的实践和探索，确定了学校人文素养教育课程体系，如图 3-1 所示。

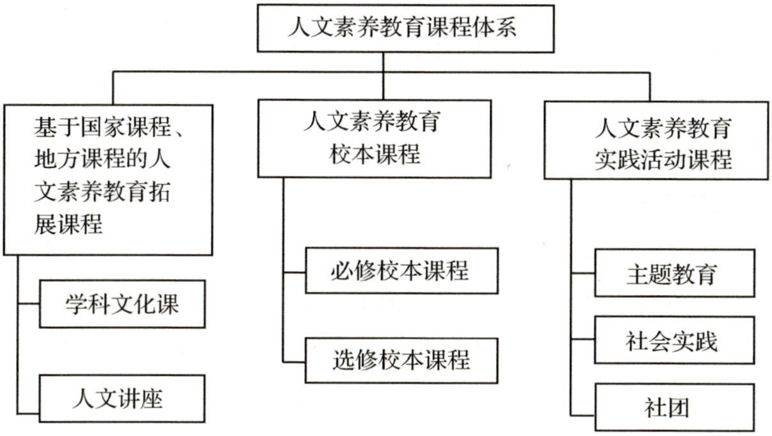

图 3-1　学校人文素养教育课程体系

三、 学校人文素养课程实施策略

（一）人文素养课程实施的基本原则

1. 渗透性原则

一方面，学生是培养的对象，是学习的主体，教师的观念不能也不允许直接强加给学生，人文素养的培养需要学生与教师产生共鸣，亲自去体会感悟人文理念的真谛。另一方面，人文素养具有内敛性，那么作为课程的设计者就必须和教师一起承担这个艰巨的任务，必须注意将人文素养渗透到所选择的课程当中，从而使学生在学习的过程中，潜移默化地被隐含在内容之中的人文精神所感染。此外，各种人文素养并不是相互独立的，而是相互联系、相互渗透的。因此，在课程设置过程中要关注各种课程相互间的融合、统一与渗透。

2. 榜样性原则

榜样就是指人们的某一实际的行为实践活动及其活动的成果或行为实践中蕴含、体现、彰显出的对于其他社会成员具有模仿、学习、借鉴意义、激励作用的东西。加涅指出："建立态度的最可靠的方法之一，是利用一系列包含人的模仿的学习条件，即人的榜样示范。"从这可以看出，榜样教育在人文精神教育与人文素养培养的过程中也起着不可忽视的作用。一方面，教材中丰富的内容可以使学生在课堂学习的过程中，感受到榜样精神的影响；另一方面，学校和社会随时都有很多时事新闻，都可以作为人文素养培养的素材。

3. 体验性原则

体验是主体内在的历时性的知、情、意、行的亲历、体认与验证。它是生理和心理、感性和理性、情感和思想、社会和历史等方面复合交织的过程。苏联教育家马卡连柯在其教育作品《父母必读》中曾说过："不要以为只有你们在与儿童谈话，或教育儿童、吩咐儿童的时候，才是在进行教育。你们是在生活的每时每刻，甚至你们不在家的时候也在教育着儿童。你们怎样穿戴，怎样同别人谈话，怎样议论别人，怎样欢乐或发愁，怎样对待敌人和朋友，怎样笑，怎样读报——这一切对儿童都有重要的意义。"可见，高中生人文素养的培养是一个体验、反思、内化的过程，是一个不单是局限于课堂、局限于学校的活动。人文素养是一个不同于知识传授的简单过程，是一个含蓄、包容、探寻的过程。这些就需要在进行研究的过程，注重学生的体验。一方面，要给学生学习体验的机会；另一方面，应该设置一些有利于学生人文素养培养的走出课堂、走出学校的开放性活动与课题，使高中学生人文素养培养活动成为一个有趣、体验的过程，让学生在潜意识的过程中形成正确的人文素养。

4. 循序渐进原则

人文素养的培养不可能一蹴而就，学生人文素养的提升也不可能立竿见影，正如"冰冻三尺非一日之寒"，因此在人文素养课程的实施中需要有多种层次，一般来说主要从以下三个层次实施。

学习和实践——以课程为基础的人文知识的学习和实践，这是人文素养教育的基本要求；环境熏陶——通过学校环境、整体课程内涵、教师和学生的人文素养，对学生进行引导和熏陶。自我感悟——学生在学习、生活中对人文素养的"理解"和"感悟"，并有可能内化成为学生的人文精神。

（二）人文素养课程实施的主要策略

1. 挖掘国家课程人文素养教育元素

在学科课堂教学中，学校教科室指导教师在备课时要注重挖掘国家课程中的人文素养教育元素，借助学科课程，围绕课堂教学三维目标中的“情感、态度与价值观”教学目标开展研究，把在学科知识技能中的价值观念、审美情趣、思维方式加以提炼，在课堂上渗透。学校干部在教案检查、听评课中关注教师进行人文素养渗透的落实情况，做到人文素养培养与日常教学工作的有机融合。

2. 开发利用人文素养教育课程资源

第一，开发区域资源。学校地处中央商务区(以下简称 CBD)核心区域，紧临三里屯时尚文化街区与使馆区。在课程开发与建设中，根据学校自身条件，利用周边资源环境，开设了《三里屯 Village 时尚文化》《大使馆探秘》，引导学生品味三里屯时尚文化长廊，带领学生探寻大使馆的奥秘，重新认识三里屯的地域特色，提升文化品位；同时充分利用大使馆的资源，结合时事背景，邀请大使馆工作人员开设讲座，参观访问大使馆，拓宽学生的国际视野。

第二，挖掘环境资源。学校充分发挥环境育人功能，将校训“爱家、爱校、爱国”作为学校景观建设的物化主题及景观育人的实施点，在“三爱”教育的过程中引导师生通过“修德、铭志、习礼”去实现对真善美的追求。长廊连接“铭志轩”，轩内悬挂本校高中学生所写的励志诗句《于一中记》，当人们身至此景，观此诗句，便会激发爱校热情和奋斗志向。

第三，汲取生成资源。课程资源无处不在，无时不有，且可以不断生成。学校课程体系中有“重大事件”一项，日本地震“震”出特殊课程，学校及时将此事件转化成课程资源，以“日本地震带给我们的思考”为主题举办了系列活动：地震知识展板、安全教育、系列讲座等，还如“聚焦利比亚”“中国军事崛起之航母问世”“蛟龙号载人深潜器下潜深度超过 7000 米”“我爱航天之神舟十号”“天宫二号”“神秘的引力波”“韩国萨德事件的前因后果”“共享经济之我见”“共话支付宝”等，紧密结合时事大事，开发相应课程资源，引领教师形成资源意识、问题意识、课程意识，通过系列讲座和参与衍生的相应活动，引导学生关注社会、关注自然、关注家园，培养家国情怀。

3. 推动人文素养校本课程有效实施

学校成立了课程管理学术委员会，规范校本课程开发与管理流程，保证此项工作有序推进。

(1)人文素养校本课程开发的基本原则。

针对校本，面向课程，凸显个性，动态发展，是学校人文素养校本课程开发的基本原则。

(2)人文素养校本课程开发的实施流程。

为了促进课程开发有序，实施规范，效果明显，学校制定了人文素养校本课程开发实施的流程。第一，依据课程目标，进行学生、教师需求调研，列出菜单；第二，将相关资料发至教师，对教师进行校本课程开发培训及有关工作部署；第三，对教师申报的材料进行审议，确定所公示的校本课程；第四，对所有申报的课程进行说课审定；第五，向学生公布“课程超市”目录，每项内容附《课程简介》；第六，根据学生选科情况确定开课的学科、教师名单(凡学生选报人数不到开班数量，该课暂缓开设)；第七，根据课程计划，统一组织班级安排课程。与此同时要求教师开设课程前做到心中有数，根据学科特点和自身的学识情况，向学校课程委员会申报所拟开的课程，填写申报表，撰写《课程纲要》和《课程简介》，具体如图 3-2 所示。

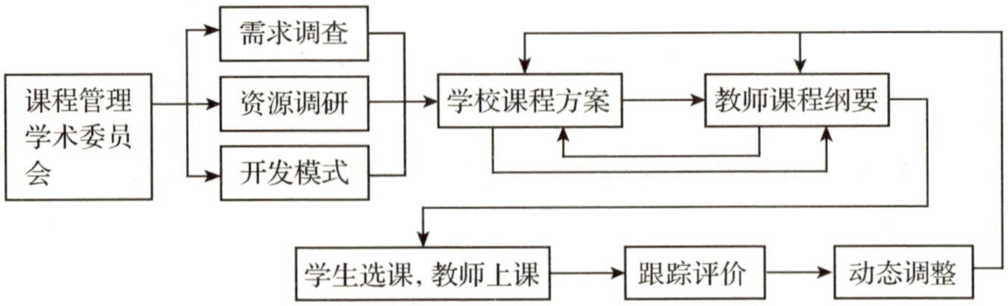

图 3-2　人文素养校本课程开发实施流程图

(3)人文素养校本课程实施排课策略。

学校经过多年的人文素养校本课程建设工作后，将体现校训精神、提升学生人文素养、学生选择较多的系列课程精品化，且列为学生必修校本课程，主要体现学校的文化特色和办学特色；其他课程采用选修方式，满足学生的个性需求。例如，高一年级开设必修类校本课程，高二年级开设以学生自选课程为主的选修类加必修类校本课程，形成以必修、选修相结合的具有学校特色的人文素养校本课程实施模式，如表3-1所示。

表 3-1　人文素养校本课程设置表

校本课程开发情况		周课时数(课时)		上课形式
		高一（2）	高二（2）	
特色必修类	校训读本	0.25	0	行政班
	中学生心理	0.5	0	行政班
	军事文化	0.5	0.5	行政班
	学科文化课	0.25	0	行政班
	人生规划	0.25	0.5	行政班
	人文教育讲座	0.25	0	行政班
选修类		0	1	自主选课走班制
人文实践活动		高一、高二每学年1～2次全体活动		

高一年级每周两节校本课，均为行政班教学，中学生心理、军事文化隔周上，校训读本、学科文化课、人生规划、人文教育讲座每四周上1次，高二年级军事文化和人生规划隔周上，行政班上课。自主选修课采用走班制进行授课，这样交叉排课，既满足了学生的选课需求，也能结合学校教学实际进行授课。通过以上管理，保证课程有序、有效开发实施，确保学校课程建设工作顺利推进。

每年级的课程和课时安排如表3-2所示。

表 3-2　人文素养校本课程课时安排表

课程类型		序号	课程名称	课时	年级	备注
基于国家课程、地方课程的人文教育拓展课程		1	学科文化课	32	高一	必选
		2	人文教育讲座	16	高一	必选
		3	学科人文教育渗透	12	高一	必选
以校训“爱家、爱校、爱国；求真、求善、求美”为主线开发并实施	文学素养	4	《校训读本》解读	12	高一	必选
		5	军事文化	12	高二	必选
		6	小说阅读	12	高二	任选
		7	楹联与书法	12	高二	任选
	艺术素养	8	美学初探	12	高二	任选
		9	电影中人性美	12	高二	任选
		10	小篮球大世界	12	高二	任选
		11	瑜伽	12	高二	任选
		12	十字绣	12	高二	任选
		13	围棋	12	高二	任选
	社会交往	14	西方礼仪	12	高二	任选
		15	人生规划	15	高一、高二	任选
	身心健康	16	中学生心理	15	高一	任选
		17	足球	15	高二	任选
		18	三里屯 Village	12	高二	任选
	科学素养	19	物理科学前沿	12	高二	任选
		20	物理学家与物理实验	12	高二	任选
		21	化学家与化学实验	12	高二	任选
		22	数学创新思维	12	高二	任选
		23	图形计算器	12	高二	任选

4. 推动人文实践活动创新实施

为了构建丰富的人文实践活动课程，保证学生的有效参与，使学生获得丰富的人文实践体验，学校对已有实践活动如学农、走进博物馆、阅读社会丰富人生等进行深度开发并实施，开发“研学旅行、文化之旅”等新的人文教育实践活动，统一纳入人文校本课程体系进行管理和实施。课程包括三个部分：社团活动、社区服务、主题教育，如表 3-3 所示。

表 3-3　学校人文素养教育实践活动一览表

社团活动	体育社团、艺术社团、科技社团、文学社团、公益社团
社区服务	三礼进社区、邻里守望、星光志愿者服务
主题教育	“让爱延续”主题教育活动 “感动校园优秀学子”评选表彰活动 “阅读社会丰富人生”研学旅行实践活动、文化之旅

学校通过社团活动，培养学生的沟通协作能力，提升学生的文学素养和艺术素养，激发热心公益之心，通过邻里守望、星光志愿者服务活动让学生关爱社区、关爱老人、关心他人、回报社会。以“发现感动、传播感动、塑造感动”为主线，开展“让爱延续”主题教育，引导学生去发现父母的伟大和家庭的感动，体会家人与朋友的爱心，强化“爱家”教育，引导学生思考人生，培养他们的人生责任感；开展“感动校园优秀学子”评选表彰活动，组织“群星闪烁”主题教育活动，引导学生去发现身边的榜样和校园的感动，体会老师与同学的爱心，强化“爱校”教育，引导学生思考友谊，培养他们的集体责任感；开展“阅读社会，丰富人生”的研学旅行实践活动，组织“爱我中华”主题教育活动，引导学生去发现祖国的美丽和社会的感动，体会它悠久的历史和美好的未来，强化“爱国”教育，引导学生思考担当，培养他们的社会责任感。

四、 学校人文素养课程评价机制

学校将人文素养课程的开发与实施纳入教师常规管理，建立相应的考核评价制度。从评价重点而言，主要集中在人文素养校本课程的评价上。学校将教师实施人文素养校本课程的情况与考核评价、岗位聘任、绩效工资等挂钩，并在评职、评优等方面予以政策倾斜。一方面，通过进班听课、学生问卷、部分学生座谈、阶段总结交流、检查评比等多种方式，加强人文素养校本课程实施过程的监控和评价；另一方面，通过每学年的评比交流活动，对人文素养校本课程的开设与实施进行强化多元管理。在此基础上推出一批优秀校本课程列入学校“选修品牌课”，并列为学生必修的校本课程。学校成立以课程管理组、专家指导组、骨干教师为主要课程评价建设小组，建立以“课程开发”“课程实施”“课程效果”为主要内容的课程评价标准体系。

（一）课程开发的评价

针对单一课程开发阶段的“课程方案”的评价，包含课程依据、课程内容、课程时间、课程评价以及“实施人员要求”“典型课例呈现”等方面的综合评价。此评价决定该课程是否予以实验。对于通过评价的课程，评价小组还要周期性地对课程的执行情况、课程实施中的问题进行分析评估，并调整课程内容，改进教学管理。

（二）课程实施的评价

课程实施关系到课程构建的成败，也是课程合力构建的最有力的说明。因此，学校必须加强课程的过程性评价，利用课程的实施不断提高教师的业务水平及学生的自主学习能力。定期进行问卷调查、听课指导、阶段交流等活动。其中，包括对课程开发实施者的评价。建立针对实施教师的评价体系。强调教师对自己教学行为的分析与反思，建立以教师自评为主，校长、教师、学生、家长共同参与的评价制度，使教师从多种渠道获得信息，不断提高教学水平。其主要包括以下几个方面：一是学生选择的人数；二是学生实际接受的效果；三是领导与教师听课后的评价；四是学生问卷调查的结果；五是教师采取的授课方式及运用现代教育技术的情况。

（三）课程效果的评价

看课程建设取得的成果首先要看课程的最终受益者——学生的发展情况。所以，检验课程实施效果，首先，要建立针对学生全面发展的评价体系，要求各任课教师每学期需对学生的学习情况采用不同的方式进行评价，评价出学生对该学科学习的兴趣需求、学习效果等。学习效果评价采取标志性成果的形式，不仅要关注学生的学业成绩，而且要发现和发展学生多方面的潜能，了解学生发展中的需求，帮助学生认识自我，建立自信。其次，课程效果评价还要反观学校的课程体系建构和学科课程实施方案，各校区、各实验教师要根据评价结果，改进课程顶层设计方案和课程实施具体方案。

五、 学校人文素养课程保障机制

为保障人文素养课程体系有序实施、有效推进，学校采取了四大推进措施。

（一）建立课程管理组织机构

校长任组长主抓规划、统筹，主管校长任副组长主抓落实，教学处、德育处、教科室、总务处、教研组分工合作，如图 3-3 所示。

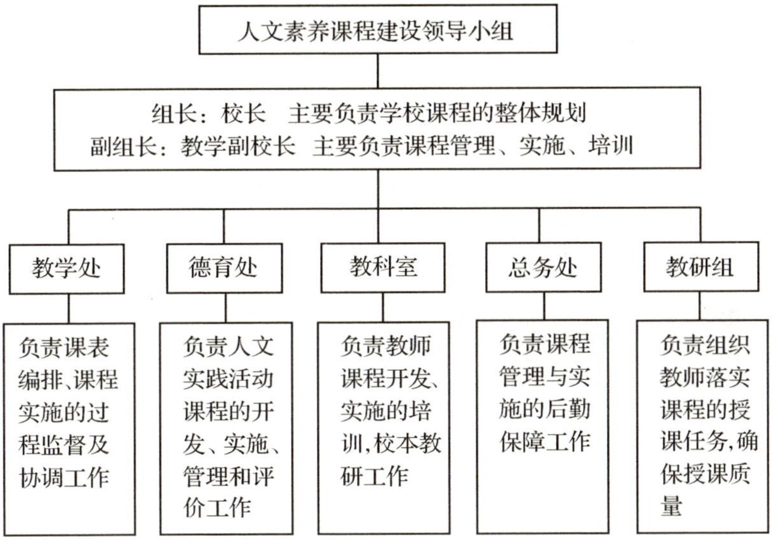

图 3-3　学校人文素养课程管理组织机构

（二）建立课程实施组织机构

由学校教科室牵头，主管领导任组长，教研组长、年级组长及学科骨干教师组成课程实施小组（国家课程中人文教育元素开发组、人文教育课程开发组、人文实践活动开发组、教师人文教育水平开发组、学生人文素养评价体系开发组），形成校本课程开发与实施的基本单位。

（三）建立课程开发专家指导团

学校聘请教育科学研究所、北京师范大学等的课程专家，组建核心团队，定期进行课程建设的培训、研讨和交流，及时了解课程实施的情况并进行相应指导，充分借助外部力量促进课程实施的推进。

（四）充分做好各项保障工作

为保障课程顺利实施，学校做到师资保障、课时保障、经费保障。学校选派教师外出考察学习，拓宽外部资源，加强师资力量；将校本课程列入课表，安排固定课时等，有力保障课程的顺利实施。

第二节　中华优秀传统文化教育培养学生核心素养探析

2014 年教育部《完善中华优秀传统文化教育指导纲要》明确提出小初高不同学段中华优秀传统文化教育的重点内容。作为学校教育的重要组成部分，中华优秀传统文化教育需要融入各阶段学校教育之中，成为培育学生发展核心素养的重要内容。本节聚焦高中阶段讨论“中华优秀传统文化教育”与“学生发展核心素养”。中华优秀传统文化是学生发展核心素养的思想源泉和生成基础，而学生发展核心素养的培育又离不开中华优秀传统文化教育的有效实施与开展。中华优秀传统文化教育可以培养学生的责任担当、人文底蕴、科学精神等多方面的核心素养。

一、 中华优秀传统文化教育有助于培养高中学生核心素养

（一）中华优秀传统文化教育是学校教育的重要组成部分

《国家中长期教育改革与发展规划纲要(2010—2020 年)》《完善中华优秀传统文化教育指导纲要》等一系列文件，都不同程度地指出了中小学中华优秀传统文化教育的重要价值和意义。《国家中长期教育改革与发展规划纲要(2010—2020 年)》更是明确指出，要在大、中、小学“分学段”“有序”推进中华优秀传统文化教育。《北京市中小学语文学科教学改进意见》

《北京市中高考改革方案》《关于 2017 年普通高考考试大纲修订内容的通知》等，也强调中学要尽快将中华优秀传统文化教育纳入学校教育的内容框架之中。

另外，当前很多学校在应试中忽略学生品行德操的培养，而中华优秀传统文化教育在本质上是品性教育，是为青少年学生凝心筑魂的根本性教育。这种教育对处于世界观、人生观与价值观形成过程中的中小学生而言极为重要，也有助于实现学校“立德树人”的根本目标。中华优秀传统文化教育应该有机融入中学教育，担负起培养学生发展核心素养的重要职责。

（二）中华优秀传统文化是学生核心素养的生成基础和培育资源

当前，很多国家和国际组织都提出了学生发展核心素养的基本框架，其中既有一般性的共同元素，也有个别性的独特元素。其独特之处彰显的往往就是一个国家的民族性。北京师范大学林崇德教授指出，中国学生发展核心素养是基于对从夏商西周开始到清代的相关文献的分析研究而得出的，是具有民族特色的中国学生发展核心素养。为了在核心素养体系中体现继承与创新精神，项目组选取不同历史时期关于优秀传统文化与传统教育的文献进行分析，主要涉及“修身成德，教育政策，学校设置，教育内容与方法，人才选拔学规，教育家思想与教育实践”等相关层面，系统梳理了优秀传统文化关于人才培养的素养要求，从中提取了基于优秀传统文化的核心素养指标，包括家国情怀、社会关爱、人格修养、文化修养，反映在核心素养总框架中主要包含责任担当、人文底蕴、科学精神等核心素养方面。

从以上核心素养的研制过程可以看出，优秀传统文化是中国学生发展核心素养的生成基础，是学生发展核心素养的重要思想源泉，同时也是培养学生发展核心素养的宝贵资源。核心素养的培养必然根植于优秀传统文化的深厚土壤中。换言之，在培养学生的核心素养方面，优秀传统文化教育应该发挥关键性作用。

二、 中华优秀传统文化教育培养高中学生核心素养的重点

在中国学生发展核心素养的 6 大核心素养、18 项内容中，中华优秀

传统文化教育着重在以下素养的培育方面发挥作用。

（一）培养学生的责任担当意识

在核心素养体系框架中，责任担当意识包含了社会责任、国家认同与国际视野，而这些正是中小学中华优秀传统文化教育最根本的作用体现。中华优秀传统文化可以提升学生的人格修养，培养学生的社会关怀和家国情怀，进而增强其责任担当意识。中华优秀传统文化是以儒家文化为主脉的，而儒家文化是以修身、齐家、治国、平天下为旨归的，修齐治平一直是历代儒者的精神追求。儒家思想浸润下的儒者都具有非常强烈的报效国家和服务社会的意识，有着深刻的“居庙堂之高则忧其民，处江湖之远则忧其君”的责任担当意识。儒家的修齐治平达到一定的修为和境界，就能成为“君子”。作为中国文化的重要表征，“君子”统摄众德，是古往今来传统儒者共同的价值追求。“君子人格”是中华文化传承几千年孕育而成的一种理想人格，这种人格积极正面，包含了修身、处事、爱国等多个层面。虽然具有理想性，但可见可感可学习可效仿，可以成为青少年人格发展的榜样和示范。中小学中华优秀传统文化教育要培养具有君子品格的现代公民，就要充分发掘优秀传统文化的育人功能，引导学生体悟中华优秀传统文化精神，在经典浸润下涵养品性，涵育君子之志，学会做事做人。这在当前有着深刻的现实意义。

另外，还需要注意到，中华优秀传统文化教育对学生的社会责任和国家认同的培养是在与国际视野的融汇中形成的。只有真正了解本民族的文化，才能形成真正意义上的国际视野。毕竟，现在的时代已不同于古代的农耕社会，中华优秀传统文化这棵老树也要在当前新的教育背景下中发出新芽。

（二）培养学生的人文底蕴

在核心素养体系框架中，人文底蕴包括了人文积淀、人文情怀和审美情趣，这是优秀传统文化教育基础性的作用。作为世界优秀的文化形式，中华优秀传统文化包含着以四书五经为代表的经史子集诸多文化典籍，可谓是“致广大而尽精微，极高明而道中庸”。如此厚重而深邃的优秀传统文化内容，如果能够熟读成诵，谙熟于心，一定能够为青少年学生打下坚实的人文积淀，激发其深厚的人文情怀。

另外，优秀传统文化可以涵养学生高尚的审美情趣，这是一种非功利的趣味和指向，一种“无用之大用”。优秀传统文化中的很多内容都非常适合培养学生的审美情趣。比如，现在很多学校都在诵读《声律启蒙》，其中的文字如“云对雨，雪对风，晚照对晴空；春对夏，秋对冬，暮鼓对晨钟；观山对玩水，绿竹对苍松……”等，既有音律的节奏感，又有如画般的意境，让学生从小学开始，就能从音韵声律上去感受汉字之美和诗画一体的意境之美。《千字文》使用的是六朝骈文体，在对仗、平仄韵律和修辞用典上都非常讲究。短短千字，就囊括了宇宙、物理、人情、历史等多方面的内容。用这些书来启蒙学生，其感悟鉴赏及创意表达能力一定会卓然不群。除了蒙学经典之外，琴、棋、书、画等传统技艺的修习也可以提升学生的审美情趣，涵养君子之品性德操。

（三）培养学生的科学精神

在核心素养体系框架中，科学精神包含了理性思维、批判质疑和勇于探究三个层面，这是优秀传统文化教育的辅助性作用。一提起优秀传统文化，人们首先想到的是语文、历史等人文学科。诚然，人文学科承担着文化传承的主要功能，但任何学科都是文化的一种具体的表现形式，中国古代有高度成熟的人文思想和文学艺术，同时也有堪称辉煌的科技文明，四大发明代表着当时科技发展的最高水平。这些成果同样凝聚着中华民族的伟大智慧和创新精神，相关内容可以通过数学、物理、化学、生物等多学科渗透优秀传统文化的方式来具体呈现，让学生了解传统科学技术，学习古人崇尚真知、勇于探究的科学与创新精神。

另外，优秀传统文化中蕴含着丰富而深刻的哲学思考，也是培养学生独立思考与批判质疑能力的重要资源。例如，儒家这种修齐治平的责任担当只是限于士人以上的阶层，并不是对普通民众的要求，其贤人政治的思想倾向使普通民众的政治主体性一直没有得到重视和培育。这些是与现代公民素养的要求无法接轨的，但也可以提供一种素材和视角，让学生进行深入的思考辨析。在当前语文等学科教学中，很多教师都在尝试引导学生用审辩性思维来解析经典。这是对传统文化的批判性继承，也是传统文化在新的时代背景下的转化和创造性发展。

三、 中华优秀传统文化教育培养高中学生核心素养的途径

（一）通过学校渗透和课程开发，在课堂教学中落实

学校教育的主阵地在课堂。学生核心素养的培育一定要通过课程这个主渠道。具体有：一是借助语文、数学等多学科渗透教学来实施，主要表现为隐性课程；二是通过专门设置经典研读、传统技艺等选修课来实施，主要表现为显性课程。

1. 通过语文、数学等多学科教学渗透

学科渗透优秀传统文化是一种隐性课程，可以在不增加课时的前提下为学生提供更多的浸润机会。《完善中华优秀传统文化教育指导纲要》和《关于2017年普通高考考试大纲修订内容的通知》等文件中，都对学科渗透优秀传统文化提出了明确的要求。近年的中高考试题中，也有对数学、化学等学科渗透优秀传统文化的考察。作为母语教育的主要载体，语文与优秀传统文化有着紧密的关联，是文化传承的关键学科。语文教材中选编的传统经典、诗词文赋、戏剧小说，不仅可以提高学生的人文素养和审美情趣，其中包含的社会伦理与道德价值也可以增强学生的责任担当意识。对经典中有争议的话题进行探究也可以培养学生的批判质疑能力，帮助学生更好地审视优秀传统文化。

例如，北京市八一学校语文教师在讲授高中语文教材中苏洵的《六国论》时，引导学生在准确理解文章的基础上，对文章的主要观点提出质疑：赂秦真的是秦朝破灭的主要原因吗？经过认真的思考和分析，学生发现赂秦与秦朝灭亡之间不存在必然的因果关系。作为一篇论说文，苏洵的这篇文章在论证的过程中存在着很大的漏洞。之后，又引导学生思考“苏洵是不是真的认为六国破灭的原因只是赂秦”这样一个问题，结合当时民族矛盾突出、宋朝苟安求和的社会现实来分析，让学生认识到苏洵写《六国论》的目的在“论”不在“史”，不是为六国破灭的原因做一个历史结论，而是为了借古讽今，希望宋王朝能吸取历史教训，奋起抵抗外侮。之后，又引导学生延伸阅读苏轼、苏辙、李桢的《六国论》，通过对

这些同题的文言经典的综合性审辩式阅读，让学生在阅读过程中学会包容异见，不盲从，不固执，独立思考，探究质疑，以培养学生独立思考的理性能力、勇于探究的进取精神及知时论事的公民意识。

北京十一学校高中阶段语文学科优秀传统文化渗透，一是选取《论语》《孟子》《大学》《中庸》《庄子》《韩非子》等典籍中的精华语段进行研读，让学生理解先秦诸子的思想并结合现实进行阐发。二是研读《古文观止》中的部分篇章，指导学生结合当下理解古人的智慧。现在大部分学生都阅读完了。三是通过教材文言文的学习，让学生掌握古代官职、行政、节庆、祭祀、地理、计时、居住、衣食、称谓等各个领域的常识。优秀传统文化不是一门独立的课程，可以在课堂的各个环节中不断潜移默化地渗透。四是通过吟诵、创作对联、诗词、文言文段，让学生体验汉语的表达魅力。

2. 开设中华优秀传统文化主题课程

当前，学科渗透优秀传统文化教学仍然存在缺陷和不足，以语文学科为例，教材中选文数量有限且呈“碎片化”，既割裂了经典的完整性，也无法满足当前对优秀传统文化的更高需求。因此，只依靠语文等多学科的渗透教学，没有专门的显性的优秀传统文化课程，优秀传统文化教育的系统性与有效性就难以保证。

专门的优秀传统文化课程主要有两类：一类是经典研读类课程，另一类是传统技艺类课程。经典研读类课程是优秀传统文化教育的核心课程。经典是中国传统文化的源头，滋养着我们的灵魂和元气。习总书记曾经指出，读优秀传统文化书籍，是一种以一当十、含金量高的文化阅读。只有通过研读经典，才能使青少年学生掌握优雅、精致的文化语言，将自己生命的根须，植根于本民族文化的丰厚土壤。经典研读类课程的内容主要有两种：一种是选择较为权威的版本，引导学生进行整本书阅读。具体到高中阶段，主要是以《论语》《孟子》《大学》《中庸》《诗经》为主，以诸子百家、经典诗文为辅。每周一课时，由专门的国学教师或语文教师担纲教学。这些文本中有很多具有高尚人生旨趣和责任担当意识的古圣先贤，这些人物以自己独特的存在生动展现着核心素养的多个层面，是最为鲜活的榜样和示范。另一种是引进或研发专门的优秀传统文化教材，通过系统梳理古代典籍中有关修齐治平的相关内容，结合各学段学生的特点有针对性地开展教学。这是经典课程的进一步精细化，针对性相对更强。例如，中华书局从台湾引进并修订出版的《中华文化基础教材》、北京十一学校的《唐诗宋词欣赏》等都是有效的尝试。

除了经典研读类课程，另一类课程是传统技艺类课程。“志于道，据于德，依于仁，游于艺”是传统文人进德修业、为学做人的根本原则和方法，即在立身行道之时，要随时以六艺调剂身心。《礼记·学记》中也提出：“君子之于学也，藏焉，修焉，息焉，游焉。”在藏志于道，修德安仁的同时，也要游于六艺之中，以涵养诸德。为此，传统技艺类课程是开展优秀传统文化教育的必要的、有机的组成部分。除了传统的琴、棋、书、画之外，还有京剧、曲艺、剪纸、风筝、武术、篆刻等。这些都是典型的带有民族特色的传统技艺。这类课程让学生提升人文积淀，旨在用技艺之美激发学生兴趣，并通过技艺的修习演练，涵养人文情怀，提高审美情趣。例如，人大附中翠微学校高中音乐课程“文人音乐——古琴”，在让学生了解八音知识、感受乐曲节奏的同时突出古琴作为文人常用乐器的文化内涵，引领学生了解中国古代音乐的古雅魅力，在涵养情趣的同时培育学生对民族音乐艺术的自豪感。

北京市八一学校开发了国学专项课程，为高一全体学生开设。高中语文组经过筛选、讨论，选定了中华书局修订出版的《中华文化基础教材》。该教材分上、下两册，内容主要涵盖传统儒家经典“四书”，有助于培养学生高尚的人格修养和修齐治平的责任担当意识。比如，上册设定了十个单元的内容，分别是孔子的为人、论学、论仁、论孝、论道德修养、论士与君子、论诗礼乐、论教育、论政治、论古今人物与孔门弟子，对学生的学习和人格修养都有很好的指导作用。另外，每单元都有“今人今事”模块，介绍与本单元主旨契合、贴近现代学生生活的人与事，用于贯通经典义理，培养学生以天下为怀的宏大气象。老师们经研究设定了课程目标，确定了明确的课程实施原则，制定了翔实的课程评价方式。从国学专项课实施四年多的效果来看，此课程对学生道德品格、家国情怀及与社会担当意识都产生了深刻的影响。

（二）组织文化实践活动，在知行合一中深化

“读万卷书，行万里路”。读书游历是古代，也是现代学子求学的重要方式和手段。无论是程朱理学先知后行的知行观，还是王阳明“知是行之始，行是知之成”的知行合一的知行观，都在强调在进德修业上的知与行缺一不可。为此，优秀传统文化教育培养学生的核心素养，一方面要依靠课堂，让学生通过读书“观古今于须臾，抚四海于一瞬”，同时还要能够出课堂，通过游历、观摩等开放性、实践性的活动，让学生置身实际场景体察感悟，以“究天人之际，通古今之变”。恰当的活动设计可以让优秀传统文化的精神真正“活”起来，使之成为学生自己内在的需要。

目前学校组织的活动主要有如下几类：一是各种以文化为主题的研学活动，促进学生学以致用，知行合一。目前北京十一学校、北京市八一学校、北京理工大学附属中学等学校都在游学方面进行了可贵的探索，通过精心设计让游学活动系列化、主题化，并且通过总结性的主题班会固化成果。二是博物馆、孔庙等的参观活动，让学生与历史文物和情境对话，返校后形成考察报告。三是端午节、中秋节等节日体验活动。每个传统节日都反映了我们的民族习惯和道德观念。例如，重阳节的尊老敬老、端午节的爱国情怀等。四是各类技艺展演活动，让学生在技艺修习中发现本真的自己，在自我实现中提升人文情怀和审美情趣。

（三）创设环境氛围，在浸润熏染中提升

优秀传统文化教育培育学生的核心素养，环境氛围的创设也很重要。这种环境既包括硬环境，也包括软环境。当前很多学校都将校园文化建设作为人文素养培育的有机组成部分，让学生时刻浸润其中，大其心，坚其志，成其德。例如，北京育英学校由 66 条经典名句组成的问道路、江山社稷石、“九思楼”、进修附属实验学校“曲水流觞”的景观设计，都是责任担当和人文情怀浸润、熏染的有效方式。

另外，软环境的创设也很重要。它可以为学生提供可供效仿的人格典范，让他们可以仰望，也可以景从。这种软环境可以来源于两个方面：一种是与国学大家的亲密接触。学校可以尝试与文化学者建立长期性的合作。台湾建国中学的国学社已经开办了近40年，而每周三钱穆先生的学生辛意云都会来到学校为学生讲解国学经典，其为人处世、行止风范对学生的成长产生了深刻的影响；另一种是“传道、授业、解惑”的教师，他们是学生现实生活中的榜样。相对于遥远的古人，老师们的言传身教有着更直接的影响力量。

案例 1

探索多样优秀传统文化教育模式 培养学生发展核心素养

北京市八一学校致力于培养具有中国精神的国际创新人才。所谓“中国精神”就是中华优秀传统文化所孕育的中华民族精神。学校高度重视中华优秀传统文化教育，课程体系中的各个学科分别承载着培养“中国精神”的不同作用，使学生通过品读、思辨、实践、体验等方式，在不同领域中感受不同的文化视角，获得对“中国精神”的多视角认知，体会“中国精神”的丰富内涵。学校主要通过四条途径实施优秀传统文化教育。

（一）语文类课程实施

为了加强中华优秀传统文化教育，学校抽出专门课时，作为必修课程，为高一全体学生开设国学专项课程。国学专项课程选择什么教材，怎样的教学形式，达成什么目标，是研究核心。高中语文组经过筛选、讨论，最终选定了中华书局的《中华文化基础教材》，该教材设定了十个单元，主题贴近学生的生活，对学生的学习、人格修养都有很好的指导作用。

语文老师们经研究设定了课程目标，有明确的课程实施原则，制定了过程性评价、结果性评价和学期评价及特殊表现等相结合的课程评价方式。从两年专项课实施效果看，此课程对学生人格与认知产生了很大的影响。

（二）艺术类课程实施

以美术课程渗透中华传统文化的课程内容选择、教学策略为例，美术课程内容选择都从经典和学生热点入手，课程实施都是通过小组合作来完成的，给予了学生很大的自主选择空间，学生成果非常丰厚，课程评价能很清楚地建立量规，且易于执行。

(1)美术鉴赏教学中的中华传统文化渗透。

(2)中国画欣赏。

(3)书法教学中的中华传统文化渗透。

(4)陶艺教学中的中华传统文化渗透。

(5)传统民间美术课程——皮影艺术。

该课程实施，主要通过欣赏了解皮影的产生、发展过程来培养学生养成传承民间美术的意识，通过学习制作现代风格的皮影来增加学习皮影的技法和兴趣，通过展演皮影等形式来扩大皮影在校园文化生活中的影响。

学生学习充分体现主体性。结合传统文化剧目、现代动漫剧目、自行创作皮影短剧等，以分组任务为模式，以任选剧目设计来实现，或者教师提供参考进行不同形象选择与设计，激发学生对中华优秀传统文化的兴趣和创造性。

美术课程都是技艺类课程，但是教师们并没有停留在技艺修炼的层面，而是通过明确的课程目标，精选课程内容，采用具有模块特点的实施方式，让学生通过实践互动，深入体会中华优秀传统文化的博大精深，理解中华优秀传统文化蕴含的智慧。

(三)活动类课程实施

通过各类学科活动，跨学科系列游学课程等活动类课程，让学生体验过程，观察思考，解决问题，形成综合能力。例如，文化游学，让学生在行走中触摸古老文明与灿烂文化的脉动。

学校高中学生每学期都有一周的“游学实践课程”，高中近几年开发了系列游学课程。以“文化游学系列课程”为例，高中整合语文、历史、政治、地理学科，开发了四条文化游学线路，形成校本课程。文化寻根探访已经形成系列：齐鲁文化行——走访三孔，登临泰山；江南文化行——访金陵，访绍兴；中原文化行——访洛阳，探龙门石窟；西安文化行——游大雁塔，观兵马俑。每一处文化之旅都要参观当地的博物馆、纪念馆、著名书院。通过游学，让学生触摸历史文化的脉搏，感受中华优秀文化的滋养和浸润。通过行前指导，合作选题，学生带着研究问题进行文化行走，感受不同地域文化差异，感受中华优秀传统文化对当地的浸润、浸染，形成包容性的文化理解能力。

(四)社团类课程实施

社团最能充分实现“体验式”教育的精髓，中华优秀传统文化视角下的国学社团在学校中风生水起。有学生在班主任引领下自发成立的“国学社”，有语文老师指导的“国学社”，有艺术中心领衔的“京剧社团”等。

学校京剧团是艺术中心在推进教育部“京剧进课堂”试点工作的基础上，于2008年9月成立的一个学生社团。通过组织学生听京剧讲座，参观京剧剧团，制作展示京剧手抄报，专家进教室授课，京剧社小演员剧目表演等形式，将京剧真正引进了北京市八一学校的学生身边，让孩子们重新认识了他们身边的小伙伴，让孩子们了解了国粹，甚至喜欢上了京剧。多年来，该社团参加了多种剧目展演、国际国内文化交流等，获得了众多荣誉。京剧社在此基础上，又聘请专家创作了贴近学生生活的《孔子拜项橐》《封金育子》《老子说》等优秀新编京剧。孩子们在轻松、愉快、诙谐的表演中，找到了与剧中人物的共鸣，说是演戏，实则是在演自己。这些剧目在各种展演中技压群芳，拔得头筹。学校的系列成语典故、新编京剧可以说是开了先河，为京剧在中小学的传承开辟了一条新的道路！

(材料提供：北京市八一学校　沈军)

第三节　人文课程融合提升高中学生发展核心素养探索

当前基础教育课程改革已走到深水区，核心素养的三个方面、六大素养、十八个基本要点如何落地？选择怎样的路径培养正确价值观、必备品格和关键能力？如何整合、优化区域现有课程资源？选择怎样的突破口引领区域课程改革？我们尝试从人文学科融合的角度，探索跨学科培养学生发展核心素养的实践路径。

一、 人文学科融合是培育学生发展核心素养的重要途径

（一）人文课程融合是提升学生文化素养的重要途径

“人文”一词最早出现在《易经》中。“观乎人文，以化成天下”，中华优秀传统文化一直强调人文精神的化育生成功能。人文课程所承载的人文积淀、人文情怀、审美情趣、批判质疑、社会责任、实践能力等，都是人类重要的精神财富。

实施人文课程，不仅要传授人文知识，还要凸显文化价值，而且最终要通过人文课程的融合，促使文化素养的生成。《我国学生发展核心素养的实证调查》中提出：“相对于‘知识基础’领域中的学科素养，被访谈者更为强调各类跨学科素养的养成，并将其作为决定个体核心竞争力的主要方面，在被提及频率排名前十位的素养指标中有九项为跨学科素养。”①《基础教育课程改革纲要》也指出，要改变课程结构过于强调学科本位、科目过多和缺乏整合的现状，重视课程的“开放性”“综合性”；提倡不同学科相互联系、相互补充和相互渗透；整合学科知识、实际生活以及学生个人经验。

在高中阶段提倡学科间的联系与补充、渗透与整合、开放与综合，有利于开阔学生视野，提升学生的综合能力；有利于拓宽教师知识面，促进人文学科专业发展。人文课程的融合，强调关照其他人文学科、关照社会发展，关注跨学科课程的构建，打破人文学科自身发展的瓶颈，提高对人文学科理解的广度与深度，激发教师与学生学习人文课程的兴趣，最终实现文化素养的落地。

（二）人文课程融合是课程改革深化的现实需求

长期以来，高中各学科课程逐渐走向分科和专门化，学科之间缺乏必要的联系和有效的整合，使得学生的知识片面性、碎片化，缺乏综合运用所学知识解决问题的能力。人文学科就像一棵树，有根、有干、有

① 刘霞、胡清芬、刘艳、方晓义、陈英和、莫雷、张文新、赵国祥、李红、辛涛、林崇德：《我国学生发展核心素养的实证调查》，载《中国教育学刊》，2016(6)。

枝、有叶。人文学科的学习，不仅要关注“枝与叶”的知识，还要关注“根与干”上的文化融通。某种程度上讲，人文课程从整体上看是文化，分开看则是学科知识。

为了解学科建设情况，我们对北京市东城区8个学区的13所中学、7家校外单位进行了访谈或座谈。调查发现，中学人文类实践课程需求高达75%，但要实施人文类课程，则面临许多困难。例如，什么样的人文课程能够满足发展核心素养的要求？怎样的学习路径能够促进人文素养的形成？立足核心素养，人文课程教学方式需要做怎样的转变？这几个代表性的问题集中在人文课程的载体选择、路径设计和策略调整三个方面。

“整体和综合是课程框架构建的新趋势。所谓整体是要打破原有的分学段设计，将各学段打通进行整体设计，以加强学段间的紧密联系；而综合则是学科与学科之间的融合，以往的课程框架多为分科教学，而现实中用单一的任何一个学科来认识世界是不可能的，用单一的任何一个学科来进行创新也是不可能的，因而构建综合课程框架，进行跨学科课程与教学是至关重要的。”①就人文学科而言，摆在教师面前的问题不是打破重建，而是人文课程的重新整合与优化，是课内课外的相互融通。

二、 促进学生核心素养发展的人文学科课程融合的主要路径

高中学段人文学科主要包括语文、历史、政治、地理、艺术等学科。人文学科具有历史性、经典性、综合性和贯通性，它既是文化知识的殿堂，也是精神成长的沃土。依据中国学生发展核心素养的要求，根据《普通高中课程方案(2017年版2020年修订)》的要求，参照目前高中人文学科的教育教学现状，实施人文课程融合主要有三条路径：一是研学旅行中的人文课程融合，二是课堂教学中人文学科的跨学科实施，三是借助高端文化资源融通人文课程。

（一）研学旅行中的人文课程融合

研学旅行，就是依据研究性学习的特点与知行合一的教学需求，通

① 陶西平：《21世纪课程议程：背景、内涵与策略》，载《比较教育研究》，2016(2)。

过集体旅行的方式走出校园，在生活中拓宽视野、丰富知识，加深对自然和文化的亲近感，培养学生在行走中发现问题、解决问题的综合能力。

研学旅行中的“研”主要指研究性学习是相对于接受性学习而言的，研究性学习解决的是“如何学”的问题。苏霍姆林斯基指出：“研究性学习是指学生在教师的指导下，以类似科学研究的方法去获得知识和应用知识的一种学习方式。”研究性学习具有“过程性、应用性、主体性、综合性、开放性、生成性、问题性、实践性和创造性”的特点。学生通过对特定范围内容的研习，通过一些特定的活动，运用现有的知识与技巧，自主地建构知识，继而解决问题、学会学习。

研学旅行中的“行”主要指“知行合一”。知行合一是中国古代哲学中认识论和实践论的命题，该理念认为认识事物的道理与在现实中运用此道理，是密不可分的。古代哲学家早就认为，不仅要认识（“知”），还应当实践（“行”），只有把“知”和“行”统一起来，才能称之为“善”，所谓“知行合一，止于至善”。要改变“只见分数不见人”的教育现状，“知行合一”是教育教学的有效载体。

高中阶段的研学旅行，除了拓宽视野，还要培养学生在行走中发现问题和解决问题的综合能力；倾向人文学科课程方向的研学旅行，更要通过人文学科在行走中的交叉、碰撞，在“动态中”完成课程的融合。教育部等 11 部委联合发布的《关于推进中小学生研学旅行的意见》以及《国家教育事业发展“十三五”规划》等文件多次强调要践行知行合一，将实践教学作为深化教学改革的关键环节，丰富实践育人有效载体。

为真实探究研学旅行中的课程融合问题，给高中学生研学旅行提供人文学科融合的案例，我们尝试多领域专业人员参与的研学旅行课程融合实践活动。

案例 1

江永之行人文学科融合课程

开发教师：

北京市东城区教师研修中心历史教研员　冉峰

北京市第一六六中学音乐教师　彭玉玲

北京市第五中学教育集团地理教师　张浩

东城区青少年科技馆课程部教师　于秀楠

课程类型：研学旅行

适合对象：高中年级学生

【课程资源】

(一)自然资源

江永县是湖南省永州市的辖县，位于湘南边陲，东与江华县、南与广西富川、西与广西恭城、北与广西灌阳接壤。江永县属南岭山脉的山地丘陵区，都庞岭和萌渚岭环绕四周，中部地势平坦，山间盆地相连，属喀斯特地貌。

(二)文化资源

唐玄宗天宝元年(742 年)以境内永明岭定县名为永明县。1956 年 3 月，改永明县为江永县。截至 2015 年 11 月，江永县辖 6 镇、4 个民族乡。在江永县上江圩乡、城关镇、黄甲岭乡、铜山岭农场等地，历史上流传着一种记录当地土话的特殊文字，流行地域以上江圩为中心，波及毗邻的道县下蒋乡、新车乡。这种文字只在妇女范围内使用，称之为“女字”，通称“女书”。女书的记载，至今见到较早的是太平天国发行的雕母钱。

(三)人力资源

1. 参与人员：中国社会科学院文化研究专家、市区级课程研究专家、东城区高中人文学科骨干教师。

2. 行前讲座。

教师讲座：《世界非物质文化遗产公约》对申遗的要求；如何撰写申请书；“黎族传统纺染织绣技艺”成功申遗的经验。

专家讲座：中国社会科学院文化专家对课程融合的思考；课程专家讲座及点评。行程中进行。

【课程目标】

1. 以撰写申遗方案为活动线索，融合人文学科。

2. 培养学生自行发现问题、解决问题的综合能力。

3. 磨炼学生意志品质。

【课程内容】

1. 依据江永课程资源，依据团队的人力资源，根据课程目标，设计三个不同主题的项目组。

2. 设计并完成定向运动与探险活动。

3. 完成女书申遗报告初稿。

4. 返回后，完成申遗报告的修改。

【课程实施】促进学习的发生；关注实践的过程。具体由四个项目组完成。

【课程评价】

1. 学生自评研学旅行实践过程中的表现。侧重生活能力与定向运动的参与度。

2. 各项目组成员相互评价撰写的申遗报告初稿。侧重调查能力、表达能力、思维品质。

3. 专家团队评议研学旅行实践过程中学生的综合表现，提出修改申遗报告初稿的建议。

第一项目组　地理文化风貌

【课程目标】考察女书形成的文化背景。女书是历史之谜，学生研究有相当难度，地理、历史、音乐老师可参加本组并加以指导。

【课程内容】探究地理因素、文化因素、民族融合因素。通过实地观察与资料阅读，探寻江永地区的独特性。

【课程实施】略。

第二项目组　感悟江永女性生活

【课程目标】探寻女书群体形成的心理条件；感受当地人的淳朴情感；理解并尊重当地文化。

【课程内容】参与并感悟江永女性生活。

【课程实施】略。

第三项目组　体验建筑文化

【课程目标】分析当地建筑文化；建筑测绘与房屋搭建。

【课程内容】了解当地建筑文化；合作完成测绘与实践。

【课程实施】略。

第四项目组　定向运动与探险

【课程目标】培养学生独立思考、独立解决问题的能力，以及在体力与智力受压下做出迅速反应、果断决定的能力；培养学生团结协作的精神、抵御挫折的能力；发展学生个性；促使申遗报告的有效达成。

【课程内容】定向运动与探险。定向越野与江永本地特有的自然资源、植物知识相结合，集健身、科学、知识、经济为一体。

【课程实施】略。

【案例思考】

第一，江永之行的四个项目“地理文化风貌”“感悟江永女性生活”“体验建筑文化”“定向运动与探险”，其内容的设计都是综合性的，是一门人文学科无法独自完成的，并且也只能在江永一带完成的，避免了研学旅行中的学科“分裂”与“教学课堂挪移”。

第二，前三个项目综合起来是一个完整的课程链，对江永一带的文化特征进行了立体呈现，构成了具体而丰富的申遗内容。

第三，在项目实施过程中，关注问题的动态生成与解决。例如，第一项目组中“以喀斯特地貌成因为切入点，对当地气候、降水量、河流分布情况等提出假设，以课题的形式进一步展开研究”。再比如，第二项目组中“与村中女性一起活动……了解女书群体的情感及心理特点”，等等。

第四，培养学生团结协作的精神、动手实践的能力。例如，第三项目组“体验建筑文化”，第四项目组“定向运动与探险”中的自行发现。

第五，关注学生的个性化体验与思考。每个项目中既有共性的课程目标，又有个性体验。例如，对女书文化心理形成的关注，女生会不同于男生；例如，在定向探险中，每个人的“冒险记录本”会不一样。

（二）课堂教学中人文学科的跨学科实施

实际生活中，人们接触或面临的“事件”，往往是不分学科的，是超越教科书范畴的。我们在课堂教学中尝试进行学科渗透与跨学科课程群构建。

1. 学科渗透

学科渗透是将某个学科或某个元素的教育内容，渗透到各门学科之中的教学方式。学科渗透大体上有两种：一种是学科间的渗透，如德育渗透在各学科教学中；另一种是借助某种元素或理念渗透在各学科中，如人文精神在各学科的渗透。我们尝试用文化元素渗透在人文学科中的方式进行探索。下面呈现的是茶文化渗透在语文学科的案例片段。

案例 2

沸火煎冷泉，幽香淬竹生

——由苏轼茶诗观照宋代“茶性”精神

实施教师：北京第五十五中学　裴云乔

课程类型：讲授课

适合对象：高一年级学生

【课程背景】

(一)传统文化

教育部在《完善中华优秀传统文化教育指导纲要》中指出：“高中阶段，以增强学生对中华优秀传统文化的理性认识为重点，引导学生感悟中华优秀传统文化的精神内涵，增强学生对中华优秀传统文化的自信心。”茶文化是中华传统优秀文化的组成部分。茶打通了雅俗的界限，成为学生探究人生最好的媒介之一。

(二)学情分析

学生已学过不少苏轼的诗词文赋，对苏轼的了解比较深入。同时，学生已部分掌握诗词鉴赏手法和技巧，能够借助查阅资料来独立鉴赏诗词。

(三)语文学科

在北宋文坛上，与茶结缘的文人不可悉数，但是没有一位能像苏轼那样，不仅对品茶、烹茶、种茶等茶事在行，对茶史、茶功也颇有研究，还创作了许多脍炙人口的咏茶作品。

【课程目标】

1. 通过苏轼咏茶诗词的解读，了解苏轼乃至宋代文人嗜茶的原因，并因此观照整个宋代文人嗜茶的文化精神。

2. 通过茶艺展示和品茶活动，领悟苏轼“人生如茶”的跌宕经历，深入理解“茶性”。

3. 茶文化的哲学思考。

【课程内容】以苏轼咏茶的诗词鉴赏为切入点，通过对文本的解读来体会苏轼乃至整个宋代文人嗜茶的风气形成的原因。设置品茶的活动，让学生通过品味茶香来体悟“茶如人生”。同时，以学生小组合作探究的学习方式动态生成课堂。

【课程实施】

（一）茶诗解人生

请四个小组从会友、悟禅、解忧和养德四个角度自选一首茶诗进行鉴赏展示。

（1）小组展示预习结果。鉴赏诗歌并谈谈诗中传达出了苏轼怎样的哲学思考或文化精神。

（2）依据鉴赏分析，探究苏轼嗜茶的原因。以小组交流的方式谈谈你们的看法。

（3）请同学给大家展示烹茶的过程，大家认真聆听讲解，静品茶香，同时思考一个问题：烹茶的过程和苏轼的人生经历之间有何相似性？

（4）茶给予苏轼的哲学启示。

陆羽《茶经》中讲制茶和择水的标准，一个要经过“采之、蒸之、捣之、拍之、焙之、穿之、封之”，一个要经择水标准、试水之法、辨水之计万般评比。但是，将千锤百炼之茶放入脱颖而出的水中，使茶和水又经历了一次痛苦的交汇，并最终融合在一起，却因先苦后甜而遭庸人质疑，唯独爱茶之人才能体会苦尽甘来的别样风情。也许正是看到茶的这种异样品性，而这种难得的异样品性恰又与苏轼的人格极为相似。因此，苏轼对茶的喜爱便超过了物质，而上升到心灵的对话。

（二）茶与宋代文人的文化精神

茶所带来的哲学启示也是整个宋代文人风貌、文化精神的体现。对嗜茶的宋代文人而言，茶兼具了人生乐趣之缔造与内心情感之宣泄的双重功能。宋代咏茶佳作纷纭迭出，梅尧臣、欧阳修、曾巩、黄庭坚、陆游等声名显著的诗人皆有吟咏茶事之作流传于当时。那么，你认为茶事体现了宋代文人怎样的生活哲学理想？

（三）结语

我们以苏轼的茶诗作为切入点，来深入探究苏轼乃至整个宋代文人的文化精神和生活哲学启示。那么你今天又有什么样的收获呢？

【案例思考】

第一，当传统文化与古诗词相遇，是茶渗透于诗词，还是诗词渗透于茶？这种相互依存、相融相生的课程，就是一种理想状态的融合课程。

第二，中国茶文化糅合了中国佛、儒、道诸派思想。苏轼一生经历了不少磨难，他的思想深处有释佛之思，脾气性格又合孔孟之意；他有佛家的信仰，也有儒家生活的哲学，还有道家简化生命的信念。本节课在内容上，很好地找到了苏轼与茶的融合点。

第三，关于课程评价问题。教学中学生的参与过程大体有三：两次小组交流、一次烹茶过程展示、一次课后作业。那么，如何处理好过程性评价？比如，小组探究式学习中，如何评价组员的诗词阅读能力？作业的布置能否加入过程性评价元素？

第四，关于课程融合。以茶为载体，还可以融合更多的人文课程，如历史、哲学、艺术等，这样教学视野会更宽阔一些。

2. 课程群构建

融合人文学科的课程学习，强调各学科知识间的联系和一致性，符合学习心理学规律。“根据学习心理学的规律，学习者所习得的知识间的联系越丰富、越密切，所习得的知识就越牢固，并且会有更多的提取线索，因此更宜提取；学习者如果能更清晰地看到所学习的各领域知识之间的一致性、相关性，也更利于学习的迁移。"①但是学科课程改革中出现了不少课程碎片、课程拼盘，课程各要素之间缺乏逻辑联系的无序课程。我们采用课程群构建的思路来探究解决这些问题。

"课程群是以特定的素养结构为目标，由若干门性质相关或相近的单门课程组成的一个结构合理、层次清晰、彼此连接、相互配合、深度呼应的连环式课程集群"②"课程群是一种思维，是一种工具，是一种面向碎片化课程的思维方法和操作工具。随着'核心素养'的倡导，课程改革越来越要求考虑学生素养发展的完整性。课程群构建已成为中小学深化课程改革、优化课程设计的一条有效途径。"③

根据人文学科的特点与学习心理学规律，根据人文学科教学现状，依据学生学习的需求，我们预设在教学环境相对成熟的学校，围绕"同一文化主题课程群搭建"的跨学科融合模式，在人文学科的知识、方法、思维等方面进行整合构建，实现人文素养的落地开花。

案例 3

战后资本主义世界经济体系形成

实施教师：北京市第一七一中学　李昆、张泽

课程类型：讲授课

适合对象：高一年级学生

【课程资源】

（一）教材分析

"战后资本主义世界经济体系的形成"是必修二第五单元的第一课，它与本单元后几课的内容共同介绍第二次世界大战（以下简称"二战"）后经济全球化的趋势。本课内容包括布雷顿森林会议、以美元为主导的国际货币金融体系、以美国为中心的国际贸易体系。其具体的逻辑是介绍二战后资本主义世界经济体系出现的背景、过程及影响。基于以往教学的感悟，此时学习的内容没有和二战前运行的世界经济体系相比较，很

---

① 任长松：《走向新课程》，69 页，广州，广东教育出版社，2002。
② 杨四耕：《课程群：突破碎片化、大杂烩的限制》，品质课程公众号，2017-07-05。
③ 杨四耕：《课程群：突破碎片化、大杂烩的限制》，品质课程公众号，2017-07-05。

难帮助学生理解其在世界历史进程中的重要作用。于是在背景部分增加了“1880—1914 国际金本位”这一内容，补全学生知识储备以帮助学生理解。作为本单元的开篇一课，本课是二战后最重要的经济体系，其突出的特点就是在形式上更加自由开放，同时在实质上继续维护以美国为首的发达国家的利益和优势地位。

（二）学情分析

学校是北京市市级示范校，学生学习能力较强。根据学前调查了解：学生对战后主要资本主义国家的发展情况、世贸组织等内容有一定的感性认识。但在金融和货币制度方面缺少必要的知识支撑，需从历史的角度分析、提升对战后资本主义世界经济体系的理性认识。

【课程目标】

以高中历史、政治课程标准为指导思想，通过教师的讲解和对历史材料的分析，将历史教材中缺失的“国际金本位制度”进行补充，帮助学生理解战后资本主义世界经济体系形成的进步性，重点提升学生宏观把握历史趋势的能力，在分析历史事件影响的过程中，帮助学生提升全面、联系、发展地看待历史问题的能力，形成正确的历史观，帮助学生树立建立公正合理的国际经济新秩序的情感、态度与价值观。

【课程内容】

了解战后资本主义世界经济体系形成的背景与过程，理解以美国为主导的战后资本主义经济体系的形成，培养学生从材料中提取有效信息，认识到国际关系中实现和维护国家利益是对外活动的根本出发点与归宿，国家力量是维护国家利益的基础，提高学生辩证地、全面地探究历史问题的能力。

【课程实施】片段

1. 出示材料。

汇率、关税和盈余等问题涉及多国家的，总统认为这些问题在同各国协商的会议上必须得到解决，同时把行政管理留给附属的机构。

——《罗斯福的世界蓝图》

教师设问：罗斯福总统的未来世界是什么样子？经济领域首要解决

什么问题？

2. 出示政治学科学过的社会再生产流程图。

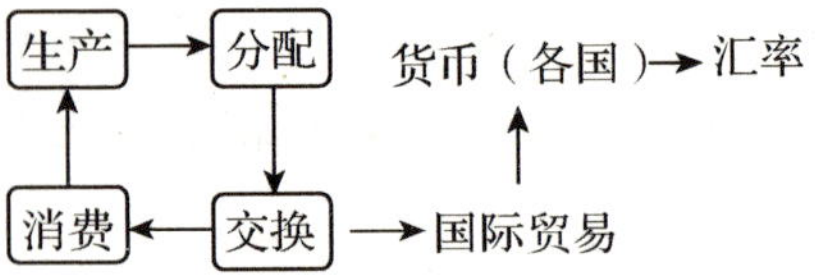

这是社会再生产的流程图，它既是商品的流通，也是货币的流动。发端于欧洲的工业革命，使一些国家的生产力空前发展，生产效率大幅提升，对外贸易的需求迅速增加。各国之间要进行贸易，就要确定各国货币之间的比价，这涉及政治中所学的什么知识？

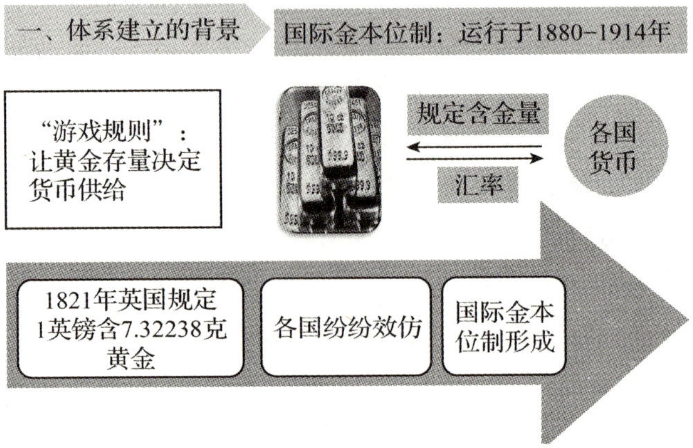

那么，该怎么确定各国货币之间的汇率呢？运行于1880—1914年的国际金本位曾经是汇率稳定、收支稳定的代名词。它的稳定得益于它的游戏规则是由黄金储备决定货币供给量。

3. 聆听讲解，回答问题。

(1)要制定和实行这样的规则，首要的条件是什么？

(2)1880年前后，哪个国家拥有大量的黄金储备，对外贸易的需求也非常迫切？

(3)各国向英国效仿的是什么？

总结：英国凭借它的经济强国的优势和政治大国的地位在1821年率先实行了金本位，国家立法规定了1英镑的含金量，用黄金储备决定本国货币供给，黄金规定货币的价值，这就是金本位。这时，两国货币之间的黄金比值就是两国货币之间的汇率。也就是说，你知道任何两个国家货币的含金量，就能算出它们的汇率。

4. 教师讲解。

一、体系建立的背景

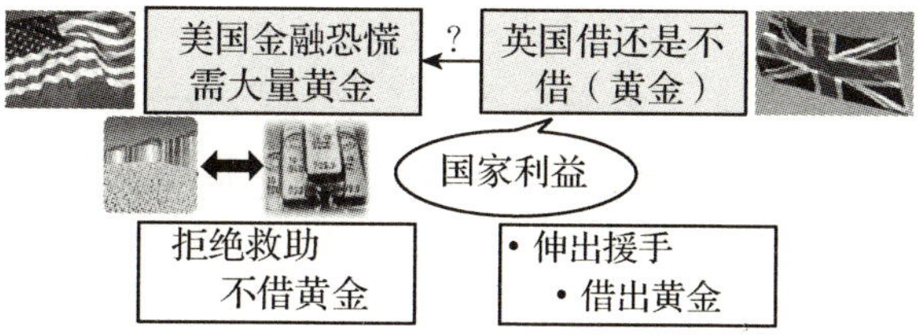

在国际金本位时期，为了方便贸易，绝大多数国家都选择了使用英镑，国际贸易中90%都用英镑标价，用英镑结算。当时许多国家的中央银行的国际储备是英镑而不是黄金，因此英镑成了国际货币体系的主导货币。

我们看到国际金本位制是随着资本主义世界生产力的发展自然形成的，它没有货币协议、管理机构、管理制度，但却保持了汇率35年稳定不变。这种制度随着第一次世界大战的爆发而终止，一战后由于经济危机也没能再次恢复，但它曾经的积极作用给世界人民留下了深刻的印象。

5. 聆听讲解，回答问题。

(1)每位同学桌上有两张不同颜色的表决票，给大家30秒的时间思考一下英国要怎么做，为什么要这么做。

(2)进行投票表决。不同颜色代表不同的观点，并说明自己的理由。

板书学生的各种理由，形成观点交锋，引导学生全面、联系、发展地看问题。

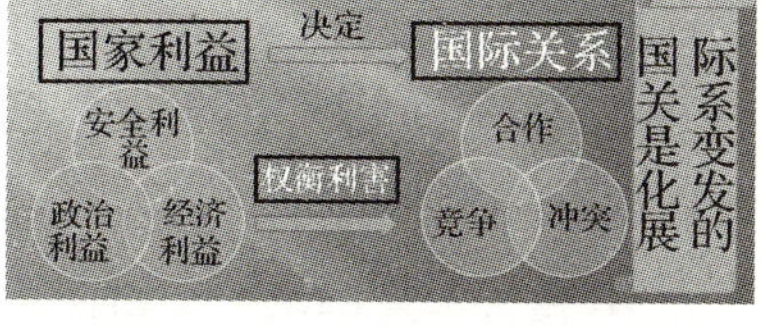

国家利益是国际关系的决定因素，各种利益需要权衡，国际关系就表现为各种各样的利益关系的复杂变化，国际关系的实质就是一种利益关系。

【案例思考】

首先，这节课通过让学生阅读史料、小组合作探究的学习方式，聚焦“全面审视历史问题”的综合素质的培养。

其次，“战后资本主义世界经济体系形成”这一文化主题，是一个很好的黏合剂，让历史与政治、经济、文化紧密相连，实现了相关课程之间内容的整合以及课程功能的优化。

通过这个案例，可以明显地看出，历史知识也许是一个学科可以完成的，但历史素养的培育，绝不是一个学科能独自完成的。跨学科教学，或者说学科间相互“搭台”，才能启迪思维，激发活力，促使学生学科素养的实现。

（三）借助高端文化资源融通人文课程

充分利用北京首善之区的文化优势，利用科研机构及大学的文化力量，通过研学旅行、教学课堂、沙龙等讲座或对话等多种形式，打通人文学科的界限，从多元角度探究人文学科的魅力，使人文学科在深度与广度上高度融合，从而切实提高师生的文化底蕴。例如，北京召开“一带一路”国际合作高峰论坛会议前，我们邀请中国社会科学院专家欧洲所研究员、新华社特约评论员田德文教授，为东城区教育研究部门以及各校课程负责人、人文学科教研员等，做了题为“国际形势与中国对策”的报告，田教授从“欧洲难民危机”“中东走向的多极化”“一带一路的外交理念”“一带一路建设的国内经济原因”“一带一路的风险与挑战”等多个角度解读了中国对策为教师拓宽视野，在人文学科中渗透相应主题奠定了基础。

三、人文学科融合培养高中学生核心素养的思考

（一）人文学科融合是培养高中学生核心素养的重要途径

人文学科融合是人文底蕴生成的有效载体。人文底蕴包括人文积淀、人文情怀和审美情趣等基本要点。“积淀”“情怀”“情趣”是倾向于情感、

态度与价值取向的综合素养，是超越学科的文化现象，只有借助人文融合课程才能更好地促进综合素养的达成。比如，案例“沸火煎冷泉，幽香淬竹生”，通过“茶文化”渗透于语文学科，借助诗词具体生动的细节，借助茶艺展示与品茶活动，学生感悟到了宋代文人的精神状况，进而上升到对茶文化的哲学思考。这节课中课程目标的文化指向，不是几首诗词，或者品茶活动能单独完成的。

人文学科融合可以发展高中学生批判质疑的能力。对高中生而言，批判质疑的核心是独立思考，是多角度、辩证地分析问题。正如案例“战后资本主义世界经济体系形成”，如果没有历史、政治、经济等学科的共同协作，学生很难全面地分析这一历史问题。

人文主题的研学旅行能有效地促进高中生的“社会参与”能力的形成。这种综合类的社会实践，增强了学生的责任担当意识及国家认同感，有效地实现了“知行合一”的教育理念。案例“江永之行人文学科融合课程”的项目内容，很好地实现了培养学生热爱并尊重自然、尊重中华民族的优秀文化成果的情感以及在研学活动中，适应挑战、解决问题的综合实践能力。

（二）融合途径选择的前提条件、实际效果与存在问题

我们主要就研学旅行、跨学科实施、社会文化资源利用，做了一些人文课程融合的尝试，同时也发现每种路径都有前提条件与实际效果，当然也有存在的问题。

1. 关于研学旅行的思考

实现研学旅行的首要条件，是策划者必须具有“课程资源的融合能力”，要充分理解研学旅行是综合实践活动课程，课程目标的指向是文化素养的提升。同时，要掌握好研学旅行“有意义”和“有意思”的关系。一是切忌把研学旅行处理成课堂知识的挪移，如果“有意义”但“没意思”，就会削弱学生发现问题、解决问题的兴趣与热情。二是要避免“只旅行”而“无研学”的状况，这样虽“有意思”但“没意义”，等同于一般旅游，会错失不少教育教学机会。此外，教师要随时解决学生在行走过程中“动态生成”的问题。

从实际效果看，研学旅行不仅是学习场所发生了变化，更是“知与行”在行走中真正融合了，学科的关联性、深刻性、探究性也实实在在地发生了。研学旅行对学生现在以及未来的学习与生活产生着不可估量的多方面的正面影响。

当然，研学旅行也存在一些有待解决的问题。首先是安全问题。研学旅行如果不能保证学生安全的话，一切课程预设都等于零。研学旅行的安全保障是综合性的社会问题，需要多方统筹、合力解决。另外，学生的家庭条件不同、身体条件也有差异，研学旅行如何保证学生的自尊与隐私等，也是值得探讨的话题。

2. 关于人文学科跨学科实施的思考

跨学科实施中的学科渗透与课程群构建，其核心问题是找准“黏合剂”和“融合点”，改以往以知识为中心的学科教学为以核心素养为核心的综合育人，促进综合素养的不断发展。因此，要求教师具备跨学科教学的能力。另外，跨学科实施还要有学生立场，找到学生真正渴望融合的文化主题，只有这样才能激发学生发现问题的兴趣和解决问题的能力。

从课堂教学效果看，人文学科跨学科实施，让学生清晰地看到了人文学科的一致性与相关性，有效地促进了学生学习能力的迁移。跨学科实施的教学的确也存在一些实际困难。比如，学校缺乏跨学科课程的教师。长期以来，各科教师只专注于学科知识，不太了解其他学科的发展状况，如此，怎么能够实现学科间的“互通有无”“相互融合”呢？这是一个急需解决的问题，否则，课程融合就会变成学科知识的大拼盘。

3. 关于借助社会文化资源的思考

作为首善之区的北京，科研、高校、博物馆等文化单位的人才资源相当丰富，要充分发挥这些高端人才的文化作用。他们是人文学科的“精神领袖”，是人文学科融合的学术力量。

高端人才在人文学科领域“不着痕迹”的融通，不仅打开了人文学科的边界，同时也促使我们在学习方法与思维方式上发生着变化。

当然，这些高端人才的学术引领也有局限，比如，他们不熟悉高中人文学科的教学现状，不太了解师生的现实需求。如何最大化地实现高端人才的文化作用？这是必须思考的现实问题。

（三）结合未来发展，对高中人文学科融合的建设

未来社会将倾向于超越教育工具论的价值观，扭转以升学为唯一价值目标的现状，强调学生素养的全面发展。这几年人文学科的中高考试题，都或多或少地出现了“以学科融合突显文化素养”的倾向。人文学科应该抓住教育改革的契机，加强学科融合的理论自觉，促进学科的专业发展。

未来的高中教育会更倾向于融入社会生活的教育。校园应该是开放的学习空间，大自然、社会生活，都是可以利用的课程资源。高中学生的学习过程应该是不断社会化的过程，没有融入社会的学习，从某种程度上讲，是无意义的学习；而融入社会的学习，学生就会越发感觉到知识的无界限，学科融合的必要。未来社会的发展需要创新型人才。现代社会需要人们具有一些综合性的知识，否则就会缺乏灵活应变的创新能力。学科融合是各个国家呼唤并实践的创新型人才培养的强有力的手段。

人文学科如何应对未来的发展？如何更好地在人文课程融合中培育学生发展核心素养？通过实践探究，我们认为，在教师、学生以及课程安排上，应该再做一些努力。

首先，教师要打破学科本位思想，站在培养学生人文素养的高度，加强人文学科间的融合。我们必须认识到，人文学科的融合，是分科教育教学的必要提升，是打破学科自身发展瓶颈的有效途径。它可以借助人文知识的互联互通实现思维的互联互通，进而提升学生的思维品质及综合学习能力。

其次，让高中生接触现实中的文化生活。人文学科融合，从某种意义上讲，是问题导向而非教科书导向的文化教育。生活是一连串问题的求解过程。文化生活的实践活动，会开启学生发现问题、解决问题的能力，增长文化智慧。比如，博物馆课程、研学旅行课程，是让静止的文化知识更加鲜活的过程，是涵养文化智慧的过程。

最后，让人文学科融合课程成为常态课，成为通识教育。人文学科融合的教育可以让师生的心灵在文化素养的土壤上充分涌流，让师生共同拥有开阔的文化视野和成熟的人文精神。

第四章

基于高中学生发展核心素养的理科课程群建设

学生发展核心素养中的科学精神、学会学习和实践创新等素养，需要理科课程及其相关拓展课程共同达成。本章基于高中学生发展核心素养，在分析高中各学科课程基本特点的基础上，尝试从理科课程群建设的角度，呈现理科课程群建设的重要意义、基本要求和主要模式，并以北京师范大学燕化附属中学(以下简称“北师大燕化附中”)借助化学学科优势及其地域资源，从多个层面构建化学学科课程群开展学生石化科技素养培养的案例，以及北京中学从STEM+课程探讨学生发展核心素养培养的探索，力图从理科及跨学科课程角度为当前学校落实核心素养的课程创新提供借鉴和启示。

第一节 理科课程群建设与高中学生发展核心素养

核心素养是学生发展的正确价值观、必备品格和关键能力，每个学科在学生核心素养培养中都有独特的育人价值；学科素养和核心素养是相辅相成的，学生核心素养的落实会强化学科素养，学科素养又为学生核心素养的培养提供支持。本部分从理科课程的角度，探讨课程群建设的重要意义以及理科课程群重点培养的学生发展核心素养，并从实践操作角度，提出理科课程群建设的一般思路和主要模式。

一、 课程群及课程群建设的重要意义

课程群是指某种性质或承担相近教育功能，为了实现培养目标而由师生有计划地学习的课程集合，它通过知识的载体即教材实现对学生在思想、方法和认知结构方面的不断完善。课程群是与单一课程对应的一种课程建设模式①，是为了完善学生的认知结构，从学科知识和技能、过程和方法、智能和学习力等方面梳理，揭示学科的内在逻辑关系，并在内容上、能力上和认知结构上对具有相关、递进和互补的课程进行系统建立，并加以整合，从而形成的系列课程。

高中学科课程主要有以下三个特点。

一是知识量大，系统性强。高中各学科课程除了包含各学科全部基础知识的必修课程外，还开设了一些拓宽知识、发展特长的选修课程，使得高中成为学生求学时代获得大量知识、方法和技能的重要阶段。

二是综合性强，相互影响。高中各学科知识之间都是相互联系、相互影响的。例如，在高中阶段的学习过程中，如果数学基础差，就会给物理、化学的学习带来极大的困难；语文的学习也是很重要的，心理学家认为人是凭借语言进行思维的，语言使人的思维具有间接性和概括性。因此，高中学生要努力学好语文和数学，提高自己的语言能力、思维能

① 郭必裕：《课程群建设与课程体系建设的对比分析》，载《现代教育科学》，2005(7)。

力和计算能力，为各学科的学习奠定基础。

三是能力要求高，注重自我培养。高中学生学习的主要困难是仅仅注重知识的学习，而忽略了能力的培养，这里的能力主要包括观察能力、阅读能力、分析能力、动手能力和思维能力等。对于学生来说，能力是在掌握知识、技能和方法的过程中形成和提高的，高中生应该在课堂学习和生活实践中，努力掌握基础知识、基本技能和方法，积累经验的同时还应注重能力的培养，这不但能够使学生更好地完成学业，而且能使其终身受益。

高中有语文、数学、英语、物理、化学、生物、通用技术、信息技术、音乐、美术、体育等多个学科，每个学科都有自己独特的学科素养。

语文——语言建构与运用、思维发展与提升、审美鉴赏与创造、文化传承与理解。

数学——数学抽象、逻辑思维、数学建模、直观想象、数学运算、数据分析。

英语——语言能力、文化品格、思维品质、学习能力。

物理——物理观念、科学思维、实验探究、科学态度与责任。

化学——宏观辨识与微观探析、变化观念与平衡思想、证据推理与模型认知、实验探究与创新意识、科学精神与社会责任。

生物——生命观念、理性思维、科学探究、社会责任。

通用技术——技术意识、工程思维、创新设计、图样表达、物化能力。

信息技术——信息意识、计算思维、数字化学习与创新、信息社会。

音乐——自主音乐、音乐实践、音乐情感、音乐文化。

美术——图像识读、美术表现、审美判断、创意实践、文化理解。

体育——运动能力、健康行为、体育品德。

高中教育在教育体系中发挥着承上启下的作用，不但要为高等教育输送合格的新生，而且要为学生未来的学习和生活做好准备。因此，在高中阶段建立课程群是素质教育的实施途径之一，是适应高速发展的社会经济和科学技术的手段之一，是提高全民科学文化素养的方法之一，是促进学校课程改革和自身发展的必然趋势。

（一）建立理科课程群有助于学生的全面发展

分科课程是具有悠久历史的课程类型，而多学科课程群是一类新兴的课程，但两者之间并不矛盾，它们是相互补充的。分科课程和多学科课程群的特点如表 4-1 所示。

表 4-1　分科课程与多学科课程群的主要特点

项目	分科课程	多学科课程群
知识内容	注重逻辑结构、相对独立性	注重内容丰富、相互联系性
学生发展	强调智力因素的发展	强调兴趣、情感等非智力因素发展
教学重点	强调认知功能，侧重知识的获得	强调心理和社会功能，侧重经验的获得

从表 4-1 可以看出，分科课程与多学科课程群在知识内容、学生发展和教学重点上均有不同。单学科课程注重知识的逻辑结构和知识的相对独立性，强调学生智力因素的发展，侧重于学生获得知识；而学科课程群则注重知识的丰富性和知识间的相互联系性，强调学生的兴趣和情感等非智力因素的发展，侧重于学生获得经验。知识的内容丰富和逻辑结构、学生智力因素和非智力因素的发展以及经验和知识都是学生个体发展的重要组成部分，舍弃任何一方面，学生的发展都不全面。因此，在高中阶段建立理科课程群，不但可以改变长期以来单学科课程教学模式，而且有助于学生的全面发展。

（二）建立理科课程群可实现学校特色的发展

学校特色是学校发展的驱动力，也是学校发展的灵魂，决定着学校教学质量的提高速度，影响着学校资源的开发和整合。而理科课程群的建设则是实现学校特色发展的重要途径之一。通过理科课程群的建设，开发特色的校本课程，为学生提供丰富多样的课程内容，关注每一个学生的需求，从而为学生提供一个自由选择和发展的空间。

与传统课程相比，依据理科课程群开发的特色课程，不再只注重学生知识的学习，而是注重学生学习和生活经验的积累，并注重学生的个体差异性，满足每个学生的发展需求，做到因材施教，从而真正实现学生的个性化发展，更好地适应素质教育的发展需求。因此，理科课程群的建设，可促进学校校本课程的开发，逐步扩展学校的发展空间，从而真正实现学校特色的发展。

（三）建立理科课程群可推动社会经济的发展

随着社会经济的高速发展，人们的物质生活越来越丰富，但也为人们的生活带来了越来越多的问题，如环境污染、能源短缺、精神压力等。而要解决这些问题，仅仅依靠单学科的知识是无法实现的，而是需要更多学科知识、技能和方法的综合利用才能实现。

在高中建立理科课程群，将理科所涉及的所有学科知识进行合理地整合，可提高学生的科学文化素养，有助于培养学生的实践能力和创新意识，从而正确地把握和解决社会问题，推动社会经济的发展。

（四）建立理科课程群可促进科学文化的发展

随着科学技术的不断发展，自然科学的分类越来越详细，学科课程类别也越来越多，随之涌现出了许多交叉学科和边缘学科。要更好地解决实际问题，促进科学文化的发展，科学家们不但要精通某一门学科的专业知识和技能，而且还需要精通其他多门相关学科的知识和技能。例如，牛顿不单是一位伟大的物理学家，提出了著名的牛顿运动定律，他也是一位伟大的数学家，为微积分学的发展做出了卓越的贡献。

在高中阶段建立理科课程群，有助于学生掌握知识的综合利用和不同学科知识间的迁移运用，从而为培养出具有综合科学素养的人才奠定基础，还可进一步促进科学文化的发展。

二、 理科课程群建设与学生发展核心素养培养

理科课程群就是将高中理科相关学科，通过一定的逻辑关系和内在联系进行整合形成相互联系的课程群。理科课程群的建设是培养高中学生核心素养的重要途径之一，同时，引入学生核心素养的研究，可进一步实现课程目标的科学化。刘恩山教授指出：核心素养确定后，学科的教学目标更明确了，它可以清晰地提示教师，单门理科学科在科学素养之外还能做什么？例如，生物学科、化学学科、物理学科中也要落实语

言素养，即学生的表达交流能力，这就要求教师要组织学生去合作学习、探究学习，从而达到语言、人际交往的教学目标。在中国学生发展核心素养中，主要通过理科学习提升的核心素养有科学精神、学会学习和实践创新等，这三大素养分别隶属于文化基础、自主发展、社会参与三个方面，高中学校建设好理科课程群，将综合提升高中学生的相应核心素养，为培养全面发展的人奠定良好的基础。

（一）科学精神

理性思维：崇尚真知，能理解和掌握基本的科学原理和方法；尊重事实和证据，有实证意识和严谨的求知态度；逻辑清晰，能运用科学的思维方式认识事物、解决问题、指导行为等。

批判质疑：具有问题意识；能独立思考、独立判断；思维缜密，能多角度、辩证地分析问题，做出选择和决定等。

勇于探究：具有好奇心和想象力；能不畏困难，有坚持不懈的探索精神；能大胆尝试，积极寻求有效的问题解决方法等。

（二）学会学习

学会学习主要是学生在学习意识形成、学习方式方法选择、学习进程评估调控等方面的综合表现。其具体包括乐学善学、勤于反思、信息意识等基本要点。

乐学善学：能正确认识和理解学习的价值，具有积极的学习态度和浓厚的学习兴趣；能养成良好的学习习惯，掌握适合自身的学习方法；能自主学习，具有终身学习的意识和能力等。

勤于反思：具有对自己的学习状态进行审视的意识和习惯，善于总结经验；能够根据不同情境和自身实际，选择或调整学习策略和方法等。

信息意识：能自觉、有效地获取、评估、鉴别、使用信息；具有数字化生存能力，主动适应“互联网＋”等社会信息化发展趋势；具有网络伦理道德与信息安全意识等。

（三）实践创新

劳动意识：尊重劳动，具有积极的劳动态度和良好的劳动习惯；具有动手操作能力，掌握一定的劳动技能；在主动参加的家务劳动、生产劳动、公益活动和社会实践中，具有改进和创新劳动方式、提高劳动效率的意识；具有通过诚实合法劳动创造成功生活的意识和行动等。

问题解决：善于发现和提出问题，有解决问题的兴趣和热情；能依据特定情境和具体条件，选择制订合理的解决方案；具有在复杂环境中行动的能力等。

技术运用：理解技术与人类文明的有机联系，具有学习掌握技术的兴趣和意愿；具有工程思维，能将创意和方案转化为有形物品或对已有物品进行改进与优化等。

三、 建设理科课程群的基本要求

理科课程群是打破理科各学科课程自成体系、相互孤立的现状，通过学科课程间的相互影响、相互联系、相互渗透，形成一个新的有机整体，其特点主要有：一是强化了各学科在认识自然界时所用的科学方法、科学技能和科学思维；二是加强了解决实际问题中各学科知识的迁移和利用；三是关注了各学科的“边缘”内容，如环境、能源、人口等。在高中阶段建设理科课程群有以下三个基本要求。

（一）突出理科课程群的特色

建设理科课程群，主要通过整合理科相关学科的课程信息，形成具有突出特色的课程群。对于高中学生来说，将相关联的不同课程融合到一个课程群内，让学生在学习的时候，获得最大化的理论知识和实践技能。通过理科课程群的建设和完善，带动整个教学水平的提升，提高学生的综合素质、知识水平和实践能力，从而形成具有一定品牌效应的理科课程群。

（二）利用形式多样的教学手段

理科课程群的建设是教育信息化建设中常见内容之一。21 世纪是信息化的时代，互联网技术的高速发展，改变了各行各业，其中包括教育行业。互联网所提倡的知识、技能、方法的共享、共建和沟通交流是理科课程群建设的基础。在资源共享的前提下，教师可根据学生的学习和生活体验来进行理科课程群的设计。

理科课程群的设计需要根据学生现有的知识基础和知识结构，结合学生自己的生活、学习体验，参考学生的智力发展水平来进行构建。在单一学科课程的基础上，融合相关联的学科课程，形成层次递进的课程体系，同时利用现代的信息技术，激发学生的学习兴趣，发挥学生的学科特长。

（三）做到概念清晰和内容精炼

理科课程群的建设并不是一个或两个学科的教师就能完成的项目，而是需要多门学科教师进行学习、讨论、创新才能实现。学校的每个教师都有自己的专长，如何将自己的专长整合到理科课程群中去，而各学科课程整合到什么程度、课程群的内容如何构建等都是理科课程群建设过程中必须要解决的问题。

教师要不断学习、积极讨论、勇于创新，才能明确课程整合的要求，提高课程整合的能力。在高中阶段要建立理科课程群，教师之间的沟通要顺畅，才能形成概念清晰、内容精炼的优质教学资源，达到理科课程群建设的特色，从而使理科课程群的层次清晰，结构合理，形成新的理科课程体系。

四、 构建高中理科课程群的主要模式

高中理科课程群是集自然科学和社会科学于一体的综合课程，能够使学生形成对知识的整体认识，培养学生通过知识迁移更好地解决现实生活和学习中遇到的各种问题的能力。因此，理科课程群的建设是将不同学科的有内在联系和逻辑关系的知识整合在一起，形成新的课程，旨在消除各学科知识间的界限，加强各学科边缘知识的学习，使学生从全方位的角度来理解和应用知识，养成深刻思考、灵活应用知识解决现实问题能力的课程模式。

（一）以概念为中心的理科课程群模式

以概念为中心的理科课程群模式是以理科教学中某一基本概念为中心，引申出其他学科中与本概念相关联的知识、技能和应用，锻炼学生

的知识迁移和应用的能力；或从不同的角度、利用不同学科的原理和方法对本概念进行解读，让学生能够更全面地理解本概念。例如，水的浮力这一概念，可以联系到“刻舟求剑”“曹冲称象”“物体的体积”“物体的密度”“溶液的密度”等语文、化学、物理学科的相关知识和应用。

（二）以主题为中心的理科课程群模式

以主题为中心的理科课程群模式是根据理科课程的内容确定一个主题，再将与本主题相关的各学科知识进行整合，以形成对知识的整体认识。例如，以水为主体，该主题的内容主要包含“水”字的演变过程，关于水的成语、诗词，水的物态变化、水的化学组成、水的物理特性、水的化学性质、水的分布、水中的动植物等，即以“水”为主体的理科课程群包含了语文、数学、物理、化学、地理等学科内容。但是，在某一个主题下，各学科知识不是杂乱无章地堆积在一起，而是按照一定的逻辑关系进行整合的课程。

（三）以环境为中心的理科课程群模式

目前，环境问题已经成为社会关注的热点问题之一，保护环境是每个公民应尽的义务，中小学生是未来治理和保护环境的后备军，因此环境教育已成为中小学教育的重要内容之一。环境教育让学生能够更好地认识人与人、人与环境间的相互关系，增强学生的环保意识，使其通过学习掌握更多治理和保护环境的方法和技能。

以环境为中心的理科课程模式涉及水污染、土壤污染、大气污染、食品安全等多方面的内容，涵盖语文、数学、英语、物理、化学、生物等多个学科。教师可以环境的某一个问题为中心，整合相关的知识和技能展开教学，在课程设计和教学的过程中，要充分结合当地的实际情况进行课程整合，打造出具有当地特色的环境教育校本课程。

（四）以生活为中心的理科课程群模式

学生在日常生活中遇到的现实问题的解决，可以激发学生学习的兴趣，提高学生学习的效率。因此，以生活为中心的课程设计需要以现实问题为导向，以各学科知识和技能为基础，培养学生分析问题、解决问题的能力。例如，学生在学习使用电饭锅煮米饭时，发现用不同温度的水煮米饭时能耗不同，于是就可以引申出电学知识、电能计算、热传递知识、温度测定等物理、化学、数学方面的知识和技能，并联系环境污染、社会可持续发展等内容，将抽象的理论知识转化成现实问题，不仅有利于学生对知识和技能的掌握，而且能够激发学生的学习兴趣。

第二节　化学课程群建设培养学生核心素养的实践

从学科课程角度，化学课程的育人价值集中体现在化学学科核心素养上。以国家课程为基础，基于学校教育价值取向和育人目标，回应学生多样化，个性化的学习需求，充分利用学校和地域特色课程资源，开发具有基础性、结构性、综合性和选择性的学科课程群，是培养学生发展核心素养的重要途径和尝试，也是学校培育优势学科的重要内容。本部分以北师大燕化附中基于地域资源特色，凸显化学学科优势的课程群建设实践，分析理科课程群建设对于学生发展核心素养的培养。

一、 化学课程的育人价值

化学课程的育人价值，着重表现在其作为学科课程以及相应的拓展、校本课程的开发，培养学生化学学科核心素养，进而促进核心素养的独特价值。

（一）宏观辨识与微观探析

宏观辨识与微观探析是指能通过观察、辨识一定条件下，物质的形态及变化的宏观现象，初步掌握物质及其变化的分类方法，并能运用符号表征物质及其变化；能从物质的微观层面解释其组成、结构和性质的联系，形成"结构决定性质，性质决定应用"的观念；能根据物质的微观结构预测物质在特定条件下具有的性质和可能发生的变化。

（二）变化观念与平衡思想

变化观念与平衡思想是指能够认识物质是在不断运动的，物质的变化是有条件的；能从内因和外因、量变与质变等方面较全方面地分析物质的化学变化，关注化学变化中能量的变化；能从不同视角对纷繁复杂的化学变化进行分类研究，逐步揭示各类变化的特征和规律；能用对立统一、联系发展和动态平衡的观点考察、分析化学反应，预测在一定条件某种物质可能发生的化学变化。

（三）证据推理与模型认知

证据推理与模型认知是指能初步学会收集各种证据，对物质的性质及其变化提出可能的假设；基于证据进行分析和推理，证实或证伪假设；能解释证据与结论之间的关系，确定形成科学结论所需要的证据和寻找证据的途径；能认识化学现象与模型之间的联系，能运用多种模型来描述和解释化学现象，预测物质及其变化的可能结果；能依据物质及其变化的信息构建模型，建立解决复杂化学问题的思维框架。

（四）科学探究与创新意识

科学探究与创新意识是指发现和提出有研究价值的化学问题，能依据研究目的设计并优化实验方案，完成实验操作，能对观察记录的实验信息进行加工并获得结论；能和同学交流实验探究的成果，提出进一步研究或改进实验的设想；能尊重事实和证据，不迷信权威，具有独立思考、敢于质疑和批判的创新精神。

（五）科学精神与社会责任

科学精神与社会责任是指学生必须具有终身学习的意识和严谨求实的科学态度；崇尚真理，形成真理面前人人平等的意识；关注与化学有关的社会热点问题，认识环境保护和资源合理开发的重要性，具有可持续发展意识和绿色化学观念；理解化学、技术、社会和环境之间的关系，赞赏化学对社会发展的重大贡献，能运用已有知识和方法综合分析化学过程对自然可能带来的各种影响，权衡利弊，勇于承担责任，积极参与有关化学问题的社会决策。

二、 化学课程群的初步构建

（一）化学课程群建设的依据

1. 国际、国内教育改革趋势的指向

21 世纪以来，国际经济与合作组织、联合国教科文组织以及欧美等国家和地区为适应经济全球化的发展，围绕“培养什么样的人、如何培养人”的问题，相继建立了学生“核心素养”模型，包含沟通交流能力、团队合作能力、信息技术素养、语言能力、自主发展、问题解决与实践探索能力等。欧盟提出的核心素养包括母语、外语、数学与科学技术素养、信息素养、学习能力、公民与社会素养、创业精神以及艺术素养 8 个领域，每个领域均从知识、技能和态度三个维度进行描述。[①] 我国也发布了学生发展核心素养框架，各学校依据总体框架形成具体的核心素养结构模型，并进一步形成可操作、可测量、可评价的指标体系。中学化学学科核心素养包括“宏观辨识与微观探析”“变化观念与平衡思想”“证据推理与模型认知”“科学探究与创新意识”“科学精神与社会责任”5 个维度。培养化学学科核心素养仅有国家课程还不够，还必须结合学校的具体情况，建设化学学科课程群，以更好地培养学生化学学科核心素养。

2. 学校教育取向与育人目标的内在要求

课程是学校实现育人目标的核心和途径，国家课程方案的空间和弹性及信息技术的普及为高中特色课程群建设提供了依据和平台；同时，丰富、科学、实用的课程群建设为开展创新人才早期培养实践提供了坚实后盾。北师大燕化附中在“希望教育”理念引领下，大力推进内部管理改革和教育教学改革，逐渐摸索出了以“传统文化和职业生涯规划”为特色的“希望德育课程”以及以“石化科技和学科专题教学”为亮点的“希望教学课程”双格局，并逐步朝着“协同打造和谐健康教育生态”的目标努力。“希望教育”就是让每一位学生都要对自己充满希望，让每一位同学都有

---

① 裴新宁、刘新阳：《为 21 世纪重建教育——欧盟“核心素养”框架的确立》，载《全球教育展望》，2013(12)。

进步。作为学校改革排头兵的化学组，建设化学课程群是学校希望教育的必然要求。

3. 学生多元化发展的迫切需求

随着社会经济发展，国家和社会多元化人才的需求日益增加，学生自身的学习需求和发展方向也呈现出日益多元化和个性化。现有国家课程设置和教学方式越来越不能满足多元化人才成长、好学生个性化发展的需要，因此改变单一课程体系，建设课程群，给予学生更多的选择权和自主权，为学生多样化发展提供保障，成为学校发展的重点。学校把指导和帮助学生树立正确的人生观、世界观和价值观放在首位，注重培育学生的爱国、诚信、责任等情操和创新、协作、奉献等意识，加强学生的身心健康和人文艺术教育，培育学生健康优良的人格品质。同时，通过不断提升教师的教学、管理、科研水平，推动校内外合作，开设学生、专家讲坛，营造师生共建班级的良好氛围等措施，促使学生和教师能够主动积极地参与到多元化人才培养过程中来。

4. 学校所在地域特色资源支持

北师大燕化附中毗邻国有大型石化企业——燕山石化公司，其人力、科技资源丰富；燕化污水净化厂、燕山石化研究院、燕化仿真中心和燕山石化树脂应用研究所在实验室使用、参观考察、专家专业指导等方面为学校提供切实的帮助和支持。在燕化污水净化厂有学校专门的学生动手体验实验室，也是燕房地区中小学社会大课堂的实验基地。学校近年来开发地域石化科技资源，并以此为依托成功申请获批北京市“翱翔计划”课程基地校，获批并开办北京市特色实验班——“石化科技实验班”以及“开放式石化科技综合实验室”。学校从整合开发地域资源、建设实践基地、创建课程体系、探索教学组织模式与评价机制等方面着手做了积极的实践与探索。结合地域资源特点和学校课程建设规划，近期拟开展适用于基础教育阶段的石油化工实践课程建设工作。

（二）化学课程群建设的目标

国家课程受知识总量及目标要求等影响，不可避免地要把握拓展与延伸的“度”。而校本课程的弹性更大，更容易整合与现实生活相关的新内容，能让学生觉得学习更加接近他们的需要。随着《关于全面深化课程改革落实立德树人根本任务的意见》的发布以及化学学科核心素养的提出，我们结合学校“希望教育”的理念，在国家课程的基础上，开发出一系列具有地域特色、适合学生实际情况的特色校本课程，形成化学课程群，力图实现：①树立多样化人才观念，发现不同潜质学生，挖掘每一个学生的优势和潜能，使每一名学生都有发展，不断实施素质教育。②自主选择课程，推进人才培养模式多元化，使学校在教育教学实践中逐步形成稳定的、具有独特的风格和特殊育人功能和育人价值的课程群。③探索人才成长规律，尊重个性选择，鼓励个性发展。采取多种方式，培养创新型人才，为学生可持续发展奠定基础，为学生的核心素养培养奠定基础，为学生的未来发展奠定基础。

具体课程目标：依托燕山地区石化科技资源，在开发国家课程的同时，努力开发出以石化科技为载体的系列拓展选修课程、石化科技实践课程和交流展示课程，在提高学生的综合科学素质，培养学生较强的质疑能力、发现问题解决问题的能力、动手实践操作能力、合作交流与表达能力。

（三）化学课程群基本框架

1. 化学课程群总框架

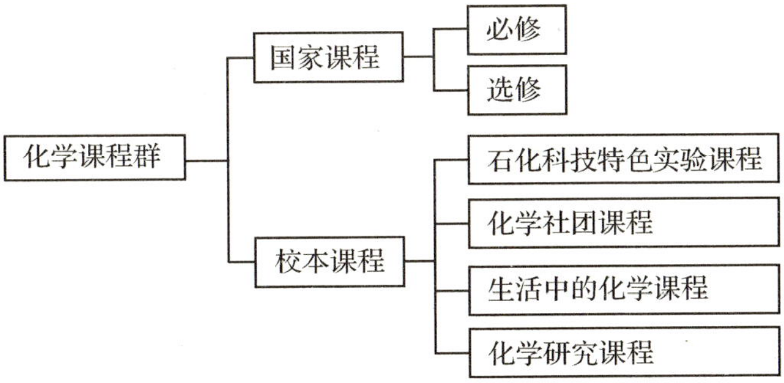

图 4-1　北师大燕化附中化学课程群总框架

2. 石化科技特色实验课程框架

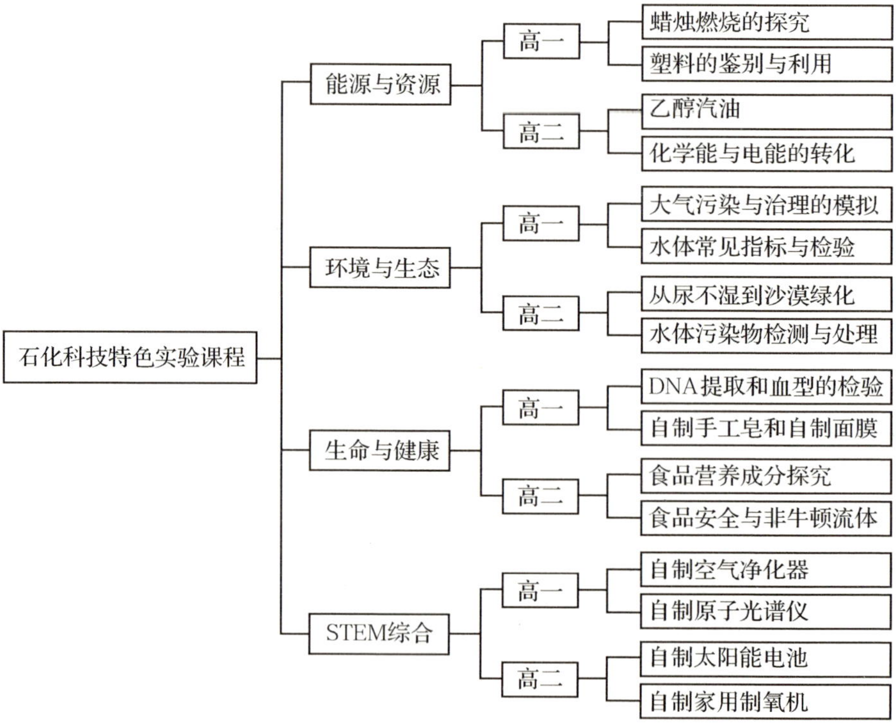

图 4-2　北师大燕化附中石化科技特色实验课程

3. 化学社团课程框架

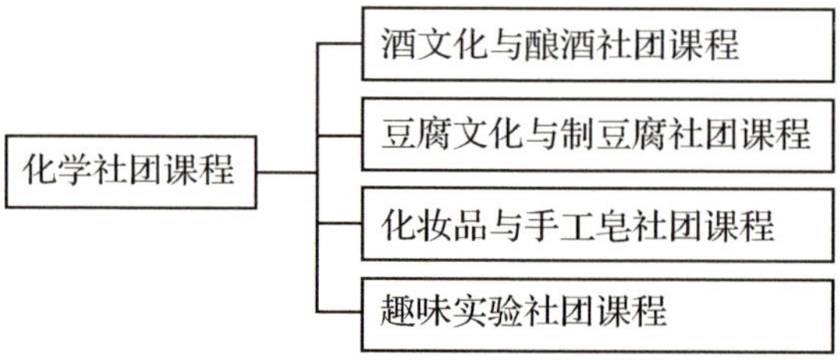

图 4-3　北师大燕化附中化学社团课程框架

4. 生活中的化学课程框架

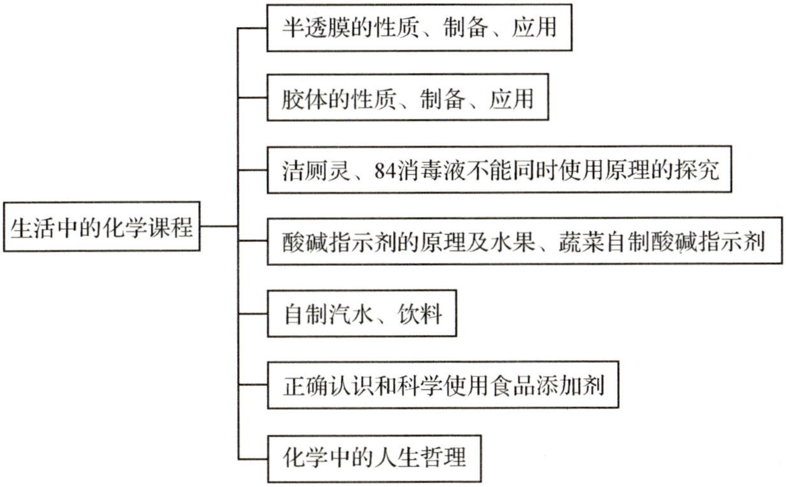

图 4-4 北师大燕化附中生活中的化学课程框架

三、 化学课程群的实施

（一）课程群内相关内容适当调整

北师大燕化附中化学课程群建设，以国家课程为主，注重适应社会发展的现实需求，以选择性促进学生的个性发展，使学生在选择中形成人生发展规划的意识。

根据学校软硬件的发展实际，不断开发、设置适合不同学生多元发展的化学课程，为不同需求、不同发展方向、不同潜质的学生提供适宜他们的化学课程。课改之初，在开好国家课程必修与选修的基础上，充分发挥化学学科的实验功能，进一步激发学生对化学课的兴趣，开发了“趣味实验”社团课程。随着学校石化科技班的开办，学校又和北京师范大学化学系合作开发“石化科技特色实验课程”。申请北京市普通高中开放式重点实验室——“石化科技综合实验室”已投入使用。该实验室在原有的许多手持检测设备的基础上，又添加了红外光谱分析仪、荧光光谱仪、电子天平、3D 打印机等高端的仪器，更适合许多研究性课程的实施。对化学有兴趣的同学开放实验室，由学生自己先提出研究的问题和方向，再由老师进行指导，开发有一定研究价值、能培养学生化学核心素养的研究性课程。在酿酒和制豆腐基地建成之后，又开设了“酿酒和制作豆腐”化学社团，既弘扬了传统文化，又为学生提供了动手实践的机会，也让学生获得了体验成功的喜悦。在制作豆腐的过程中，当同学们喝到自己现磨的豆浆、品尝到自己亲手制作的豆腐时，那高兴劲无法用语言来描述。课程化学课程群的建设既拓展了学生的化学视野，又锻炼了学生的动手能力，也培养了学生“宏观辨识与微观探析”“变化观念与平衡思想”“证据推理与模型认知”“科学探究与创新意识”“科学精神与社会责任”这五大化学学科核心素养。

高考在能力和学科核心素养方面要求的变化，要求学校打破传统的课程设置，在课程的设置、开发方面多做研究，针对不同需求的学生设置和开发更加多元的课程群，使学科课程有很大的自主性、选择性，以满足不同需求、不同发展方向、不同潜质的学生的需要。对于石化科技班的同学，学校在开设必修、选修部分的同时，利用石化科技特色课时间开设石化科技特色实验课程，以培养学生对化学学科的兴趣，提高学生的科学探究素养。对于对化学有很大兴趣的同学，在开设必修和选修部分的同时，还开放实验室，有他们自主选择的研究问题、研究方向，在老师的指导下，开设研究性课程，以培养这些学生的“科学探究与创新意识”。对于不选化学的同学，他们只要学习必修部分，再选一些化学社团的校本课程，以培养学生的“科学精神和社会责任”，以提高化学学科基本素养和自身的公民素养。

根据实施过程中学生和老师的感受、学生的喜爱程度以及教学效果，及时调整课程的设置和适应人群。例如，“石化科技特色实验课程”中的食品安全部分内容，对于培养学生的化学学科基本素养和自身的公民素养都有很大帮助，也很受学生欢迎，我们就将这部分内容也拓展到针对全体学生的“生活中的化学课程”中，以培养所有学生的“科学精神和社会责任”。另外，随着教学活动的不断进行，不断地对课程的内容、授课人群进行调整，使课程的育人功能最大化。

（二）有序安排各类课程

每周安排一定课时进行国家课程学习，按行政班编排固定任课老师进行授课。课上，根据不同知识点采取适宜的教学方法，设计不同的教学方案授课。通常采用问题驱动和实验探究相结合的方式，培育学生化学学科素养。

每周在进行国家课程学习的同时，学校在每周四下午安排特色化学课，在石化科技班开设“石化科技特色实验课程”，在其他班开设“生活中的化学课程”。在每周二下午学生活动时间开设“酒文化与酿酒社团课程”“豆腐文化与制豆腐社团课程”“化妆品与手工皂社团课程”“趣味实验社团课程”，由学生自己选择，针对不同层次、不同需求、对化学学科有兴趣的学生，培养学生化学学科的科学探究和社会意识的核心素养，很受学生的喜爱和欢迎。随着开放式“石化科技综合实验室”投入使用，研究性课程也要逐步开设起来。

（三）突出课程情境创设

“学习活动的核心成分是思维，思维能力是自觉、深刻地掌握知识，灵活地运用知识，是解决问题的基础。”思维过程往往是在一定的问题情境中进行，并在客观变化的情境中寻找解决问题的方法。学生思维的积极性正是在感到解决问题迫切需要时开始的。因此，在实验教学中，教师应创设恰当的情境，抓住实验内容之间的渗透和迁移，明确地提出问题，让学生以实验现象为依据，积极诱导学生在直观现象的基础上进行深刻思维。

案例 1

电解原理

在“电解原理”一节教学中，首先通过实验创设情境，让学生按照要求做以下三组实验。

实验Ⅰ：根据实验台上的仪器和试剂组装一个原电池，并观察现象。（提供的仪器、试剂有：稳压电源、电流计、有机玻璃水槽、两根碳棒、一根铜棒、一根铁棒、导线若干、$CuCl_2$溶液）

实验Ⅱ：将组装的原电池的两个电极改用碳棒做电极，观察现象。

实验Ⅲ：将实验Ⅱ中的两根碳电极间连接一个直流电源，并将湿润的淀粉碘化钾试纸放在与电源正极相连的电极附近，观察现象。

在学生归纳实验现象的基础上，教师引导学生讨论以下问题：实验Ⅰ与实验Ⅱ、实验Ⅱ与实验Ⅲ的装置有何区别？引起实验现象不同的原因是什么？为什么装置实验Ⅲ的两极有新物质生成？请同学们结合实验现象思考、讨论。通过实验将学生的好奇心引向求知的欲望，变“要我学”为“我要学”，同时通过对实验现象的描述唤起学生思维，激发其内驱力，使学生以问题探索者的“角色”，真正“卷入”学习活动中，满怀激情地展开形象思维和逻辑思维。在学生找出问题的焦点(实验Ⅲ中多了直流电源)后，通过教师及时点拨，并且在给了学生足够的时间、空间后，充分激活了学生原有的知识，并使新旧知识发生有机联系，形成良好的知识结构，有利于学生思维的有序性展开，可以使学生“跳一跳摘到桃子”整个过程都是学生积极参与，主动探究，学生动口议，动脑思，学生的思维逐步迈向新的高度，最终挖掘出问题的本质，即电流通过电解质溶液而在阴阳两极引起氧化还原反应的过程叫电解。这样，在教师的引导下，让学生用自己的头脑去获取信息和思考，提高了学生思维的深度和广度。

（四）突出动手实验和实验拓展

观察能力是学习和研究化学的起点，也是学生认识事物、探索规律的基本方法。准确的观察能力应具有目的性、选择性、客观性等观察品质。这是学生学习化学的基本技能，也是化学的核心素养之一。在化学教学中，教师应积极为学生创设良好的观察条件，引导学生进行有目的、有序、有效的观察。在观察中要求学生养成手、眼、鼻、耳、脑共用的良好习惯，并且在实验过程中注意引导学生“观察什么”“怎样观察”。在观察感知的基础上正确地分析、比较、综合概括，做到持之以恒，使学生养成对所见事物进行仔细观察的良好习惯。每次实验后有意识地对学生进行如下训练。

(1)按现象发生的顺序归纳实验现象，以提高语言表达能力；

(2)分析现象发生的原因，以提高分析能力；

(3)指出成功的关键或失败的原因，以提高解决问题的能力；

(4)实事求是地填写实验报告。经过长期培养，学生从被动观察变为主动观察，从而形成良好的观察习惯。

此外，我们还注重开展拓展实验，培养学生的科学精神与社会责任。现在人们对食品添加剂和非法添加物的认识很少，对食品添加剂的认识也有很大的误区，以至于谈食品添加剂色变。鉴于此现状，学校利用学生课外活动时间开设《食品安全及检测》《水污染的处理与环境保护》《生态化工与环保》等拓展实验课，培养学生的科学精神与社会责任。

案例 2

食品安全及检测

1. 通过介绍食品添加剂的概念、种类、功能，让学生对食品添加剂有一个正确的认识，也让学生知道食品添加剂并不是有害的，特别是营养强化剂不仅无害，而且对人体的健康有益。其实好多食品添加剂是对人体有益的，是必须添加的。例如，营养强化剂，可以补充食品中缺乏的营养成分或微量元素。食盐中加碘、酱油中加铁、粮食制品中加赖氨酸及食品中加维生素或钙、硒、锗等。

在这节课上，设计了味精的性质实验和趣味实验、防腐剂亚硝酸盐的有关实验，在有趣的实验中，让学生亲身体验，近距离接触常见的食品添加剂，了解它们的性质，使学生对味精、亚硝酸盐等食品添加剂有了更深层次地认识和了解，也培养了学生的科学精神。

2. 通过介绍生活中常见的、老百姓熟悉的食品非法添加物，如面粉中的漂白剂——保险粉(连二亚硫酸钠)、苏丹红、三聚氰胺等。

在这节课上，先给学生介绍了这些非法添加物的成分、性质以及对人体的危害，使同学们认识到食品安全的重要性，既加强了学生的科学精神，也强化了学生的责任意识。在介绍知识的同时，还展示了这些非法添加物的实物样品，并设计相关的实验让学生动手操作体验。

对面粉中的漂白剂——保险粉(连二亚硫酸钠)，我们根据保险粉(连

二亚硫酸钠)的结构

$$\mathrm{Na^{+}\,O^{-}-\overset{\overset{\displaystyle O}{\|}}{S}-\overset{\overset{\displaystyle O}{\|}}{S}-O^{-}\,Na^{+}}$$

预测出保险粉有一定的还原性，并设计如下实验。

(1)向点滴板的①③④⑤⑥孔中分别加入4滴高锰酸钾溶液、硝酸银溶液、碘酸钾溶液、溴水、碘水。

(2)分别向①③④⑤⑥孔中加入1滴保险粉溶液，观察实验现象。

表4-2　实验观察表

①4滴高锰酸钾溶液＋1滴保险粉溶液 现象：	③4滴硝酸银溶液＋1滴保险粉溶液 现象：	⑤4滴溴水＋1滴保险粉溶液 现象：
	④4滴碘酸钾溶液＋1滴保险粉溶液 现象：	⑥4滴碘水＋1滴保险粉溶液 现象：

备注：①孔中高锰酸钾浓度小时，溶液会褪为无色，当高锰酸钾浓度大时，会出现黑色沉淀(二氧化锰)。

在苏丹红的检测实验中，为学生提供了苏丹红Ⅰ、Ⅱ、Ⅲ、Ⅳ标准样品，各种在超市、农贸市场买的辣椒制品，利用纸上层析的原理进行检测，当同学们知道各种辣椒制品中不含苏丹红时，都很欣慰。

三聚氰胺对人体的危害，学生们已经非常清楚，那如何进行检测呢?我们也介绍了当前最方便的检测卡检验方法，并提供了三聚氰胺标准样品、各种牛奶制品和三聚氰胺检测卡，当学生发现北京市场上常见的几种牛奶制品都不含三聚氰胺时，他们的心情都很轻松。

当看到明显的实验现象，也知道了这些非法添加物的检测方法，并亲身体验时，学生们都非常兴奋，也很有成就感。同时也培养了学生终身学习的意识和严谨求实的科学态度；崇尚真理，形成真理面前人人平等的意识；关注与化学有关的社会热点问题，增强了学生的科学精神和社会责任感。

（五）依托资源特色培养创新人才

1. 着力开展形式多样、活动丰富的专题科技教育

注重基础学科，尤其是实验学科——物理、化学和生物的学习和研究。引导学生认识并运用这些知识为科技活动服务，是大面积提升学生科学素养的重要和有效的手段。学校一方面注重传统科技活动如生态环保、能源与材料等的开展，另一方面也积极开发新的科技主题，如乐高机器人、地理考察、生活化工(酿酒、制豆腐)等；同时，投入建设生态环保基地展厅、开放式“石化科技综合实验室”及生活化工基地，优化课程及活动方案，打造特色实践项目。

2. 学科协作，专题建设，努力构建科技教育平台

构建人才培养方案中层递结构合理的专题模块课程，积极解决科技知识碎散、不同学科间交叉重复的问题，建设专题化、层次性、开放式的实践教育课程体系。一是鼓励师生结队研究小课题或参与科技创新活动；二是加强校际交流互惠，尤其是北京市化学翱翔基地学校间的学习共勉；三是构建科技实践基地和平台，提供更多科技实践活动的机会，使实践基地成为激发学生创新思维的场所和空间。

3. 优化设计，推进专题科技教育模式改革

通过几年探索，学校逐步建立以专题科技教育为支撑载体的创新人才早期培养体系，具体操作模式如下。

专题引领模式。目前，主要有水生态、能源与材料、生活化工等专题。每个专题的主体知识来源于高中阶段各主干实验学科，体现拓展与学习的紧密关联，同时不同学科协同关注一个专题，有利于学生获得整体认知。例如，水生态专题学习，既有“燕山人文地理”的文化素养课程及“综合地理考察”的实地“走水”，又有“污水处理”校本课程、燕化研究院专家的系列“主题报告”和燕山威立雅水务公司四个污水处理厂的系列“科技实践活动”，这些构成了丰富的水生态教育课程群和资源库。

课赛结合模式。学校将各类竞技比赛纳入相关课程的内容和环节中，辅助各类型学生社团活动，并通过竞技强化科技教育。例如，高一石化科技班“乐高机器人”课程结束时，举行机器人制作成果比赛；“演讲与口才”课程结束时，举行学生演讲展示活动等。

分段培养模式。结合高中阶段国家课程实施计划和培养方案，采用分段衔接培养模式，如高一第一学期主打“水生态”专题，与高一必修一化学(人教版)主干知识匹配；在高二化学学习化学反应和有机化学时分别开展“能源”和“高分子材料”等拓展专题教学及实践。这样，既打牢了学科基础，又开阔了学生的专业视野，突出了创新人才专题培养特色。

多导师培养模式。遴选石化科技班部分学生，开展多导师联合培养实践探索。北京市翱翔学员(每年两名)采取生源校、基地校、研究所三导师制培养；校内课题研究采取实验导师和学科导师双导师指导。

四、 化学课程群的实施效果

(一)逐步形成化学学科特色课程体系

学校身处管塔林立的石化卫星城——燕山，毗邻燕山石化，周边具有独特的地理环境、石化设备、历史渊源和科技结构等资源。开发利用地域资源是学校创新人才特色培养的主要驱动力，而地域资源需要经过二次加工处理方能转化为可行的教育资源，同时其实施过程、检测评价等相关体系的建立是保证长足发展的必要条件，我们把这个过程称为地域资源的“校本化课程建设”，从时间上主要经历了三个阶段。

第一阶段，以学科组为主导开发地域资源，建设学科特色校本课程。在原有几十门校本课程的基础上，结合走访、调研地域资源，再次加工、优化课程，建成第一批 6 本特色校本教材(图 4-5)。

图 4-5　学校基于地域资源开发的首批 6 本特色校本教材

第二阶段，校企合作创建长效机制开展石化科技综合实践活动。依托燕山地区科技资源，建设科技实践教育基地，创建科技实践活动平台，改革、优化和丰富科技实践教学及活动内容，为学生提供更多的实践机会。目前，学校石化科技班科技综合实践主要围绕污水处理、石油化工、仿真实训等领域开展，均按教学和实践两条主线形成系统，按照知识和能力逐级递增形成科技知识认识、地域科技成果调研和科学项目研究三个层次；另外，通过多年实践，学校与燕山威立雅水务公司、燕化教培中心、燕化研究院、北师大化学学院等单位签署了科技实践活动协议，联手打造了多处科技实践教育活动场所和基地(表 4-3)。

表 4-3 石化科技班校外科技教育资源归类汇总

教育主题	资源单位	实践形式	涉及学科	现有成果
污水处理	燕化研究院	专家报告、课题研究	化学、环境	开设报告、课题
	牛口峪污水处理基地	动手实验	化学、生物	制定《污水处理实践计划》
	燕山威立雅	参观、考察	化学、化工	多次参观
石油化工	燕化研究院	专家报告、实验操作	化学、化工	多次参观
	燕化树脂所	课题研究	化学、化工	多次参观
仿真实训	燕化教培中心	设备实训、仿真实验	物理、化学、信息	签订《教培仿真实训方案》
	燕化仿真中心	参观、实践	化学、化工、信息	多次参观
科技教育	北京科技教育促进会	专家报告	科技领域	多次报告
	北师大化学学院	科技实践项目课程化	化学、物理	培训、课程、研讨
	北师大附中平台	专家报告	科技、教育	多次报告
科技交流	北航附中	“通航实验班”交流	科技	交流多次
	北京四中翱翔基地	学生培训交流	化学	合作培养翱翔学员

第三阶段，通过实践、调研、优化，构建学校石化科技班课程体系。通过整合国家课程资源、校本课程资源和地域石化课程资源，建成石化科技班特色课程体系(图 4-6)，并专门安排时间计划开展。目前该课程体系已实践六年有余，相关课程组织、评价和优化建设也日趋成熟。

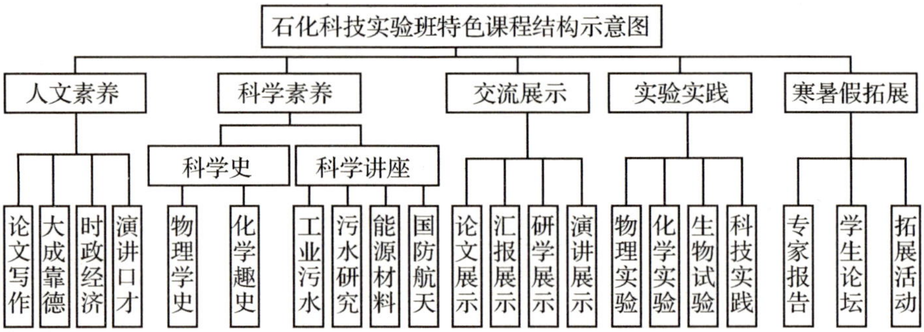

图 4-6　北师大燕化附中石化科技实验班特色课程结构示意图

（二）初步形成了基于优势学科的创新人才早期培养模式

学校以化学学科群建设为基础，进一步推动深层次的教育教学改革，即实现教学、实践和科研的有机融合。结合燕山地区丰富的石化科技地域资源和学校教育改革的良好态势，以教育思想变革为先导，以资源整合为依托，从培养目标、培养机制、培养过程和评价体系四个维度入手，对创新人才早期培养模式进行总体的设计、布局和调整，优化教育教学资源配置，其培养模式操作体系如图 4-7 所示。

经过多次实践，该模式的优点逐渐凸显。第一，该模式能有效结合普通高中升学任务和学生综合素质的培养两项重要教育任务，在提高学生科学素养、拓展学生思维的同时，也使学生的总体学业成绩持续、稳步提高。第二，该模式能够良好融合校园和区域企业资源，为普通高中多样化、特色发展开拓了一个新的实践视角。第三，学校通过实践创新人才培养模式，得到了政府、家长、学生以及社会各界的支持和认可，成为学校未来持续的竞争力。

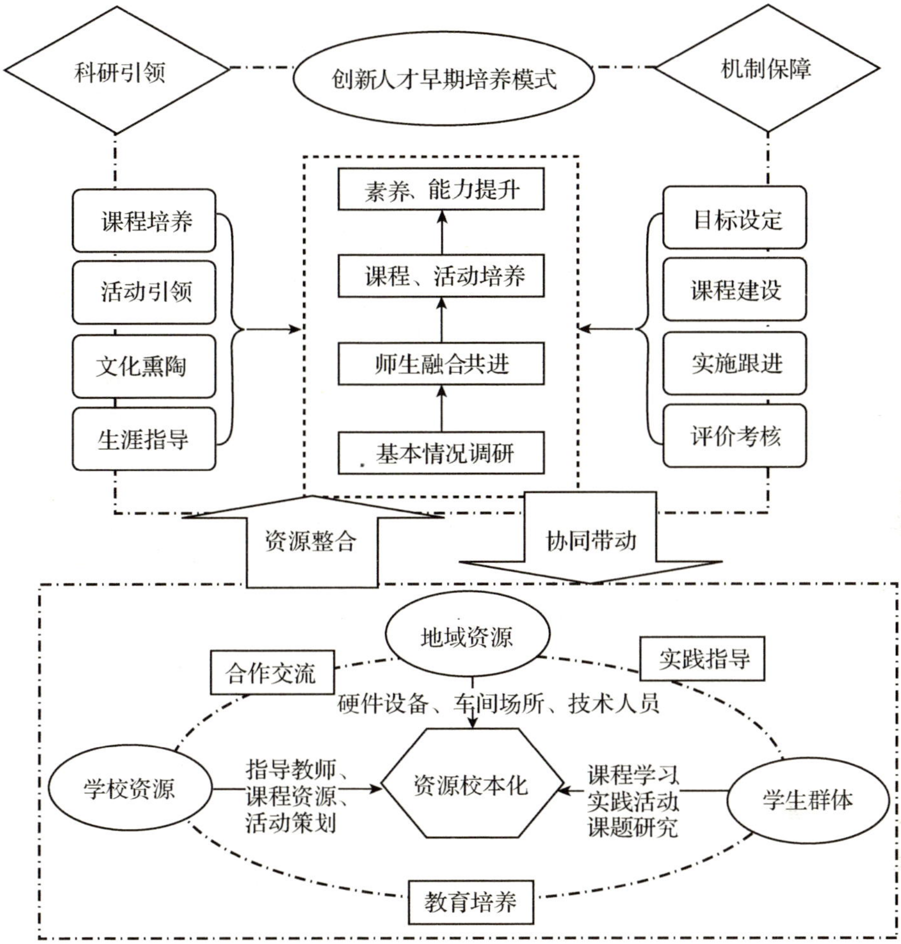

图 4-7 北师大燕化附中创新人才早期培养模式建构及操作关系图

（三）优势学科发展促进学校办学特色积淀

以化学学科为基础探索创新人才早期培养是北师大燕化附中多样化特色办学子项目之一，是学校坚持以特色课程及实践建设为核心的教学及培养模式改革。学校以石化科技班为主要抓手，在整合开发地域资源、创建课程体系、优化实践方案、探索教学组织模式与评价机制等方面着手做了积极的实践与思考，实现了一年一个新台阶的可持续发展（表 4-4）。

表 4-4　北师大燕化附中创新人才早期培养实践

年份	开创事项	主要内容	工作重点	成果
2011	翱翔课程基地校	校本课程开发	校企合作开发地域资源	六本特色校本课程出版
2012	石化科技班	课程体系建构	创新人才培养模式探索	首届石化科技班开办
2013	开放式大型实验室	拓展实验开发	实验动手促进创新能力提升	大型实验室规划启动
2014	“十二五”规划课题	专题科技教育建设	专题科教教育校本体系化建设	石化科技俱乐部成立
2015	开放式科技实践	科技实践项目实施	融合视阈下的科技实践	开放式科技实践项目

培养创新人才需要构建与之相适应的培养体系和机制，就必须进一步推动深层次的教育教学改革，即实现教学、实践和科研的有机融合。在此基础上，秉承“培养方案科学合理，教学内容贴近学生需求和学业水平，实施环节有效可控”的指导思路开展课程体系建设，变革旧的教育管理制度和人才培养模式，积极构建有利于创新人才成长的制度体系；同时促进学校科技创新教育体系平台的完善和发展(图 4-8)。

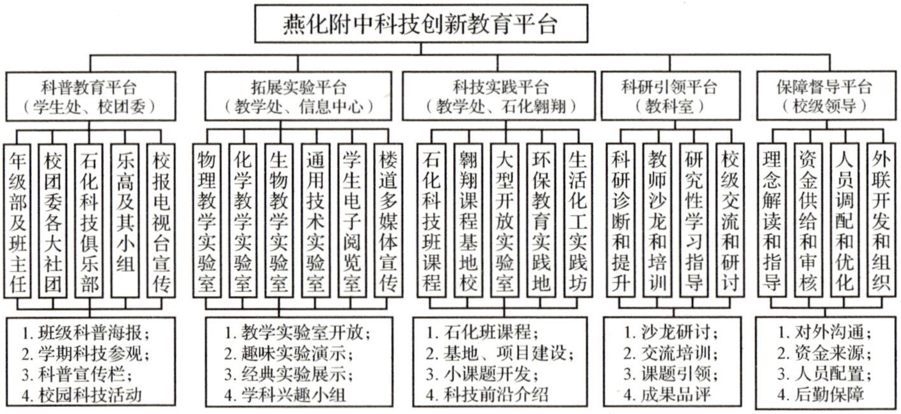

图 4-8　协同共进的燕化附中科技创新教育平台

特色学科课程群的构建和实施中，教师是关键。没有富有创新精神的教师，就不可能带动学科发展和相应的人才培养。为此，学校高度重视师资队伍建设，努力形成有利于教师发展的激励机制。秉持“请进来、走出去、融合共进”的方针，整合学校资源、燕山地域人力资源和其他社会资源，已建成报告专家团队、科技实践指导教师团队、课题研究指导教师团队以及石化科技课程开发等团队，为开展拔尖创新人才早期培养探索提供坚实有力的智力保障。学校拔尖创新人才工作曾被《基础教育参考》《北京教育》《现代教育报》等报道多次，对学校特色办学及地区科技教育等辐射带动作用明显，实践中结集出版的教材、课程指南和教学实践成果集多本，教师论文、学生作品多次在市区评比中获奖。

五、 存在的问题及思考

随着学校化学学科课程群建设的不断推进和深入，我们也遇到很多问题，对于这些问题有很多的思考，也做了很多的改进。

学校课程群建设的体系、理论探索还存在较大的困难。一线老师不乏实践案例，但理论体系还比较薄弱，这就需要专家们的指导和帮助。因此在课程群建设的中期，就请专家为学校老师进行理论方面的培训和指导，甚至和专家团队和合作，共同开发课程。

学生的多元化发展，对学校课程群的管理制度提出了挑战。要想实现多元化就得有一个复杂的系统，复杂的系统如何操作增加了很大的难度。因此，在后期的评价机制的制订上还需要请专家们进行指导，以建立合适的评价机制和评价方法，以利于课程群的持续发展。

国家课程与校本课程的课时分配也是一个很大的问题，如何协调好国家课程和校本课程的课时分配，还需要不断的实践和探索。

第三节 STEM+综合主题课程培养学生核心素养探索

随着学生发展核心素养的提出，探讨 STEM 课程与学生核心素养是学校综合课程创新的热点话题。诸多学校也在积极尝试创客教育、项目学习、STEM 课程开发，并表现出很强的自主性、实践性、创造性，力图为学生提供丰富的综合课程，探索创新人才培养的有效途径。本部分以北京中学 STEM＋课程的实践探索为例，呈现出一所学校如何以项目为载体，打破学科知识边界，以提高学生社会责任感、创新精神与实践能力为目标构建 STEM 课程的初步经验。

一、 STEM＋课程的规划与设计

学校从 2015 年开始确定“基于 STEM 理念的中小学生核心素养培养研究”项目，希望通过三年的时间，以提升学生核心素养和未来竞争力为导向，形成 STEM 课程的评价指标体系，建设一支能够自主开展 STEM 课程的教师队伍。主要从四个方面着手研究：一是通过课程开发，将 STEM 与学生学习内容同步，形成一体化设计，开展课程进阶研究，做好加减法；二是研究教师培训体系，培养中外教师团队，形成课程研发与实施工作机制；三是开展项目实施效果研究，通过观课、议课，学生前测、后测，关注学生的实际获得；四是在课程资源开发、培训资源构建、评估标准机制构建基础上，开展校际合作模式研究，发挥学校课程建设的辐射作用。

本阶段实施情况：课内，七年级、八年级每周安排两节 STEM 课程表，科学课上教师尝试运用 STEM 教育理念开展课程教学创新活动，科学、艺术教师共同协作，开展跨学科项目学习研究(表 4-5)。课外，学

表 4-5　北京中学 STEM 课程一览表

<table>
<tr><th colspan="3">课内</th><th colspan="4">课外</th></tr>
<tr><th rowspan="2">STEM 课程</th><th rowspan="2">科学课</th><th rowspan="2">跨学科项目</th><th colspan="2">学期</th><th colspan="2">假期</th></tr>
<tr><th>科技活动</th><th>新的长城</th><th>研学平台</th><th>赛事平台</th></tr>
<tr><td>七年级必修课</td><td rowspan="4">开放性科学实践活动（物理、化学、生物、地理）</td><td>生物与美术</td><td>金鹏科技论坛</td><td>八大关闯关游戏设计</td><td>西双版纳科考</td><td>行动中的反思</td></tr>
<tr><td rowspan="2">八年级必修课</td><td>美术与科技</td><td>少科院小院士评选</td><td rowspan="2">意念狙击手</td><td>长白山科考</td><td>工程设计优化生活</td></tr>
<tr><td>英语与科学</td><td>物联网与机器人</td><td>青海科考</td><td rowspan="2">社会创新大赛等</td></tr>
<tr><td>九年级选修课</td><td>数学建模</td><td>科学嘉年华活动</td><td>立体画设计</td><td>中华文化寻根之旅</td></tr>
</table>

校每个学期中间设置两周的小学段，学生利用这段时间开展游学活动，学生既可以自拟课题开展研学活动，也可以开展志愿服务参与组织管理，寒暑假学校更是为学生提供各类参赛机会，鼓励学生展现自己的创造才能和创新性学习成果，通过各类竞赛活动崭露头角。

二、 STEM+课程的实践与创新

（一）与 NIU 的 STEM 课程合作与实践

基于与北伊利诺伊大学(Northern Illinois University，NIU)的合作，从 2015 年 9 月学校开设了 STEM 课程，在七年级、八年级开设必修课，第一学年每周一次 90 分钟大课，第二学年每周两次 45 分钟课程。学生在每一个项目中，都要经过定义问题、头脑风暴、建造、原型测试和改良，经过两到三个改良之后再到全班进行分享和交流。学生从科学探究走向科学实践，逐步内化基本流程，获取程序化知识，实现认知提升。每年设计十个课程模块，形成三个级别的课程进阶。

第一，基础模块。刚刚进入课程时选择类似于科学课上的科学探究活动，答案是老师知道的，学生在教师引领下逐渐摸索，在科学实践过程中内化实践方法。以“陀螺探究”为例，在解决“以陀螺转动时长的因素有哪一些?”这一问题过程中，学生通过动手实验，在探索过程中学习工程周期，经历科学探究的基本过程。要求学生制作一个能够持久旋转的陀螺，但是一次只能改变一个变量(质量、大小、形状等)。要求学生在原型测试后必须要做改良。这个项目的重点在于让学生体验设计和完善，体验团队协作，并体会到什么是工程周期、工程设计和解决问题。学生最终项目的评估要求呈现陀螺最终设计图，与最初的设计相比最终的设计有哪些变化，明确影响陀螺旋转时长的因素。

第二，进阶模块。提供半开放问题，提供给学生一个明确的考量方案和指标体系，让学生自主探索，通过文献检索、自主建构、团队合作、勇于尝试，完成任务。以“发射器”项目为例，要求学生设计并搭建一个装置，该装置的底座不得大于 A4 纸，用它来发射小球能够分别击中 3 米、5 米以及 7 米以外的目标。这是一个需要在前期课程基础上实现的课程，让学生拥有更大的自主性和创作空间，教师设定目标，由学生决定实现的方法。孩子们通过科学实验，查找历史上的投射器，形成原型的搭建，进行测试和调整。

第三，成长模块。此阶段完全放开，要求学生自己发现问题，提出问题，设计原形，进行论证测试，改良，最后形成产品，用大约一个月的时间准备学年展示。针对项目完成的情况，学校会组织全体师生参与评价，评比出最佳综合奖、最佳创意奖、最佳视觉设计奖，学生们要现场介绍自己的项目，争取获得同学和老师们的认可。

（二）教师团队的自主创新——以“新的长城”项目为例

自 2016 年 9 月起，学校确定“新的长城”作为全校项目学习的主题来进行开发。这个过程中完成了师资的培养、主题的构建以及学生产品的生成，解决了学什么和怎么学的问题。孩子们经历了头脑风暴、小组学习、原型测试、展示交流、总结反思、项目推广的基本历程(图 4-9)。

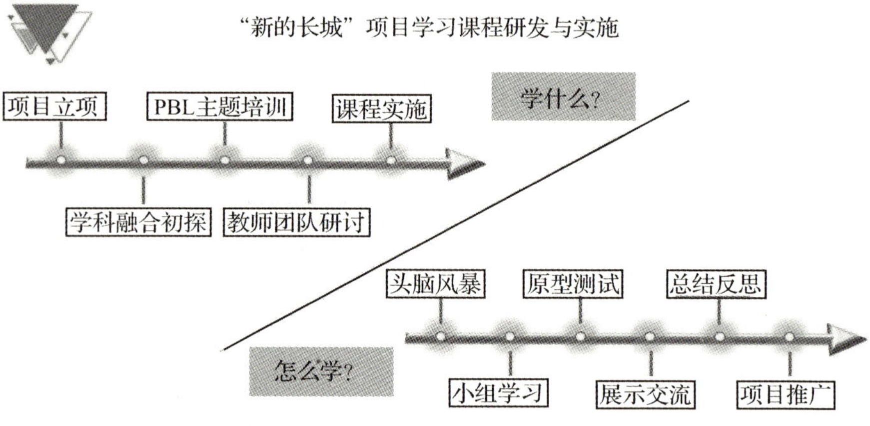

图 4-9　教师团队自主创新：“新的长城”项目

新的项目学习的主题提出后，首先组织多个学科教师对项目的主题进行分解剖析，分析其可能涉及的学习内容、相关学科。根据内容分析，组织教师进行集中讨论和内容开发。教师在项目学习的设计和实施过程中，逐渐学习项目学习的设计和推进过程，学习培养学生创新思维的方式方法，学习整合校内外资源，实现资源的有效利用；根据主题，分析所涉及的学科内容(表 4-6)。

表 4-6 “新的长城”项目学习学科内容分析

内容	涉及的基本知识
科学学科	物理：长城的力学结构、长城搭建及运输材料的物理知识——力学的基本知识
	生物：长城所处环境的生物类群分析——动植物知识、生物分类、生态学知识
	化学：长城建造材料的选择
社会学科	地理：长城所处地理环境分析——自然地理、人文地理
	历史：长城的历史地位、作用
	政治：长城在中国历史中的政治功能
技术学科	长城的建造方法、建筑构件、武器构造等
艺术学科	含有长城元素的具有辅助学习功能的绘画作品、摄影作品、音乐作品、文创产品等
数学学科	长城搭建的设计、构件的设计、材料的计算——运用几何、计算等知识
语文学科	长城相关文学作品的赏析及创作
英语学科	长城的对外交流功能

为了做好课程的统筹和实践，学校组织了深入且有针对性的培训，选取不同学科教师接受本次“新的长城”项目学习的培训。以集中讨论、外出调研、集中学习、随堂跟课指导、反思与提升等多种形式，促进教师团队间的互通有无，明确学生参与学习的历程是包含了学习者在与教师、同学讨论的过程中逐渐明确学习框架，经历小组讨论、方案设计、信息收集、方案修正、设计实施、原型测试、评价反思的过程。

经过培训和项目统筹后的课程实践，多学科教师能以长城为话题，引导学生学习有关长城的历史文化背景，同时结合英语学科的学习要点(积累词汇、提高阅读能力、提高语言的运用能力等)，以游戏开发的方式，引导学生用英语传播中国传统文化。在课堂实施过程中，教师提供话题——“紫荆关”的相关游戏开发，之后引导学生讨论、参与讨论，使课堂教学充满趣味。教学方法由教师带领学生阅读和写作变成学生自主寻找资料阅读和进行英文写作；教师的角色也从学生学习的领导者变成学生学习的引导者和共同参与者。

（三）项目学习课程资源的开发与实践

2014 年 10—12 月，学校参加北京市朝阳区首个跨国课堂连线(北京—大堡礁—墨尔本)项目学习研究，利用大堡礁这一世界自然奇观，共同探究这一地球热点问题。通过开放的网络环境，跨越时空地进行了全球变暖对大堡礁影响的项目学习。北京中学的学生与澳大利亚维多利亚奥尔博斯特中学(Orbost Secondary College)和科伦伯拉中学(Korumburra Secondary College)的中学生，通过“实地大堡礁考察”、与科学家活动交流、利用全英网站查阅资料，最终完成全英调查报告和全英海报制作，顺利完成此项目学习。北京中学是参与此项目的第一个中国学校。

这个项目为期两个月八周的时间，每周的进程如下。

第一周，学校与澳洲学校的老师共同组建了一个开放的 Wiki 网站，供学生浏览学习。在网站上，学生首先建立自己的账号，在平台中通过阅读相关的资料，回答相应的问题，并且在每个章节后的相关板块进行交流探讨，澳洲大堡礁的专家不仅可以看到学生的问题，而且在网站上可以将自己对大堡礁感兴趣的话题写出来，找到志趣相同的朋友进行研究。

第二周，阅读珊瑚白化、海洋酸化等大堡礁目前面临的环境问题。对大堡礁保护中最基础的科学知识进行学习。设计相应的珊瑚白化的活动、海洋酸化的实验，将全球变暖对珊瑚礁的影响进行分析研究。

第三周，观看“虚拟实地考察”大堡礁的视频。这是一个视频链接：一名潜水员在大堡礁的珊瑚礁进行科学采样，然后拿到实验室进行实验，实地看到全球变化对大堡礁的影响。大堡礁的现状如何，让学生有切实的感受。看完视频之后将自己的想法和问题提出来写在网站上，为下一次视频直播提供支持。

第四周，视频直播连接大堡礁总部—澳大利亚时间 12：45—14：15，北京时间 9：45—11：15。1.5 小时的实地考察(虚拟考察)，为项目研究提供了第一手资料。将大堡礁的实地考察搬进教室，让学生首次用虚拟的方式跟着科学家进入大堡礁海底，亲身感受和了解世界上最伟大的自然奇观。同时学生与大堡礁的科学家进行实时互动，询问关于此项目的问题。潜水员在海中进行“实地讲解”。学生实时问戴水肺的潜水员问题，实时感受大堡礁的美丽景观，了解地球上生物多样性最为丰富的地区，同时也面临着一系列的保护问题。

第五六周，三人一组，根据自己的想法研究大堡礁的保护，制作全英文的宣传海报。

第七周，针对全球变暖，个人采取的措施，完成个人碳足迹的活动。与澳洲的老师共同商量选用了一款碳足迹计算器，计算学生的碳足迹。学生只需要回答出十几个与衣食住行相关的问题，就能计算出需要多少个地球才能满足像自己这样生活的地球人。有的同学算出来需要 4.5 个地球，有的是 7 个地球。让学生思考自己的生活方式和生活习惯，选择一种健康的生活方式，提高低碳环保的社会责任感。

第八周，分享自己的研究结果，并将自己的想法与同伴进行讨论交流分享。自主建立微信群，在群里与澳洲的小伙伴共同探讨问题，进行互动学习。

对于本次跨文化交流和项目学习，结合学校的教风、学风，学校倡导“信任、发现、支持、引导”的教风和“教学做合一”的学风，始终坚持信任学生。第一，信任学生。面对全英文的文献和枯燥的课题，学生看似没有能力完成，但是当把真正的任务交给学生们，尤其是把澳洲同龄人的作品呈现给他们时，他们的自信心、自尊心被激发了出来，孩子的潜力是无穷的，也让教师更加深刻地认识到教育需要唤醒学生内在的动力，激发兴趣，相信学生，一定能够成功。第二，支持学生。在启动学生内心动力之后，教师需要做好充足的准备，给学生智力和精神支撑，学生的加速度才会更大。与澳洲的老师一起研究 Wiki 网站的设计、网站内容的选择、学生可接受的研究课题等一系列的问题，目的是让学生能够方便地获取他们所需要的知识，经历从知识海洋中获取对自己有用信息的学习能力。在学生遇到困难时，随时帮助学生，需要提供智力支持的时候，默默给予支持。第三，引导学生。学习过程可以创造“宽松”的环境，使学生快乐地享受学习过程，但是研究成果则要求学生一丝不苟、科学严谨地体会科学探索中的苦与乐。学生们综合两个月的学习、考察、交流及文献资料的相关内容，加之与澳洲同伴的讨论及小组成员思想的碰撞，最终完成了课题观点的整理、提炼、分析、总结等工作。在整个项目中，学生像科学家一样去思考，教学做合一，让学生亲历科研第一线，充分相信学生可以做得更好。

（四）初步构建标准化的课程评价量表

与分科课程相比较，STEM 课程更强调学生实际解决问题的能力，强调项目式学习的教学方式。经过精心设计，STEM 课程中每一个项目都包含科学、技术、科技、数学学科知识的综合运用及探索。为了更适切地评估学生学习效果，中外教师团队通过近一年的反复研讨与思考，初步构建了一个评价体系。STEM 课程的评估是基于学生表现的，每一个项目活动都对学生们需要掌握的能力有明确要求，如合理阐释因果关系、创造系统和模型、计划并实施课堂探索以及用证据支撑观点等。教师根据学生们的表现来评分，而并非通过考试的形式来评估学生。教师在实际授课之前，结合课程标准明确本次项目的评分标准是什么，以便于集中实现课程期望，同时也可以根据该标准对学生进行客观评分(表 4-7)。

表 4-7 STEM 课程学生学习评估标准

项目	0	1	2	3
准确把握需要解决的问题	作品没有反映出所要解决的问题	作品与要解决的问题存在一定的联系	对所涉及的问题和概念有一定的理解	清楚地理解所涉及的问题和概念，能清晰地理解它们之间的重要性和关联性
思考和计划	学生没有提前做计划	提前计划意识较少，对计划描述很模糊	能展示出详尽的计划、示意图、思路图	能给出多个详尽的计划、示意图、思路图

续表

项目	0	1	2	3
创造	没能创造出任何作品	作品没有反映出要解决的问题	作品反映出了要解决的问题	作品反映出了课程内容和问题，并能灵活运用所学知识
改进	没有试图改进想法和设计	做了毫无意义或者很浅显的改进	做出一个有意义的、考虑周全的、与解决问题相关联的改进	做出很多有意义的、考虑周全的、与解决问题相关联的改进
分享	没能解释清楚自己的成果、所做的改进、想法和意见	阐释了自己的成果与想法，但主要细节阐释不清或遗漏	阐释了很多自己的成果与思考，但主要细节阐释不清或遗漏	完全阐释清楚了自己的成果、所做的改进、想法和意见以及批判性思考
参与	完全没有参与意识	只在一旁观察，没有参与	能积极参与，极少数时候需要教师提醒后参与	完全积极地参与课堂活动
书面问题	每个问题都分为 0～3 四个等级。0 分是空白，抄袭他人的答案或答案与问题无关。3 分表示学生的答案详尽且有说服力。所有的分数会整合在一起算出加权百分比。			

三、 STEM＋课程探索的成效与反思

（一）直面学习的获得感

项目进展一两年后，教师清晰地感受到学生的成长变化。首先，学生自信心提高了，从羞于表达，到积极回答问题，展现自己。其次，问题解决能力提升了，从只有一个简单正确的答案，想法总停留在脑海里，查百度，乃至于放弃，到有创意地提出新的解决方案，会把计划想法实施过来，形成正确的研究习惯。还有就是参与度提高了，孩子们理解了批判性思维的重要性，体会到学习也可以很有趣。在学生的回访调研中，充满了对课程的向往和期待，学生反馈的主要收获如下。

一是真正感受到了什么是创新思维，学到了发明事物的方法，如设计草图、设计实验步骤、实施实验、搭建模型、测试、完善、分享。

二是理解了 STEM 是一门综合性的学科，每次项目制作都是以团队的形式开展的，觉得自己的团队意识有了很大提高。

三是 STEM 课程丰富、融合、深化理解了其他学科的知识，如物理、生物、历史、化学等，还有的同学在数学建模中也会运用 STEM 的思维方式。

四是如果想发明东西、创造产品，就会使用 STEM 课程上学到的方法。

在每年一度的科学展览活动(Science Fair)中，学生根据个人的兴趣爱好选择自己的研究项目，自行制订工作计划，设计研究过程、研究材料、安全预案，并完整记录实验过程和数据，撰写正式的研究报告，且通过一个生动活泼的展板来向老师、同学们展示他们所进行的工作，并进行答辩。2016 年夏天的科学展览活动上，七年级江宛月同学荣获了最佳综合奖获得者，她所承担的项目联系了她在地理课上曾遇到的关于黄土高原水土流失的一份学习单，这份学习单中模拟了一个关于水土流失的实验，于是她就想到自己是否可以真正将这个模拟实验做出来。而由于水土流失正发生在许多地方，更促使该同学积极进行这个项目的探究。她选定了科学实验方面的研究，考虑到生活中土壤的分布是不均匀的，现实生活中不是水平的而是有坡度的，水流有不同的速度，她选定了三个自变量，分别是石头和土的分布、倾斜角度、水量和水流速度。该同学使用大小不一的纸箱子搭建了便于进行实验的模型，进行了 27 次实验，记录了每次被冲掉的土量，并根据这些数据制表进行分析，得出了与自己的假设有些许不同的结论(图 4-10)。她将自己的研究完整地写成了一份报告，并在文末提出了自己遇到的问题和今后可以进一步进行研究的方向。

（二）从学习者转变为小导师

经过两个多月的实践探索，“新的长城”项目学习作为特色课程的一部分，内容设置以国家课程的基础课程为核心，做适当的深入与拓展。“新的长城”项目学习课程与基础课程的联系如表 4-8 所示。

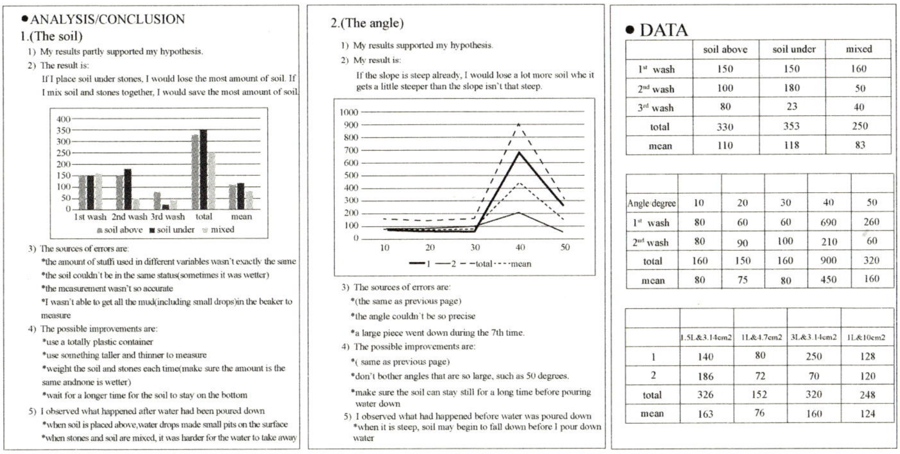

● ANALYSIS/CONCLUSION

1.(The soil)

1) My results partly supported my hypothesis.

2) The result is:

If I place soil under stones, I would lose the most amount of soil. If I mix soil and stones together, I would save the most amount of soil.

3) The sources of errors are:

*the amount of stuffi used in different variables wasn't exactly the same

*the soil couldn't be in the same status(sometimes it was wetter)

*the measurement wasn't so accurate

*I wasn't able to get all the mud(including small drops)in the beaker to measure

4) The possible improvements are:

*use a totally plastic container

*use something taller and thinner to measure

*weight the soil and stones each time(make sure the amount is the same andnone is wetter)

*wait for a longer time for the soil to stay on the bottom

5) I observed what happened after water had been poured down

*when soil is placed above,water drops made small pits on the surface

*when stones and soil are mixed, it was harder for the water to take away

2.(The angle)

1) My results supported my hypothesis.

2) My result is:

If the slope is steep already, I would lose a lot more soil whe it gets a little steeper than the slope isn't that steep.

3) The sources of errors are:

*(the same as previous page)

*the angle couldn't be so precise

*a large piece went down during the 7th time.

4) The possible improvements are:

*(same as previous page)

*don't bother angles that are so large, such as 50 degrees.

*make sure the soil can stay still for a long time before pouring water down

5) I observed what had happened before water was poured down

*when it is steep, soil may begin to fall down before I pour down water

● DATA

	soil above	soil under	mixed
1st wash	150	150	160
2nd wash	100	180	50
3rd wash	80	23	40
total	330	353	250
mean	110	118	83

Angle degree	10	20	30	40	50
1st wash	80	60	60	690	260
2nd wash	80	90	100	210	60
total	160	150	160	900	320
mean	80	75	80	450	160

	1.5L&3.14cm2	1L&4.7cm2	3L&3.14cm2	1L&10cm2
1	140	80	250	128
2	186	72	70	120
total	326	152	320	248
mean	163	76	160	124

图 4-10 学生 STEM 课程学习报告样例

表 4-8 北京中学基础课程设置与“新的长城”项目学习的联系

<table>
<tr><td>总主题</td><td colspan="2">课程设置</td><td>学习课程内容</td></tr>
<tr><td rowspan="13">新的长城</td><td>基础课程</td><td>学习设置</td><td>具体内容</td></tr>
<tr><td rowspan="12">数学、语文英语、社会（历史、地理、政治）、生物、音乐、舞蹈、美术、体育、卡魅、信息技术、通用技术、表演、物理（七年级）</td><td>长城典故表演</td><td>山海关典故情景剧表演</td></tr>
<tr><td>长城历史知识学习</td><td>居庸关相关知识通关游戏</td></tr>
<tr><td>长城对外交流的意义</td><td>紫荆关相关知识英语猜词游戏</td></tr>
<tr><td rowspan="3">长城的自然科学相关知识分析</td><td>雁门关地理战略位置</td></tr>
<tr><td>“筑长城”过程中的数学应用</td></tr>
<tr><td>登长城不同天气的摩擦力</td></tr>
<tr><td>长城文学知识</td><td>有关“玉门关”的诗句</td></tr>
<tr><td rowspan="2">长城相关美术作品</td><td>长城书签制作</td></tr>
<tr><td>“长城”地面立体画制作</td></tr>
<tr><td rowspan="2">新技术背景下的长城功能再现</td><td>脑电波攻城游戏</td></tr>
<tr><td>新材料的长城实景搭建</td></tr>
</table>

“新的长城”项目学习，学生们学会了用中英文撰写长城八个关口的介绍，宣传保护长城的理念；设计闯关智力游戏，增强宣传的效果和趣味性；通过设计艺术化的书签，既表现不同关口的特征，又作为游戏的

奖品；学生们创办的中英文广播电台还专门做了两期介绍“新的长城”项目，宣传长城文化。此外，他们还利用纸模在校园里面搭建长城，开展科学嘉年华活动。孩子们设计的“意念狙击手”闯关游戏，戴上头盔后可以用意念控制激光束的公关，完成攻城打靶，这实际上已经用到了信息技术、电子技术。以六年级的英语学习为例，六年级英语的基础课程是全英文授课(外教＋中教)，每周 4 节，还有部分学生参与的“北中之声”(VOBA)及近 5 门英语选修课。在学生参与上述的英语学习基础之上，开展“新的长城”项目学习，将中国有关长城的历史文化内涵的知识融入本次长城项目学习的具体内容中——“紫荆关相关知识英语问答游戏”，以游戏设计为主线，以学生学习英语基础知识为落脚点，在学习中锻炼学生的自学能力，促进学生的英语词汇积累、阅读能力和交流能力的提高，同时学习历史文化知识，拓宽视野，不断提高学生的文化修养。例如，上述游戏的一些题目设置：①描述紫荆关在你想象中的样子，不少于三句话——Describe Zijing pass in your mind. No less than three sentences. ②观察拼图，在长城上找出以上四个词语：敌楼、城墙、关隘、烽火台——Second, find these four words in the same puzzle. 学生在学习过程中，角色不再是听从教师的指挥，而是明确游戏开发任务后，自主查阅资料，与同学进行讨论和资料整理选择，并进行相关英语的学习、表达，成为学习资源的开发者和学习过程的主导者。

这个项目目前仍在进一步推进，通过完成一个主题学习，让学生在课程中不断成长，并让更多的人参与其中，把创新、开放、共享的理念传递出去。学校的教师团队积极和周边的小学进行沟通，带着学生利用服务课程的时间送课到小学，这个想法得到了对方学校的积极响应。六年级的孩子到三年级的课堂上，教弟弟妹妹怎么设计主题学习，他们不是简单推广自己的项目，而是作为小小的导师，引导三年级的学生产生一个自己的新项目去推广。

（三）从学习走向创造与生成

每年寒假，学校经常会推荐国内外的各类赛事给学生们，鼓励他们积极参与。在一项“动手与动脑——工程设计优化生活”比赛中，参赛者要完成二级分离火箭的制作，并且要求火箭滞留在空中的时间为 6 秒。部分八年级、九年级学生选择了这个项目，经历了一个不断探索的过程。

开始学生们设想使用火药发射，在火药买不到的情况下他们便利用自己的化学知识自制面粉炸药。考虑到安全问题，学校发现并及时制止了他们的危险行动。学生们就开始尝试水火箭，经历了不断地失败，在比赛最后一晚孩子们设计了一个很理想的装置，可惜最后一次试飞时装置被摔坏了，出现了很严重的漏气。虽然进行了补救，在比赛初始阶段实现了空中分离，降落伞打开降落，时间也很接近，但最后的比赛过程中火箭又摔坏了，怎么办？孩子们只好用一截火箭完成了相关的项目，而且临时创意用手机开启录像功能后装入火箭，完成了火箭起飞和降落的航拍。凭借这一创意和不放弃的精神以近乎完美的表现，孩子们最后获得了大赛唯一的特等奖。他们自己总结说："真的不容易，由想法到实现每一个步骤都需要特别的细致。降落伞的制作花了很大的工夫，也尝试了各种的材料，经历了无数的困难，但最终成功了！"

在学校 STEM 教育探索中，出现了一批有探索热情的师生，他们从分科走向综合，从课堂走向生活，从 STEM 走向 STEM＋。"＋"是一种理念，"＋"什么呢？教师和学生们把 STEM 和人文艺术相结合，和社会服务相结合，产生了许多新的火花，悄然改变着学校的课程、教学，传递着创新的文化。跨学科的整合，最根本的落脚点是要实现各学科之间有机联系的再建立，既包含知识方面的联系，又涉及教学方法和学习方法方面的联系，更蕴含着用创新改变世界的心灵火种。通过 STEM＋课程的学习，学生更有机会体会各学科知识的相通性，将各学科知识融会贯通，在师生共同查阅资料、阅读、写作的过程中，教师实现了跨学科的课程内容开发，学生实现了跨学科的学习。

第五章

基于高中学生发展核心素养的学科课程建设

学科的育人价值集中体现在学科核心素养上，学生核心素养的培养，在学校需要各个学科通过学科课程及教学改革作为支撑。落实普通高中各学科课程标准(2017年版2020年修订)中明确提出的学科核心素养及学业水平质量，是当前高中课改深化过程中学科课程及教学改革的关键。本章围绕学科核心素养的落实，从学校层面研制学科宣言，以历史、地理、数学和生物为代表性学科，探讨学科核心素养落实过程中学科课程及教学改革的探索，从学科课程角度为学生发展核心素养培养提供借鉴和启示。

第一节　核心素养视域下的学科宣言研制与实施

核心素养是最核心、最基础的育人目标，指导整个学校教育教学工作的开展，学科教学是学校教育的核心基础，因此，核心素养在学校的落脚点必定是学科。为了全方位落实学生核心素养的育人目标，深化学科内涵，明晰学科价值，帮助教师树立正确的教育观与学生观，制定各学科的学科宣言，对落实各学科核心素养，指导学科教师在教学过程中培养全面发展的学生具有重要意义。

一、 学科宣言是核心素养的具体体现

核心素养是学生在接受相应学段的教育过程中，逐步形成的适应个人终身发展和社会发展需要的正确价值观、必备品格和关键能力。主要包括六个方面的含义：核心素养是学生应具有的最关键、最必要的基础素养；核心素养是知识、能力和态度等的综合表现；核心素养可以通过接受教育来形成和发展；核心素养具有发展连续性和阶段性；核心素养兼具个人价值和社会价值；学生发展核心素养是一个体系，其作用具有整合性。简言之，核心素养是从人的全面发展角度出发，体现“促进人的全面发展、适应社会需要”这一要求，按照学生发展规律规定了一定教育经历后必须具有的基本素养和能力，解决的是“培养什么样的人”的教育问题，是对教育目标的另一诠释。教育又是借由学科教学实现的，学生在学科学习的过程中逐步形成的与个人终身发展和社会发展有关的、最基本的知识与能力、观念与态度、情感与价值观等，这些综合表现就是学科核心素养。可见，核心素养尽管是跨学科的，是对于知识、能力、态度的综合与超越，但是核心素养的落实离不开学科，学校真正落实核心素养是依靠学科教育来实现的。也就是说，学科是培养学生核心素养的关键落脚点，各学科应结合自身的学科价值以及对学生的培养目标，将核心素养落实在学科价值体系之中。

学科宣言具有鲜明的学科特色，充分体现学科的育人理念与育人目

标，通过深入挖掘和提炼学科性质、学科功能、学科价值、学科逻辑、学科特色，乃至把脉教育大背景和学科教育趋势而最终形成。学科宣言是各学科对核心素养的凝练和具体化，是将核心素养落实在学科中的价值体现。其具体表现如下。

（一）学科宣言是核心素养所蕴含教育目标的学科化体现

核心素养是对"培养什么样的人"的规定，是教育目标的最核心要求，是教育目标最聚焦的体现。同样，学科宣言集中反映了本学科的育人目标，体现着对学习者的核心要求，是将核心素养所表达的教育目标建立在学科文化价值上的具体表现。在学科宣言中，能了解到学生核心素养在某学科中的内涵，能看到教育目标在学科教学中的具体要求，也就是核心素养育人目标的学科化。

（二）学科宣言是核心素养教育评价功能的学科化体现

核心素养不仅仅体现了教育的最核心目标，还是教育评价最核心的标准，也就是教育结果是否达成教育目标。当核心素养的教育目标落实在学科教学中，需要对学科的教育结果进行衡量和评价，那么这个最核心的标准就是学科宣言所蕴含的学科目标。

（三）学科宣言是核心素养文化性的学科化体现

核心素养的育人目标是根植于我国文化价值取向而形成的，回答的是我国文化对"培养什么样的人"的提问；学科宣言是深入挖掘学科内容所蕴含的价值取向后提出的，育人目标是本学科文化对"培养什么样的人"的回答。学科文化价值取向是以我国文化价值取向为导向的，学科宣言与核心素养之间的关系就是以上两者关系的具体体现。而且核心素养的重要内容之一就是文化基础，包括人文底蕴与科学精神两大维度，具体内容在不同的学科中也会有不同的表现形式。

（四）学科宣言是核心素养时代性的学科化体现

教育是要与时俱进的，培养的人才应该是适应性的人才，核心素养的提出正是为了应对全球化发展提出的挑战，为了适应社会经济发展与科技信息发展的最新要求，因而核心素养是具有时代性的。学科是核心素养的落脚点，是实现育人目标的途径，学科对于“培养什么样的人”的要求也会随着时代的变化而发生变化，体现了核心素养的时代特征，具有发展性。

学科是落实核心素养的途径，是核心素养落地的方式。核心素养是国家对于学生共同的、普遍的、基础性的标准，是绝大多数学生应该达成并可能达成的要求。在坚持以核心素养为指导的前提下制定各个学科的学科宣言，不仅需要明确各学科的育人目标，还要考虑学科性质、学科文化内涵、学生的发展要求，使之具备综合性、发展性、适应性与指导性。

二、 基于核心素养的学科宣言研制

（一）学科宣言研制的基本原则

为了充分发挥学科宣言的指挥力，全方位体现核心素养在学科中的指导作用，在研制与践行学科宣言的过程中，需要把握以下原则。

(1)坚持核心素养的育人目标，不是将核心素养的内容分解成几个部分，分别落实在学科教育目标中，而是作为整体在各个学科的育人目标中体现出来，只是形式与侧重有所差别。

(2)将学科的育人理想与核心素养的育人理想有机结合，在学校文化与学科文化的土壤中，培育出体现核心素养、学科精神、学科文化与学校文化传统的学科宣言。

(3)学科宣言的研制是在充分尊重学生主体的基础上进行的，准确把握学情，了解学生的发展需求，将学科宣言凝练成“培养什么样的人”的精准回答。

(4)学科宣言要具有鲜明的学科特点，在深入剖析学科性质、学科功能、学科价值、学科逻辑、学科特色、学科文化的基础上，充分体现学科精神与学科教育理想。

(5)学科宣言要具有时代性，能应对全球化发展、经济快速增长与技术飞跃进步的要求，能在日新月异的时代发展中培养出引领未来的全面人才。

（二）学科宣言的凝练

北京十二中针对最现实、最核心的教育教学问题，为了深化课程内涵，使教师们进一步明晰培养目标，树立正确的学生观、教学观、教师观和课程观，进一步加强学科组建设，启动学科宣言的研制工作。经过“学校动员”“个人感悟”“组内研讨”“组长提炼”四个阶段，初步形成了富有本学科特色的学科宣言。经专题教学研讨，并进一步征求广大教师的意见和建议。目前已经形成了各学科组的学科宣言，如表 5-1 所示。

表 5-1　北京十二中学科宣言

学科	学科宣言
语文	本色语文，立人达人
数学	数学是科学的语言，数学是科学的基础，数学是思维的体操，数学是完美的艺术，数学是独特的文化，数学是生活的助手
英语	体验多元文化，认识多维世界，做好全球公民
物理	观宇宙万物，探自然规律，辨思想精髓，提科学素养
化学	览宏观微观，驭分子原子，悟反应之妙，创和谐之美
生物	追寻生命勃发之源，探索万物和谐之理
政治	博观天下，思辨人生
历史	纵览古今风云，鉴往开来；臧否中外人物，励志激情
地理	经纬天地，包容四海
艺术	陶冶情操，提升品位，美化生活，润泽生命
体育	强健体魄，健全人格
技术	让科学发现规律，让技术丰富人生，让创新驱动未来，让思维引领发展

1. 语文学科宣言

本色语文，立人达人

“本色语文”，是“真语文”，是语文之“本”。本色语文是对语文“工具性”与“人文性”本质的坚守，也是对时下不少人所创造的这“色”那“味”、这“性”那“派”的各说各话，自言自语的“语文”的辨伪存真、正本清源，是对“语文学科本质”的返璞归真。

“立人达人”，是“大语文”，是语文之“的”。“语言与精神共生”，语文教育作为母语教育，不止于学语言，更重要的是传承文化，涵养精神，塑造灵魂。语文教育，以人为本，“语文教育目的”在于“立人”和“达人”。

语文学科价值定位为：品文悟道，发展能力，传承文化，涵养精神。

品文悟道既是语文学习的方法，也是语文学习的直接目的；是对儒家“文道统一”观的继承，也是当今语文教学的重要原则。

发展能力是语文学习的最现实的目的，体现了语文学科的工具性和基础性。

传承文化是母语学习的根本目的，也体现了弘扬中华优秀传统文化这一时代要求。语文能产生文化向心力，增强民族自信、文化自信。

涵养精神是语文学习的育人目的，是语文学科人文性的体现。语文激活、完善、丰富学生的精神世界，塑造灵魂，立人达人。

2. 数学学科宣言

数学是科学的语言，数学是科学的基础，数学是思维的体操

数学是完美的艺术，数学是独特的文化，数学是生活的助手

数学是一种科学的语言。数学语言是人类社会交流和储存信息的重要手段，凡是有意义的科学理论与实践成就，无一例外都要借助数学的力量。

数学是一种思维的工具。任何事物都是量和质的统一体，数学就是研究量的科学，是人们认识世界的有力工具。

数学是一门独特的文化。数学文化既包含数学的思想、精神、方法、观点、语言，又包含数学家、数学史、数学发展中的人文成分、数学与社会的联系、数学与各种文化的关系等。

数学是人们生活中不可或缺的助手。数学知识和数学思想在工农业生产和人们日常生活中有极其广泛的应用。

3. 英语学科宣言

体验多元文化，认识多维世界，做好全球公民

体验多元文化是指英语学科内容涉及多学科交叉，交叉的学科信息来自不同的文化背景，英语学习能够使学生体验不同的文化。

认识多维世界是指学习英语等于置身不同的思维世界，能为学生打开一扇窗，推开一扇门，使他们看到并认识一个不同棱角的多维世界。

英语学科实践的原则是：英语教材不是识记的静态的知识体系，而是点燃学生思维火炬的原材料；英语课堂不是知识授受的讲坛，而是学生眺望世界的窗口；英语活动不仅是学生语言技能的秀场，也是生命价值和意义体现的舞台；英语老师不仅是知识的传递者，更是精神的导师和文化的使者；英语课程不是一个展现体系的流程图，而是一个理解学生动态生长的过程。

4. 物理学科宣言

观宇宙万物，探自然规律，辨思想精髓，提科学素养

物理学科是一门集思维想象力、抽象判断力、逻辑推理力、实际操作力于一体的综合性科学，解释了自然规律，展示了自然、人类与科学的艺术魅力，具有简单、对称、和谐与新奇的科学美感。物理理论的科学美具有很高的审美价值，而物理学家的精神堪称无价之宝。科学家往往具有伟大的思想和天才的智慧，不妥协的精神和高尚的品格，给人类留下了丰富的物质和精神财富。

物理学科在发展过程中所形成的一整套研究问题和解决问题的科学方法，是鉴别真伪、理性认识事物的有力工具。物理学能够培养学生热爱科学的精神，提高学生的科学素养，引导学生成为自然规律的探索者和求真务实的实践者，进而追求“存想天地的美妙，通达万物的道理”的境界。

5. 化学学科宣言

览宏观微观，驭分子原子，悟反应之妙，创和谐之美

第一，化学的学科功能。化学是在分子、原子层次上研究物质的结构、组成、性质和变化规律的自然科学，它不仅从宏观上对物质的性质和变化进行观察和描述，而且从微观结构上进行解释，以深刻把握物质变化的本质规律，探索最佳的物质合成方法。

第二，化学的社会功能。化学是改造自然的重要支柱，人们通过运用化学的观点和知识来观察、思考、分析和解决社会问题，不断提高生

活质量。化学与其他学科的交叉与渗透越来越广泛与深入，使生物、电子、航天、激光、地质、海洋等科学技术得到迅猛发展。

第三，化学的教育功能。化学反应原理包含了丰富的哲学思想，能够培养学生不断进取和发现探索的兴趣，激发其了解自然、理解自然的渴望，促使其建立唯物辩证的物质观、发展观，拥有运用对立统一规律观察问题和解决问题的能力，丰富学生的精神世界。

6. 生物学科宣言

追寻生命勃发之源，探索万物和谐之理

生物学科引领学生从微观和宏观两方面关注生命现象和本质，从最简单的微生物到具有高度智慧文明的生物体——人类，让学生追寻其中的进化轨迹，了解其生物学本质。同时，生物学科是完善学生人生观、世界观的重要一课，为处在青春期的学生搭建起认知的桥梁。

追寻生命勃发之源是指探寻在地球中，生命出生、成长、衰老和死亡的整个勃发的过程和意义。

探索万物和谐之理是指通过科学探索，积极主动获取生物学知识，在各种探究性活动中领悟科学家研究生物科学所用的方法，发展科学探究能力，并感受个体内部、生物与生物之间、生物与环境之间充满和谐的生命系统。

7. 政治学科宣言

博观天下，思辨人生

博观是指通过广博的、多序列的知识传递，帮助学生开阔视野并拥有包容天下之物的胸怀气魄。这不仅是一种学习态度，也是与人和谐相处的素质，更是吸纳他人所长、充实自我的良好品德。

思辨，首先，是思“辩”，即在问辩中学习辩证思维和批判，从而具有质疑、反思和创新的思维品质。其次，是思“变”。备变应变是一种睿智，主动求变更是一种魄力，成长需要不间断地进行自我思考和重新定位。最后，是思“辨”，即鼓励学生拥有独立的识别判断能力，具有独立的精神，更好地承担责任。

博观是学习的途径和过程，博观要想取其精要，就要有恰当的方法。从博观到思辨，完成的是从感性直观认识到理性抽象认识的飞跃。

8. 历史学科宣言

纵览古今风云，鉴往开来；臧否中外人物，励志激情

“历史是一面镜子，它照亮现实，也照亮未来。”历史是人类文明进步的历程，是人类在各个领域不断创新和战胜挫折的过程。历史的经验教训是人类付出重大代价后获得的思想财富。“读史使人明智”，这里的智，既包括鉴往知来、察人观事的智慧，也包括开拓进取、推陈出新的智慧。

通过对历史事件的学习和历史人物的把握，学生可以逐渐了解中国国情，理解并热爱中华民族的优秀传统文化，形成对祖国历史与文化的认同感，培养爱国主义情感；形成健全的人格和健康的审美情趣，确立积极进取的人生态度、坚强的意志和团结合作的精神；能增强承受挫折、适应生存环境的能力；能汲取人类创造的优秀文化成果，逐步形成面向世界、面向未来的国际意识。

9. 地理学科宣言

经纬天地，包容四海

“经纬天地，包容四海”重在培养“志在四海而崇尚节俭，心包宇宙而无骄傲赢”的高素质的现代中学生。

“经纬天地”的教育意义在于促进学生树立远大理想，陶冶高尚情操，努力学习科学知识，并具有全球意识和国际视野。

“包容四海”的教育意义在于帮助学生树立人地和谐的思想，促进个体间的相互关爱、相互依存、共生共荣，使学生拥有海纳百川、有容乃大的宽广胸怀，吸纳百家之长，兼集八方精义，并为国际合作做出贡献。

“经纬天地，包容四海”是对地理学科精神的准确提炼，体现了地理学科的课程性质。一是综合性。地理环境是地球表层各种自然要素、人文要素有机结合而成的复杂系统。因此地理学兼有自然科学与社会科学的双重性质。二是地域性。地理学科不仅研究地理事物的空间分布和结构，而且重在阐明空间差异和联系，揭示空间运动和变化规律。

10. 艺术学科宣言

陶冶情操，是提升品位，美化生活，润泽生命

艺术是人类文明的重要组成部分，是对生活加以把握的一种方式，是人文精神的体现。

陶冶情操是指在愉悦的艺术氛围中，学生会更加关注自然，增加感知觉的敏感性，更细腻地发现美，提升艺术感悟力。

提升品位是指艺术直指人心，以审美为核心，又与人文、科学等学科相互渗透，能促进学生的艺术通感、迁移思维，从而提升综合艺术素养。

美化生活是指艺术教育促进人的全面发展，使学生的发散思维得到锻炼，创造力得到提升。这种发散思维和创造力有助于生活质量与品位的提升。

润泽生命是指高雅的艺术给予学生新鲜的经验和高贵的气质，能够使生命获得滋养，从而更加鲜活，更加灿烂。

11. 体育学科宣言

强健体魄，健全人格

体育学科被赋予了强健体魄、健全人格的使命，它是一门以身体练习为主要手段，以学习体育与健康知识、技能和方法为主要内容，以增进学生健康、培养终身体育意识和能力为主要目标的课程。

体育学科还承担着更重要的责任，就是让学生产生愉悦的体验，享受合作与成功的乐趣，锻炼坚强的意志品质，最终形成健康的生活方式和乐观开朗的人生态度。

12. 技术学科宣言

让科学发现规律，让技术丰富人生

让创新驱动未来，让思维引领发展

技术学科的主要目标是发展学生的技术实践能力，培养学生的创新精神和技术思维。“让科学发现规律，让技术丰富人生”体现了技术学科

的学科价值，“让创新驱动未来，让思维引领发展”体现了技术学科对学生未来发展的重要作用。

让科学发现规律是指科学是建立在实践基础上，经过实践检验和严密逻辑论证的，关于客观世界各种事物的本质即运动规律的知识体系。科学给学生了解世界、发现世界打开了一扇大门。

让技术丰富人生是指科学提供知识，技术提供应用知识的手段和方法。技术能够让人类不断改善自己生存和发展的条件，技术扩展了学生认识世界、改造世界的能力。

让创新驱动未来是指技术的本质在于创造，学生的技术学习过程更多地表现为一种创造过程，技术能够培养学生的创造性想象能力、批判性思维能力，以及在实践中不断创新的能力。

让思维引领发展是指思维是在表象、概念的基础上进行分析、综合、判断、推理等认识活动的过程。每个学习者都是通过观察、调查、设计、制作、试验等活动获得丰富的操作体验，进而培养自己的技术思维。

三、学科宣言在实施中持续完善

（一）强化实践

学科宣言作为学科教师对学科价值、学科本质以及教学文化、学科特色的凝聚，是引领学科课程实施的灵魂。在学科宣言研制和践行过程中，教师深化了对学科价值的理解，明确了学生培养目标的定位，提升了教学研究的品位，加强了学科组和研究共同体建设，促进了教师的专业成长，构建了优化生态的育人环境。为了使学科宣言成为教师共同的行动纲领、专业发展的原动力，学校指导各学科组重新制定了具有本学科特色的课堂教学评价表，每学期期中前后开展为期近两个月的践行学科宣言的课堂教学实践专题研讨活动，以避免学科宣言成为一纸空文，使它真正落到教育教学实践中，营造生态智慧的课堂环境，从而达到“全面深化课程内涵，发展学生核心素养”的目标。

（二）持续完善

学科宣言在实践中不断得到深化和丰富、完善，在实施过程中本着

"具有本学科特色、符合学生实际、继承学样传统"的原则，从以下四个方面反复研磨。

第一，学校的育人目标。根据学校的人才培养理念和人才培养模型，学校提出了培养人才的总目标和四类人才的分目标。总目标为"有社会责任、综合素养、创新能力和国际视野的卓越人才"；分目标是"培养具有中华美德、勇于肩负责任的早期社会化人才；培养具有丰富知识、精于学科融通的早期复合型人才；培养具有创新精神、勤于思辨独创的早期创新型人才；培养具有全球视野、善于国际交往的早期国际化人才"。学校的育人目标与核心素养的育人目标不谋而合，高度一致。在研制过程中，各学科组都较好地把育人目标分解体现在学科课程目标中。

第二，学校的教育传统。学校具有八十多年的办学历史，始终站在教育变革和时代进步的前沿。20 世纪 80 年代初，时任校长、当代教育家陶西平率先提出并实施了"加强双基、培养能力、发展智力"的教学理念和"同心同德、兢兢业业、求实创新"的校训。时任校长、北京市教委副主任罗洁提出了"让教育充满思想、让思想充满智慧"的教育哲学思想，确立了"以提高学生素质为目标，以学科和活动课程为载体，以发展智力为核心，以思维训练为主线，以学生为主体的智力参与为重点，以科学地设计课堂教学为手段，优化教学目标，优化教学过程，优化教学手段"（简称"六以三优"）的课堂教学改革模式，着眼于学生的整体发展，充分发挥学生的主体作用。新课程改革以来，李有毅校长在汲取众多优秀校长的管理经验、总结学校传统文化的基础上，提出了"求真、崇善、唯美"的教育理念，使全体师生成为"真的追求者、善的传播者、美的创造者"，实施立体育人和全面育人，将素质教育实践推向新的阶段。

在课程实施方式上，学校常抓"备课、上课、作业、辅导、评价"这五个教学环节不放松，始终坚持备课要"精"、上课要"实"、作业要"选"、辅导要"深"、评价要"多"的要求。经过长期的探索，各学科组形成了有效的教学方法，如英语学科的同语速听写教学法，数学学科的问题连续体教学法，语文学科的"三新"笔记、"五子登科"教学法，化学学科的探究式教学法，生物、物理学科的数字互动与探究教学法，历史学科的图示教学法，艺术学科的生态体验式教学法等。依据建构主义等教育理论，坚持以学生为中心的教学理念，进一步发展了各学科教学法，提出了“四问”的课堂教学模式，真正将学生置于体验的学习环境，提高课堂教学的有效性。

在教育改革与发展进程中，学校都从自身的历史传统中挖掘学校文化建设的资源，并在教育实践中不断探索、反思、研究、提升，与时俱进地整合和超越原有的教育理念，形成一种独特的核心价值观，引导教职员工用这些教育理念指导自己的教育教学行为。

第三，站在学生发展的角度。首先，要立足学生的基础。学校是北京市首批十四所示范性普通高中之一，是世界名中学联盟学校，北京大学“中学校长实名推荐制”学校和清华大学“新百年领军计划”优质生源基地校，北京市特色发展实验项目校，北京市中外合作办学项目校，北京市金帆民乐团基地校，北京市金鹏科技团基地校，全国优秀田径训练基地学校。学校素质教育成绩斐然，多年来为社会培养了大批优秀毕业生，创造出了响亮的十二中品牌。学科宣言的研制必须基于这样的优秀学生群体来定位。其次，要立足于以学生为中心，也就是不能仅仅站在教师“怎样教”的角度考虑，而是从培养“怎样的学生”和学生“怎样学”的角度出发。

第四，充分体现学科性质。学科宣言要具有鲜明的学科特色，不能出现语文学科宣言在政治学科也适用，数学学科宣言在物理学科也适用等现象。在研制过程中，学科组认真研究课程标准，深入挖掘和提炼学科性质、学科功能、学科价值、学科逻辑、学科特色，乃至把脉教育大背景和学科教育趋势。

第二节　专题教学落实历史学科核心素养的实践

当前历史课程与教学改革的重点体现在历史学科核心素养的落实上，历史学科素养是人文素养的重要组成部分，是学生在接受历史教育过程中逐步形成的基本知识、关键能力和方法、情感态度和价值观等的综合表现，是学生通过历史学习能够体现出的带有历史学科特性的品质，具体体现为唯物史观、时空观念、史料实证、历史解释、家国情怀五个方面。专题学习是学生历史学习的重要环节，是知识与学习能力的系统化、深入化和规律化的过程，对教师教学和学生学习能力提出了更高的要求。教师要依据学生的现有水平，从新的起点出发进行教学设计。在专题教学中体现时空观念、史料实证、历史解释、唯物史观、家国情怀等历史学科核心素养。本部分以“中国古代儒家思想”专题教学为例，探讨学科教学中学生历史学科核心素养的培养。

一、 以学定教：历史学科核心素养培养的前提

新课程的核心理念是以学生为本，充分发挥学生的主体性、积极性和参与性。怎样才能真正做到以学生为本？教学实践证明，只有以学定教，才能真正做到以学生为本，促进学生的全面发展。以学定教是指依据学情来确定教学目标、教学内容和教学策略，从学情实际出发，在充分了解学生需求的基础上，关注、满足学生的需求，能够真正满足学生的学习需求，提高专题教学的针对性。

著名心理学家马斯洛的需要层次论指出，人最迫切的需要是激励人行动的主要原因和动力。人有不同层次的需要，由低到高依次为生理的需要、安全的需要、归属和爱的需要、尊重的需要和自我实现的需要。人的需求水平总是在不断提高的，低层次的需求基本满足后，其激励作用就会降低，从而被高层次的需求所取代。学生在学习中，同样存在着不同层次的需求，教师要关注学生不同层次的需求，满足其需求，促进其主动成长。学生在历史学习中有哪些需求？怎样才能真正做到关注并满足学生的需求？这需要教师的细致观察、深入思考和大胆探索。

“中国古代儒家思想”专题属于岳麓版①高中历史必修三第一单元“中国古代思想宝库”，包括“孔子与老子”“战国时期的百家争鸣”“汉代的思想大一统”“宋明理学”以及“明清之际的思想批判”等内容，在本模块中既

① 岳麓书社出版的高中历史教材，以下简称“岳麓版”（北京市 2017 级、2018 级学生使用 2003 版普通高中课程标准教材）。

是重点，也是难点。在进行专题教学设计时，要清楚哪些内容学生已经掌握，哪里还存在问题以及存在怎样的问题，在此基础上设计有针对性的教学活动。为此，在学完第一单元新课后，布置了一个作业，内容：梳理儒家学派每位思想家的主张，绘制专题总体知识结构，指出学习的难点及困惑，分析对专题的总体认识。

通过作业统计发现，学生普遍感到儒家思想“内容太多了，太难了，记不住”“有些思想家的主张很抽象，不好理解，容易记混”。对于“怎样分析各思想家的特点”“如何精确把握各思想家间的联系与差异”“怎样梳理儒家学说的发展脉络”“儒学的变化、革新与所处时代有何联系”“这些思想在我们的生活中有什么用”等存在疑问。针对学生的问题反馈，我们设计了本次专题教学的四个主要问题：第一，怎样理解每位思想家的主张？第二，绘制专题总体知识结构应该注意什么？第三，儒家思想发展演变的成因是什么？第四，儒家思想有何作用？围绕这四个问题，通过梳理基本知识、绘制总体结构、分析阶段特点、把握发展趋势、进行成因分析和价值判断等教学环节，最后形成总体认识。

以学定教，把学生的问题与专题教学融为一体，关注了学生的实际，尊重了学生的学习需求，体现了对学生差异的关注与尊重，真正做到了因材施教。由于教学设计与学生需求紧密结合，激发了学生的学习积极性，表现出主动探究历史的强烈愿望、可贵的探究热情和难得的质疑精神。学生们在教师的引领下，由浅入深，层层递进，不断提高学习能力，也在潜移默化中渗透了学科核心素养。

二、 知识结构化：历史学科核心素养培养的基础

知识结构化主要包括梳理基础知识和绘制总体结构两个步骤。

（一）梳理基本知识

专题教学的首要任务，是对本专题所涉及的基础知识进行梳理，特别是对于学生学习中遇到的重点、难点以及易混点进行进一步的整理。在学习完儒家思想内容后，学生们普遍反映，儒家思想发展纵向跨度大，人物多，主张复杂难懂，容易记混。怎么才能准确记忆繁杂的内容？事

实证明，在深入理解的基础上，对基本知识进行结构性的重新梳理，有助于学生对知识的准确掌握。

以孔子为例，课本中对孔子思想主张的介绍涉及多个概念，如“仁”“礼”“忠恕”“正名”“克己复礼”“为政以德”等，只有真正理解这些概念的含义，弄清概念之间的联系，才能准确记忆和掌握。展示两位学生课前对孔子主张的整理作业(图 5-1)，提出如下问题。

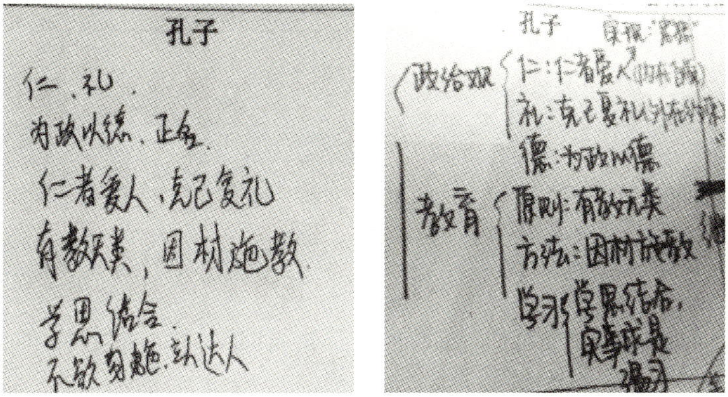

图 5-1　学生课前对孔子主张的整理作业

问题 1：哪位同学的梳理更有利于记忆？为什么？学生们很容易得出判断：左边同学整理得比较乱，逻辑有问题。右边同学进行了分类整理，还关注了思想主张的特点，比较清楚，更利于记忆掌握。

问题 2：右边同学总结的是否有需要完善的地方？经过仔细观察，学生们发现，该同学归纳的内容只涉及了政治和教育两个方面，并不完整。

问题 3：孔子的思想主张主要包括哪些方面？其思想核心是什么？通过回顾所学，结合史料进行分析，得出认识：仁和礼是孔子伦理思想的核心，围绕这个核心，课本中介绍了孔子的伦理观、政治观、教育观及鬼神观等方面的主张(图 5-2)。

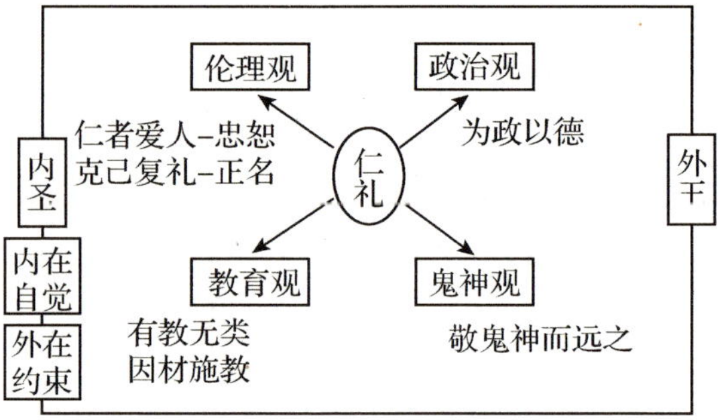

图 5-2 学生对孔子思想主张的分类整理

问题 4：这四个方面体现了孔子怎样的理想追求？通过对《礼记·大学》中的一段史料的分析，得出结论：第一，格物、致知、诚意、正心、修身，通过内心的不断修养，成为仁人君子，此为内圣之业。第二，在内圣的基础上，齐家、治国、平天下，面向现实改造环境，安邦治国，此为外王之业。“内圣外王”是儒家的基本命题，是人格理想和政治理想的结合，是儒家学者们追求的最高境界。在追求内圣时，孔子提出把仁(内在自觉)与礼(外在约束)相结合(图 5-3)。这样，孔子创立了以仁和礼为核心的中国传统儒家伦理学说。

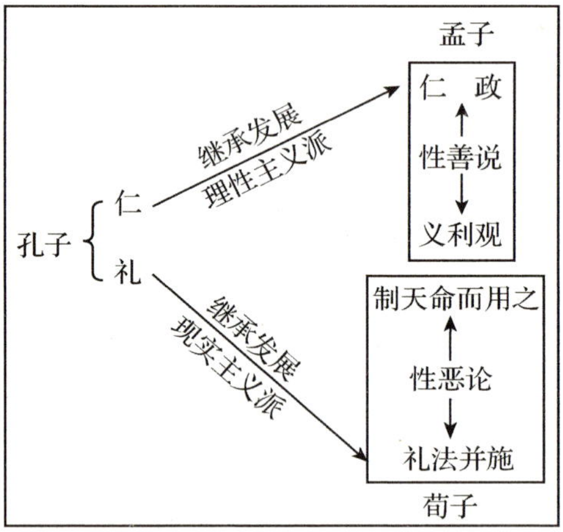

图 5-3 学生对孔子主张的知识梳理

问题 5：由对孔子思想主张的整理可知，梳理基本知识应该注意什么？学生们经过讨论，得出结论：梳理基础知识时，要注意内容全面、形成结构、分类准确、把握特点以及关注联系，这样会更便于理解和记忆。按照这些原则，师生共同进行其他儒学家思想主张的结构化梳理。

在梳理每位思想家主张的基础上，提醒学生还应该关注思想家之间的联系。例如，在分别梳理孔子、孟子、荀子主张后，进一步指出：孟子重视个人修身，继承发展了孔子的“仁”的学说，被称为儒家的理想主义派。荀子着重将伦理道德规范与“礼”联系起来，主张以礼为核心建构伦理规范体系，重视现实改造，被称为儒家的现实主义派，他们从不同的方面发展和完善了孔子的理论。经过这样的重新梳理，学生对于先秦儒学思想会有更深入的认识。

（二）绘制总体结构

在此基础上，要进一步形成专题总体知识结构。

展示两位学生绘制的专题总体结构(图 5-4)，思考：绘制总体结构应该注意什么问题？通过分析讨论，得出认识：第一位同学采用列表方式，清楚地展示了各个时期儒家思想的内容，但不能很好地反映出知识之间的联系及历史发展的脉络。第二位同学把思想家按照主张进行分类，抓住了重点及共性特点，这种分类方法是值得肯定的。

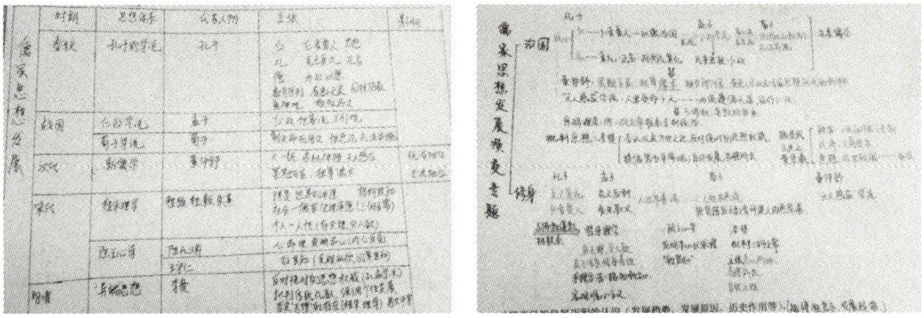

图 5-4　学生对中国古代儒家思想专题知识梳理

课堂活动：按照内圣与外王的角度来分类绘制总体结构。引导学生分析：孟子提出的性善论、仁政论等都是要说明只有内在的道德品质才是关键，强调先修身，才谈得上治国、平天下；在以继承孟子自许的宋明理学家眼中，心性修养成为一切的关键；李贽作为阳明心学的传人，倡导个性解放。上述思想家侧重的是内圣之学。荀子制天命而用之，礼法并施，强调外在的实践；董仲舒新儒学很好地适应和满足了汉代统治阶级政治生活的需要，成为汉武帝时代专制主义政治的理论指导原则；明清之际思想家倡导天下兴亡匹夫有责，主张经世致用，关注现实，改造社会。这些思想家更侧重的是外王的主张。可见，自从先秦以来，内圣外王成为每一个士大夫选择践行的圣人之道，成为儒家思想始终不变的内核，只是每个时期的侧重点有些不同(图 5-5)。

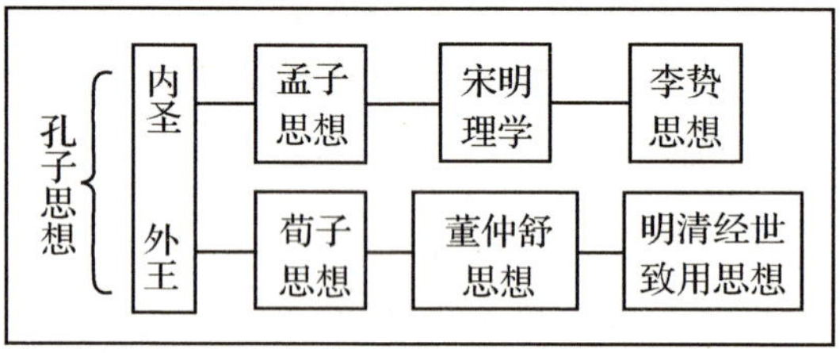

图 5-5　学生对中国古代儒家思想教师知识梳理

除了分类整理总体结构外，还可以采用分段整理的方法。对于纵向跨越大的知识，分段归纳能更好地体现历史发展的时序性，把握发展趋势(图 5-6)。

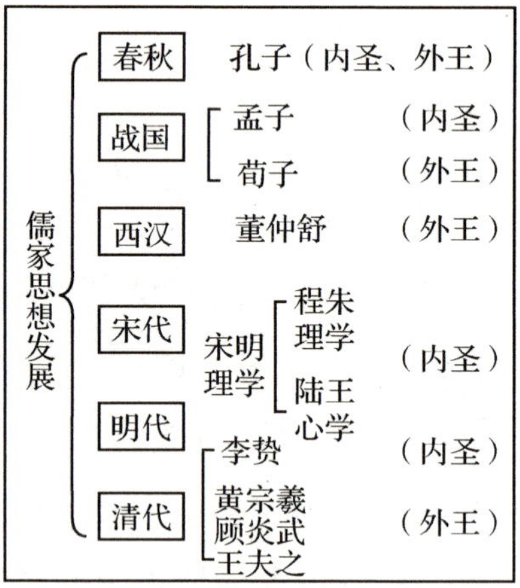

图 5-6　学生对中国古代儒家思想发展专题知识梳理

历史学科知识是建构在历史时空基础上的，任何历史事物都是在特定的、具体的历史时间和地理条件下发生的。因此，无论是具体知识的结构化，还是专题总体知识的结构化，都要将史事置于历史进程的时空框架当中，才能显示出它们存在的意义，这体现了专题学习中时空观念的渗透。

作为一门注重逻辑推理和严密论证的实证性的人文社会学科，对历史的探究是以求真求实为目标，以史料为依据，通过对史料的辨析，将符合史实的材料作为证据，进而形成对历史的正确、客观的认识。在知识结构化的过程中，引导学生阅读史料，并从史料中提取有效信息作为历史叙述的可靠依据，建构历史事件、历史人物、历史现象之间的相互关联，并提出自己的历史认识，这体现了专题学习中史料实证的渗透。

三、 趋势分析：历史学科核心素养培养的重要环节

（一）阶段特点分析

在分段梳理总体结构后，提出问题：每个阶段儒家思想的发展有何特点？引导学生分析以下几点。

(1)春秋时期，孔子提倡仁、礼，确立了儒家伦理的基本精神，创立儒学。

(2)战国时期，孟子把孔子德政思想发展为仁政学说，荀子主张以礼为核心建构伦理规范体系，他们从不同的方面发展了孔子的理论。

(3)儒家思想在遭受秦朝“焚书坑儒”重击后，西汉时经过董仲舒的系统改造，形成适应大一统时代需要的新儒学，大一统、天人感应、君权神授等建议被汉武帝采纳，儒家文化逐渐成为中国传统文化的主流，成为中国封建社会的正统思想。

(4)魏晋至隋唐五代，政局动荡，儒学出现危机，后在挑战中复兴。宋明理学家们对于道德的本质、起源、作用等问题做了更深入的探讨和阐述，从不同的角度提出了一套更系统完备的道德修养和道德教育方法，在高度思辨的哲学层面重新确立了儒家伦理道德的绝对权威。儒学日趋理论化、思辨化，其发展进入成熟阶段。

(5)宋至明中叶是中国封建社会完全成熟并逐渐走向僵化的时代，君主专制中央集权比以前更为加强。明清之际李贽等四位思想家作为宋明理学的传人，逐渐跳出宋明理学的思想藩篱，另辟蹊径，反过来冲击着程朱理学框架中的道德规范和价值标准，批判地继承了宋明理学，使儒家思想更加顺应时代的需要。

（二）发展趋势分析

思考：儒家思想的发展有什么趋势？通过师生共同探究，得出以下结论。

(1)从儒家思想的内容看，儒家思想发展首先具有继承性，尽管经历漫长的发展时期，但其内核始终不变，即“内圣外王”的理想追求。在具有继承性的同时，还体现出不断深化的发展趋势。由于兼收并蓄，儒家思想内容更加丰富、充实，体现出开放化、多元化的趋势。同时，不断的体系化、制度化、哲理化和思辨化，体现出儒家思想自我更新、自我批判的特性。

(2)从儒家思想的作用看，儒家思想具有逐渐官学化的趋势，逐渐成为统治工具，为统治者所利用。同时，儒家思想发展与社会现实日益结合，体现出现实功用性的特点。

中国儒学源远流长，影响深远，随着中国历史的前进而不断变化，其产生、发展、演变，反映了中国古代社会发展的曲折历程。通过分析阶段特点，把握发展趋势，可以使学生学会从历史表象中发现问题，提高解释历史和评价历史的能力，学会对历史事物进行理性分析和客观评判，体现了历史解释等核心素养的渗透。

四、 成因分析：历史学科核心素养培养的重要步骤

“儒学的发展、变化及革新与所处时代有何联系？”这是很多学生在新课学习后提出的疑问，有必要引导学生在专题学习中进行深入思考(图 5-7)。

	儒家思想发展成因
春秋战国	铁农具、牛耕出现，井田制瓦解； 宗法分封制遭破坏，诸侯争霸兼并战争，各国纷纷变法； 私学兴起；孔子、孟子、荀子的努力。
西汉武帝	经济发展，国力增强；汉武帝加强中央集权；黄老之学不适应需要；董仲舒吸收各派思想改造儒学。
北宋	商品经济繁荣；长期分裂战乱后统治者加强中央集权； 异族崛起，民族政权并立；重文轻武，学术宽松，教育发达； 为应对佛道冲击和挑战，理学家们复兴儒学。
明清之际	商品经济发展，人们竞争逐利；君主专制空前加强； 八股取士思想界因循守旧，文化专制加强； 李贽、顾炎武、黄宗羲、王夫之挑战传统观念。

图 5-7　学生对中国古代儒家思想发展成因的梳理

（一）各阶段成因分析

在课堂上，学生运用所学知识，对每个历史时期儒家思想发展的成因进行分析。例如，在分析北宋出现理学的成因时，可引导学生回顾必修一、必修二的相关内容进行思考。

经济：商品经济繁荣，城市发展，促进城市文化繁荣，促进思想发展。

政治：魏晋至隋唐五代，中国经历了由统一到分裂，再统一，再分裂的曲折过程，其间政治格局动荡，战乱不断。宋初统治者通过“杯酒释兵权”、改革中央和地方官制，从权、钱、兵等方面加强中央集权。另外，出于稳定统治秩序、巩固君权的需要，对整顿封建道德、强化伦理纲常的工作十分重视。

民族：异族崛起，民族政权并立，损害了宋人的民族自信心和自尊心，需要在思想文化上“尊王攘夷”，确立其在文明上的“正统”地位。

文化：宋朝重文轻武，学术环境比较宽松，教育事业比较发达，为思想发展创造学术条件。

思想：魏晋南北朝时期，佛教、道教兴盛，对儒学的地位发起了挑战。隋唐社会出现“三教合一”的潮流。宋代理学家们的使命就是要重振儒学，应对佛教、道教的冲击和挑战。总之，无论是要树立国家权威还是建立民族自尊心，宋朝都需要重整伦理纲常，凸显儒学的重要性。

（二）成因规律性分析

在分析了每个时期儒家思想发展的成因后，提出问题：各阶段儒学发展原因的共性因素？引导学生思考儒家思想发展演变成因的规律性认识。由分析得出以下认识。

(1)每个时期的儒家思想随着历史时代的变化而变化，受社会政治、经济形势、思想文化等方面的发展变化的影响，体现了社会存在对社会意识的决定作用。

(2)思想史自身的发展，也是一个因素。每个时期，因原有思想落后于时代需要，要代之以新的思想。

(3)儒学家们积极迎接挑战，努力探索，是儒家思想不断发展的主观因素。

在历史发展成因分析过程中，充分体现了唯物史观的渗透。人类对历史的认识是由表及里、逐渐深化的，要透过历史的纷杂表象认识历史的本质，需要具备科学的历史观和方法论。唯物史观是揭示人类社会历史客观基础及发展规律的科学历史观和方法论，只有运用唯物史观的立场、观点和方法，才能对历史有全面、客观的认识。

五、 价值判断：历史学科核心素养培养的重要内容

“儒家思想在我们的生活中有什么用?”学生们思考的是对儒家思想的价值判断。提出问题：可从哪些角度对儒家思想进行价值判断？引导学生分析：从纵向上看，可以分为当时、长远两个角度；从横向上看，可从中国、世界方面分析；从涉及的领域看，可分为政治、经济、文化教育、生活、民族等方面；从针对的对象看，涉及对个人、家庭、国家和社会的影响；从结果看，可以从积极、消极两个方面思考。提醒学生在分析时，要注意多角度分析，历史、辩证、全面、客观地分析思考。

（一）儒家思想的历史作用

学生结合所学知识进行以下分析。

经济：儒家思想强调血缘纽带、家族意识，适应了中国古代小农经

济的社会生活和社会结构而出现并发展，反过来也促进了中国古代农耕文明的发展。

政治：可以防止地方割据分裂，加强中央集权，维护君主专制，限制君主私欲，巩固了国家统一，维护了社会安定。

文化：促进文化教育事业发展，促进传统科技发展，但也形成了文化专制，束缚了思想发展。

社会生活：规范了社会道德，促进家庭、社会、人与人关系和谐，也成为人们行为规范的约束与参考，压抑了人性。

民族：儒家思想规范社会道德，塑造民族性格，对中华民族多元一体格局的形成和发展起到了重要的推动作用。

世界：对东亚国家、世界文化发展有重要的影响。

（二）儒家思想的当代价值

结合学生作业、毕业生视频以及李泽厚在《中国古代思想史论》中的一段话，引导学生从个人修养、治国理念、社会和谐发展等角度进行思考和讨论。

当代物质文明的飞速发展让人们真正地感受到了日新月异的含义，但随之而来的可能是人情的淡漠、物欲横流。儒家思想能够使人们将社会理想的实现与个体人格的完善、心灵的满足与慰藉结合在一起，从而使人们在钢筋水泥的丛林里，仍感受到脉脉温情，这也许正是儒家思想对当今中国乃至世界的价值所在。

总体认识：儒家思想经历了漫长的发展历程。它博大精深，是一个庞大的思想体系，修身、齐家、治国、平天下是其基本精神和基本原则，是历代儒家思想的共同追求。儒家思想随着历史时代的变化而变化，表现出不断推陈出新的能力，迎接挑战，深化完善。儒家思想对历史和现实、对个人家庭国家和社会、对中国和世界，都产生了深远影响。

在对儒家思想进行价值判断的过程中，学生能够感受到中华文化的思想精髓，形成传承和弘扬中华优秀传统文化的信念，形成正确的国际理解意识，尊重、理解、包容世界各国、各民族的文化传统，形成面向世界的开放心态和胸怀。这有利于培育民族精神，激发爱国情怀，形成科学态度，提高人文素养，充分体现了家国情怀的核心素养渗透。

在历史专题教学中，梳理基础知识，形成知识结构；概括阶段特点，厘清发展趋势；深入进行成因分析、价值判断，并在此基础上提升专题总体认识(图 5-8)。这些环节中，既涵盖了高层次的唯物史观和家国情怀，又体现了操作层面的时空观念、史料实证和历史解释等研究方法。通过引领学生由浅入深、层层递进地经历体验获取知识的过程，从思维过程和思维方法上受到启迪，不断提高学习能力，形成积极的世界观、人生观和价值观，促进其健康成长。

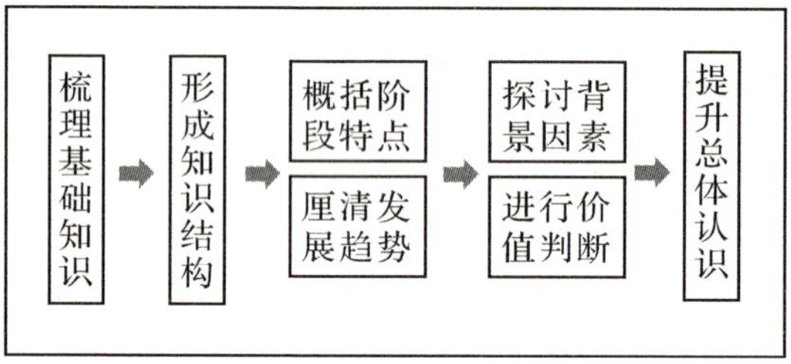

图 5-8　历史专题教学主要思路

第三节　深度学习促进地理学科核心素养的提升

地理学是研究地理环境以及人类活动与地理环境关系的学科，兼有自然科学和人文社会科学的性质，在现代科学体系中占有重要的地位，对于解决当代人口、资源、环境和发展问题具有重要的作用。高中地理课程是与义务教育地理课程相衔接的一门基础学科课程，其内容反映了地理学的本质，体现了地理学的基本思想和方法。地理课程旨在使学生具备人地协调观、综合思维、区域认知、地理实践力等地理核心素养。通过地理学科核心素养的培育，可以引导学生学会运用地理的视角认识和欣赏自然与人文环境，提高生活品位和精神境界，为培养有见识、有胸怀、有责任感、有行动力的公民奠定基础。此部分以深度学习的案例分析地理学科核心素养的培养。

一、 基于深度学习的地理学科课程构建

基于课程标准及学科素养培育要求，地理学科内容层面要充分体现学科本质和价值，展示其核心思想和独特视角；社会需求层面要响应现代社会对国民具备的可持续发展观念和形成文明生活与生产方式的要求；学生发展层面要密切联系学生生活经验，在生活大课堂中学习对终身发展有用的地理。依据《普通高中地理课程标准(2017 年版 2020 年修订)》，突出对立德树人和学科核心素养的培养，构建地理学科的“立人”课程体系，具体如下。

（一）必修课程的调整与组合构建

1. 专题一：“发现生活中的地理，从现象的观察到原理的探究”——引导学生对自然地理中的规律、原理进行深入探究，以综合性、实践性的课程提升学科核心素养培养的实效性

一方面，地理是跨人文、自然乃至技术领域的综合性学科，区域性和综合性是地理学的两大基本特征，因此高中地理课程建设必须注重综合性。尤其是基于区域的自然地理要素的综合分析，应创立一些专题研究性的课程。另一方面，地理认知来源于实践，还要回归于实践，地理学习只有和实践紧密结合，才有利于学生深刻认识地理事物的原理和规律、体悟地理知识的价值和形成必备的地理能力。所以在课程设计和实施过程中都必须紧密联系实践，设计实践活动，尤其要精选来自生活的教学资源，构建基于原理探究的综合实践课程。

高中教材自然地理部分，分别从地球的宇宙环境、大气环境、水环境、岩石圈环境阐述了地理环境各个要素的特征，每一个要素的特征都与生活紧密相连，本部分内容的学习采取“发现生活中的地理，从现象的观察到原理的探究”专题学习，有助于拉近知识与生活的距离，构建理论与实践的联系，促进学生的深度学习。在此大专题背景下，可结合具体内容特点进一步设立小专题，如“行星地球”一章，可设立“寻找地外文明”“校园旗杆影长变化探究”“楼宇间距的测定”等小专题；“大气环境”一章，可设立“校园地面温度与大气温度的连续观测及分析”“夏季空调与冬

季暖气安装位置探究”“探究千变万化的天气现象”“根据等压线图进行天气预报”等小专题；“地表形态的塑造”一章，可设立“探究千奇百怪的地表形态——我的旅行美照分享”等小专题。以地球运动规律为例，该部分内容属于面向全体学生的基础课，要点包括：指导学生明确观察地球运动的方法、坐标系(地平坐标)、优化记录表格的内容；安排观察和记录活动；分析记录数据，优化数据图像化的方法；通过数据图像，概括地球视运动的主要特征。运用地球仪或软件，模拟地球运动，概括其运动特点，并对其图像化。以图像化的地球运动特点解释地球运动下的主要表现和特点的形成原因，提炼相关图像系统的内在联系，形成分析地球运动的主要工具。在此过程中，不仅落实了课标知识，而且让学生体验到地理研究的方法，学会地理规律的归纳过程。

通过专题探究，引导学生从身边的现象入手，学会运用地理信息技术和其他地理工具，观察、识别、描述与地貌、大气、水循环、海水、土壤、生态系统等有关现象；具备一定的运用实验、考察、调查等方式进行科学探究的意识和能力(地理实践力)。运用地球科学的基础知识，这说明自然现象之间的关系和变化过程(综合思维)。这说明自然灾害与人类活动之间的联系(人地协调观)，并能在一定程度上合理描述和解释特定区域内的自然现象(区域认知)。

2. 专题二：“地理区位思想——从定位到综合”——选取身边典型地理事物或事项的选址作为研究对象，提炼出该事物或事项的区位因素，以思想性、方法性的课程提升学生思维的深刻性和方法性

小专题设计：“我为家庭选房子”“我为雄安做规划”“我为蒙牛集团寻找新的奶源基地”“我为研学选路线”……学生在探究过程中运用地理信息技术和其他地理工具，收集和呈现人口、城镇、产业活动等人文地理数据及图表，提高了地理实践力。描述人口、居住区、城市内部功能区、农业、交通线人文地理事物的空间现象及其变化，说明人们社会经济活动区位选择的形式，解释不同地方的人们对产业活动进行区位选择的依据，提高了综合思维、区域认知能力。最终形成判断人类活动与资源环境问题关系的初步意识——人地协调观。在尝试发现的过程中充分训练了地理观察、比较、归纳、分析、表达等能力，总结认识不同类型地理事物的思维逻辑和主要方法，从而更好地发挥地理课程提升学生思维深刻性、方法性的作用。

3. 专题三："区域发展——自然与人文的综合"——以国内外某一区域为载体，分析其经济发展的优势、劣势及发展过程中出现的问题及解决措施，实现综合思维、区域认知能力的提升及人地协调观的升华

小专题设计：地理环境与区域发展——以"地理环境为新加坡经济发展提供了哪些条件"为案例；区域生态环境建设——可以"黄土高原的水土流失""南方山地丘陵的水土流失""西北地区的荒漠化""亚马孙热带雨林的开发和保护"等为案例；区域自然资源开发利用——可以"山西省能源资源的开发利用""美国田纳西河流域的综合开发"为案例；区域经济发展——可以"我国东北地区的农业发展""我国珠江三角洲的工业化与城市化""德国鲁尔区的发展"为案例。

（二）多样化、分层性的选修课程设计

除必修模块外，充分利用地理学科在育人方面的特点，提供更多的选修课程，在打造核心精品课程的同时提高满足学生需要创建新课程的能力。

必修模块作为学校的基础课程，在其满足学生通过学业水平考试需要的前提下，结合教学内容开设同步性的拓展类课程和潜能课程。选择性必修模块在满足部分学生高考需要的前提下，也进行相应的拓展性和潜能性处理，为更多学生选学提供便利。选修模块与地理校本课程更多地支撑地理学科拓展课程（分学院、阅历两层次）和潜能课程（分创造力、特长两类型）体系。

在各门课程实施过程中，应当按照或参照课程标准的多水平要求的描述，设计多层次的教学目标，以适应学生的不同需求层次。采用多种形式的课程，除传统课堂或讲座外，根据学生需要采用问题研究、主题研讨、项目设计、室外观察、野外考察等具体学习方式，有力支撑个性化学习、体验性学习和联系性学习。注重课程资源微课化和网络化，为学生自主安排学习计划提供便利。

二、 基于深度学习的课程实施创新

（一）教学内容的拓展与重组促进深度学习

促进学生深度学习，需据学生特点和需求调整，拓展和重组教学内容，让学生掌握学科的核心知识，理解学习过程，把握学科的本质及思想方法，形成积极的内在学习动机，提升高阶思维。以下以“大气的垂直分层”为例展现教学内容的拓展与重组。

案例 1

大气的垂直分层

【课标分析】

该部分内容的课程标准为：运用图表资料，说明大气的垂直分层及其与生产生活的联系。标准中“运用图表资料”，旨在突出地理学习基本工具——图表资料的运用，即依据图表资料，对地理事物空间分布的位置关系、空间形态、空间排列方式和空间制约关系、依存关系进行观察并进行有条理的概括与归纳，提高区域认知能力；标准中“说明大气的垂直分层及其与生产生活的联系”要求学生在理解大气不同层次环境特征的前提下，认识其对人类活动的深刻影响，提升认识自然地理环境的能力与意识水平，树立人地和谐意识。

【教学流程】

（一）创设情境 明确主题

以“说说你旅行中去过的最远的地方是哪里？”引入课题……

大家想不想进行一次脱离地表的研学之旅呢——假如我们乘坐一种新型旅行工具——热气球从温暖的海滩起飞，尽可能高地穿越大气层，随着一声呼啸，气球开始上升，离地面越来越远……你将有哪些奇特的经历？看到哪些奇妙的景观？又将面临哪些危险呢？

设计意图：创设“探空之旅”研学情境，建立知识与生活的联系，激发学生探索自然奥秘的兴趣。

（二）行前准备 新知探究（对大气进行垂直分层）

1. 出发前你需要了解大气哪些方面的资料呢？

结合学生需求出示“大气物理性质垂直分布图”。

2. 从图中可以看出，大气性质在垂直方向上的变化还是很大的，为便于研究，我们首先尝试对大气进行分层，怎样划分比较合适呢?

3. 结合学生发言，引导学生综合分析气温分布、物理性质等多项因素对大气进行分层。

设计意图：培养学生从图表中获取信息、整合信息的能力；提高空间定位与空间觉察能力。

(三)攻略制作 重点突破(理解要素联系，领悟人地关系)

明确“我的探空之旅”研学旅行攻略制作要求。

攻略参考内容：

1. 冷暖变化(定性与定量结合描述)。

2. 飞行平稳度。

3. 听觉变化。

4. 视觉(可能看到的景观——迅速拉升的飞机、千姿百态的云朵、万里晴空、大气浑浊度增加、平稳飞行的民航飞机、一闪即逝的流星、高速运行的人造卫星、飞翔的小鸟、白雪皑皑的山顶、绚丽的极光)

攻略形式：

1. 请以示意符号的形式表现行程中的经历感受及景观。

2. 请将示意符号填绘在“大气物理性质垂直分布图”上。

符号标注位置需对应与其成因相关的大气性质。

设计意图：

1. 以“大气物理性质垂直分层图”为思维载体，运用空间推理的方法，由原因、条件探寻结果或由结果追究原因、条件，有助于学生深刻理解大气各要素之间的内在联系，领悟自然环境对人类活动的影响。

2. 以示意符号表达的方式，有助于培养学生运用地图符号进行分析表达的习惯，同时也增加科学探究的趣味性。

(四)分享交流 深化拓展

1. 明确展示要求。

(1)据本组绘制的示意图展示说明，简要分析成因。

(2)每组展示时间 2～4 分钟，答疑时间 3～5 分钟。

2. 教师密切关注课堂问题生成，注重疑点问题的点拨引领。

设计意图：通过展示交流、生生互问、师生互问，促进思维碰撞，有助于疑点澄清、难点突破，实现思考的深化、思维的活化、知识的拓展。

(五)过渡环节 承上启下

截至目前，载人热气球的最高探空高度是由瑞士物理学家于 1931 年创造的。飞行高度为 15787 千米，这是探险家拍摄的照片……景色很美，但也险些付出生命的代价。人类的科学史总是伴随着风险与牺牲。虽然目前宇宙飞船、航天飞机早已穿越大气层，但从旅行感受的角度看，目前最佳的交通工具还是热气球。今天同学们虽然对探空旅游的风险有一定的预测并提出了一些应对措施，但由于目前我们学科知识的有限性，可能还或多或少有些纸上谈兵的意味，在此方面有兴趣的同学课下可以继续探究或将来从事航天事业。重要的是，通过今天的探究，我们在地理学科的学习上有了新的收获。

设计意图：呼应课堂初始情境，还原真实研究现状，激发深入研究兴趣。

(六)分享收获 总结提升

设计意图：树立学科方法意识，促进学科素养培育。

【案例反思】

本案例的教学设计对教学内容进行了适当的深化、拓展与重组，凸显了对学科素养的培育。

一是依托“大气物理性质垂直分布图”，引导学生尝试对大气进行垂直分层，旨在提高从图表中获取、整合、综合分析信息的能力，提高空间定位与空间格局的觉察能力，培育综合思维、区域认知等学科素养。

二是以“大气物理性质垂直分布图”为载体探究各个层次可能发生的自然现象以及对人类活动的影响，引导学生深刻理解大气各要素之间的内在联系，领悟大气环境与人类活动的密切关系，提高区域认知能力，树立人地协调意识。

三是通过小组合作制作“探空之旅”旅行攻略并以示意符号表达探究

成果，学习对生活有用的地理知识，提高对自然景观美的感受能力与欣赏层次，激发探索自然奥秘的兴趣。

（二）巧借研学课题探究促进深度学习

以研究课题的主题为统领，引导学生在实践、探究中运用所学知识解决问题，是深度学习的具体表现。以下以地理学科视角在研学中的运用和探究为例呈现深度学习的过程。

1. 巧选课题方向，巧设问题情境，激发探究兴趣

清代教育学家王筠说："人皆寻乐，谁肯寻苦？读书虽不如嬉戏，然书中有趣，亦相从。"对于中学生来讲，动机和兴趣是促进其认知发展的源泉和动力，学生只有对学习对象产生强烈的情感共鸣和情感体验，最终才有可能完成情感、态度与价值观的生成和升华，才可能使核心素养入脑入心。因此，设计出有效激发学生兴趣的探究情境，驱动学生深入思考探究，是课堂教学不可或缺的重要环节。教学情境的创设使得学习成为一种包括情感体验在内的综合性活动。培养素养要从创设情境入手，而情境必须是有趣的、有意义、有价值的。情以物兴、物以情观，形真情切、意远、理寓其中。可以说，学科素养的有效培育起于情境创设引起的情感激发，终于情感的生成与升华。

例如，在徽州文化研学的探究情境设计中，教师抓住两个关键点：一是在课堂之初点出"风水"这个让孩子们听起来有些玄妙的现象，引出本节课的基本思考点——风水是科学还是迷信，为下一步对"风水"的深入探究做铺垫。二是对研学温馨的回忆，营造出温馨、愉悦的课堂氛围。此时教师突然话锋一转，将宏村的风水设计与人才辈出建立联系，激起学生对宏村风水一探究竟的强烈愿望。

2. 精设核心问题，驱动深入思考，引领深度学习

在知识学习的样态上，问题解决学习有利于学生的学科素养发展。[①]而问题解决学习首先需要设计出精妙、精当和真实的学科问题，课堂教

① 李松林：《培育学科核心素养的三个教学问题》，载《教育科学研究》，2017(8)。

学中问题的质量直接影响到学生思考的深度和广度，在一定程度上决定着课堂思考的质量。因此，能否站在学生、学科、生活三个基点上，设计出贯穿整个课堂教学、思维含量大，同时具有探究性、开放性的核心问题，是课堂能否实现深度学习、落实核心素养的关键所在。

例如，在探究徽州文化课题中，学生自然而然地体会到地形、河流以及光照、气温、降水、风向等气候要素对古代聚落选址及民居建筑的巨大影响，理解我国古代人民在聚落建设中尊重自然、顺应自然、趋利避害的科学做法，理解人类与地理环境和谐共生的观念幻化于形、内化于心。

3. 驱动问题活动化 师生同作积极参与

无论是学科素养还是学科核心素养，它们都是由学生自己修炼而成的素养。素养的培育需要适合的土壤、积极开放的课堂生态。当学生真正建立起知识与生活的联系，规律由学生自主发现，结论由学生自己得出，学科的思想方法价值观念才有可能在学生那里落地生根，指向核心素养的学习才可能发生。因此，本节课的探究环节，采取了自主思考—合作探究—个性展示交流的多样态学习方式。

例如，在探究徽州文化课题中，为助推学生完成探究任务，教师课前向学生 iPad 上推送了充足的探究支撑材料，包括我国冬夏季风示意图、河流凹岸和凸岸受力及侵蚀堆积图、五带划分图、太阳直射点移动示意图、地转偏向力对河流影响图示、“徽派建筑特色——马头墙和天井”论文等。丰富的图文资料为学生的学习探究提供了强有力的支撑，培养了学生获取、解读、整合信息的能力；同时学生在解决问题的过程中不仅要调动原有知识，还要自主学习新知识，尝试创造性地制定解决问题的方案和策略，从而使实践能力和创新能力得到提升。

4. 展示加深理解，交流促进生成，内化生成素养

在徽州文化探究的最后环节，安排各小组的个性化展示交流。学生们展示形式精彩纷呈，PPT、小视频、版图讲解……每个小组都结合地理知识对宏村选址的风水进行解读、验证、质疑，其区域认知和综合思维能力在潜移默化中得到提升。更令教师惊喜的是，河流凹凸岸受力及地转偏向力对河流两岸的影响本属于高中内容，第二小组的同学居然能够以版图的形式向全班同学进行了清晰的讲解，张朔同学甚至还援引了物理学科的惯性离心力知识进行补充讲解，实现了地理与物理的跨学科综合，将地理学科素养之综合思维进行了发扬光大。

三、 基于深度学习的学生学习评价

促进学科核心素养落实的深度学习评价，应坚持诊断性评价、形成性评价与终结性评价相结合；教师评价与学生自我评价、同伴评价、他人评价相结合；量化评价与质性评价相结合的原则。在评价内容上，关注学生是否全面、准确地掌握重要的地理知识规律原理；注重学生对资料信息进行有效的获取、处理和运用，对问题进行合理的和客观的解释、正确的分析和判断；注重学生对学习方法的运用程度，在学习态度、学习习惯和学习策略上的进步；关注和把握学生在情感、态度以及观点、信念上的变化与发展的趋向；注重学生通过学习对正确的思想、观念等方面的感悟、理解和认同程度。为此，我们研制了促进深度学习的星级评价表(表 5-2)，以全面评价学生的学习过程。

表 5-2 促进深度学习的星级评价表

班级： 姓名： 课程：地理

评价维度		评价主体	评价依据	评价标准	评价结果
过程性评价	课堂表现	师生	1. 出勤守纪 2. 课堂活动参与度（倾听、自主学习、课堂发言、小组合作） 3. 活动展示	1★：按时出勤，参与课堂活动不积极，课堂展示不积极 2★：按时出勤，能够参与课堂活动，基本完成课堂展示 3★：按时出勤，主动参与课堂活动，能够完成课堂展示 4★：按时出勤，积极参与课堂活动，课堂展示质量较高 5★：按时出勤，积极参与课堂活动，课堂展示质量高	

续表

评价维度		评价主体	评价依据	评价标准	评价结果
过程性评价	项目作业	教师	1. 能否按时完成 2. 学科思维能力 3. 团队合作意识 4. 创新意识与探究能力	1★：按时完成作业，完成质量差 2★：按时完成作业，完成质量较差 3★：按时完成作业，完成质量一般 4★：按时完成作业，完成质量较高 5★：按时完成作业完成，质量高	
期末测试		教师	学科知识掌握程度	1★：测评结果 60 分以下 2★：测评结果 60～70 分 3★：测评结果 70～75 分 4★：测评结果 75～85 分 5★：测评结果 85 分以上	
学期星级总评价： （依据“课堂表现”“项目作业”“期末测评”评价结果综合确定本学期的星级总评价）					
教师寄语： 学期综合评价星级： 签名：					

第四节　聚焦核心素养的数学学科课程体系建设

一、思考：为什么要学习数学？

著名院士、北京大学数学系张恭庆教授在 2016 年年底曾以《数学的价值》为题，在南方科技大学做报告，其中提道：《华尔街日报》以工作环境、收入、就业前景、从业压力、体力强度为指标，从 200 种职业中评选出最佳职业。自 2009 年起发布职业排行榜，其中以数学为职业的情况如表 5-3 所示。

表 5-3　近年来以数学为职业的排行榜

年度	名次
2009	1
2010	2(软件工程师第一)
2011	2(软件工程师第一)
2012	18(软件工程师第一)
2013	18 (精算师第一)
2014	1
2015	1

2016 年的最佳职业榜中，位列前 10 的分别是：①数据科学家(Data scientist)；②统计学家(Statistician)；③信息安全分析师(Information security analyst)；④听觉病矫治专家(Audiologist)；⑤医学声谱仪操作者(Diagnostic medical sonographer)；⑥数学家(Mathematician)；⑦软件工程师(Software engineer)；⑧计算机系统分析师(Computer systems analyst)；⑨语言病理学家(Speech pathologist)；⑩保险精算师(Actuary)。

由此可以看到，数学发挥作用的领域除了传统的研究、教学，还有信息、金融、保险、管理、药检等高新技术的许多领域。特别是随着大数据时代的来临，为了能够处理大数据，有抽象数学专业知识和训练的大学生和研究生是最理想的，也是最富有竞争力的人群。

可以说，数学与国家实力密切相关。一方面，数学直接为社会创造价值，推动社会生产力的发展，这是硬实力；另一方面，则是软实力。数学在形成人的理性思维、科学精神和促进个人智力发展的过程中发挥着独特的、不可替代的作用，这是数学独特的育人价值。

然而，即使很多的数学家在讲数学是多么有用，但是在生活中很多的人还是有这样的疑问：数学真的那么有用吗？我们平时怎么一点儿感觉也没有？

其实，生活中数学应用的例子并不少，比如现在出行，总是习惯用导航，而导航的关键技术其实是卫星定位。其原理是：

对于地面上的任意一点，覆盖全球的24颗卫星系统中至少有4颗卫星可以同时观测到它，从这4颗卫星可以测量出到这一指定点的4个距离。由这些距离可以写出4个方程，解这个方程组，即可得到这个指定点的坐标，从而实现实时导航的功能。

再比如到商场购物，经常有各种各样的折扣，那么“75折”“满400减100”“满400返100”哪一个更合算？

还有贷款、理财，甚至春节最热门的活动“抢红包”……都与数学密切相关。

应该说，其实数学天天在为你服务，但你也许不太知道。

但“不太知道”这几个字，其实道出了数学教育的一些问题：数学距离生活较远。

以上分析可以看出，数学教育非常重要！如何做好数学教育呢？

中国人民大学附属中学(以下简称“人大附中”)的学生，大多数数理基础较好，对数学感兴趣，将来的发展方向对数学素养的要求较高。结合学生的特色和社会现状，在常规教学的基础上，高精尖人才的培养和生活中的数学是我们课程建设的两个重要方面。这也符合课程标准的理念。

二、 设计：基于数学核心素养的课程体系

（一）数学核心素养是数学课程建设的首要依据

数学核心素养是数学课程目标的集中体现，高中阶段数学核心素养包括数学抽象、逻辑推理、数学建模、直观想象、数学运算和数据分析。在核心素养的六条中，有两条涉及实际应用(数学建模和数据分析)，而数学抽象和逻辑推理实际上是对数学能力的较高要求，所以数学组的课程建设主要从这两个方面考虑。

（二）选修课程面向学生的兴趣及专业发展

高中数学新课标的课程结构中，必修课程是学生达到毕业水平要学习的课程，必修和选择性必修课程是学生参加高考要学习的课程，无论

是在必修还是在选择性必修中，数学建模都占有相当比例的课时，只有选修课程是学生可以真正选择的课程(图 5-9)。这些课程面向学生的兴趣及专业发展。

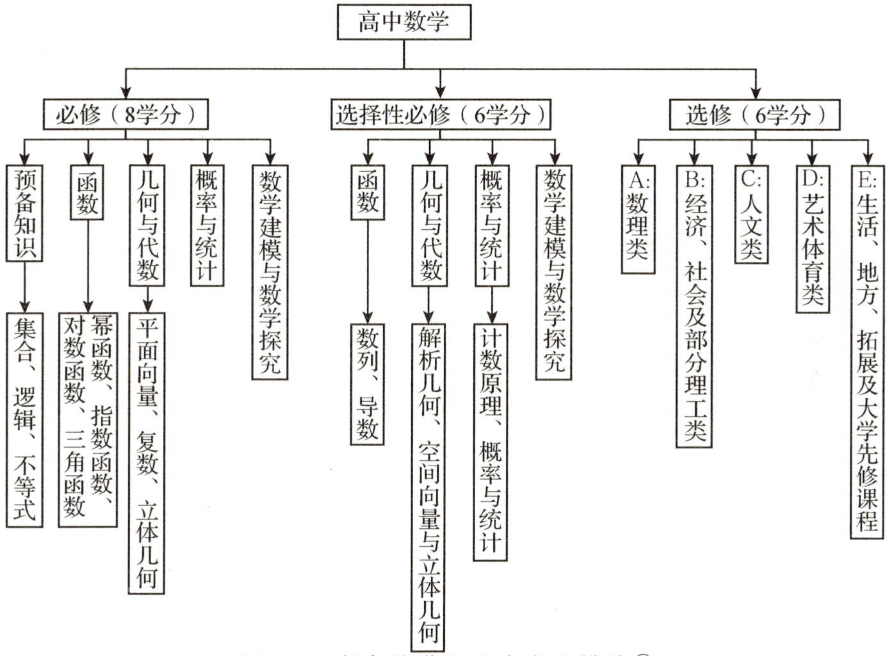

图 5-9　高中数学主要内容及模块①

在选修课程中，各类课程都非常重视数学的应用，如概率与统计、建模全是数学应用；针对数理类和理工类的 A 课程、B 课程都非常重视微积分、空间几何与代数这些对数学抽象、逻辑推理要求较高的课程。

基于这些想法和学校学生的特点，学校数学组在课程建设方面强化了数学应用，强化了大学先修、数学竞赛等高端课程，并设置了一些拓展视野类的课程，课程设置见图 5-10。第 3 列和第 4 列的课程都属于数学应用，其中前一类的主题是“数学与生活”，后一类的主题是“数学与技术”；第 5 列的课程属于数学拓展类；第 6 列和第 7 列分别是大学先修和数学竞赛等高端研修类课程。表中除第 3 列外，其他所有的课程都已开

① 北京市 2017 级、2018 级学生使用 2003 年版普通高中课程标准教材。

全，第 3 列是正在建设中的课程。

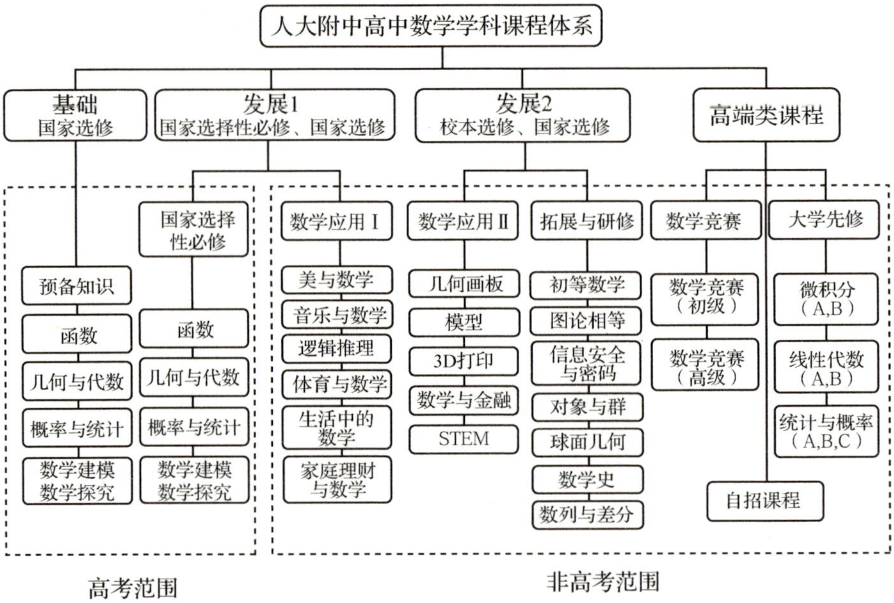

图 5-10　人大附中高中数学课程体系

三、实施：促进数学核心素养的落实

（一）分层：因材施教，因需施教

根据学生情况，数学教学需要分层进行，在教室、教师均不是特别充足的时候，自由选课不易完全展开，考虑到数学的教学内容本身有一定的逻辑顺序，所以分层教学是目前可行的方案。学校现行分班的一个重要依据就是数学。

（二）坚守常规课堂，落实学科核心素养

长期以来，数学组一直坚持抓常规教学，夯实教学基本功，其中一个重要的抓手就是公开课、研究课。各种各样的同课异构就是针对不同学生、不同教师的教学方式的研究。有青年教师与青年教师针对不同教学对象的研究，有老教师与青年教师不同理念的碰撞，还有不同环境、不同国情的与国外同行的同课异构……公开课的重点不只是上课，而是

课前的讨论，课后的研究和反思。

例如，与北京教育学院合作，开展了基于 PISA 评价的课程设计研究，参与老师多达 34 人，开设了多节区级公开课，包括操场列队中的数学问题、摩天轮中的数学探秘、微分方程的应用——“狗追兔子”问题、最短路径问题、买房中的数学问题、超市选址问题、等周问题等。展现了老师们从不同侧面对于 PISA 评价的理解。这些课程有的侧重真实情境数学化，有的侧重模型构建，有的侧重问题解决，也有的侧重数学解决，不同的理解让课堂百花齐放，精彩纷呈。

（三）建立特色课程，搭建多元平台

1. 做中学，数学活动的探索——基础类

数学组在初中、高中均开展了数学活动的探索，一般每个章节都会有一次数学活动，有的以动手动脑的方式开展，有的以数学小论文的形式开展，结合教具制作、数学文化、数学探究等进行，期待在此基础上，形成学校的校本教材。已进行一轮试验，目前高一数学备课组正进行第二轮实践。

2. 开设竞赛类、自招类、大学先修课程——高端类

针对学生的差异，数学组还开设了竞赛类、自招类、大学先修课程，定期组织各年级学生的各级各类竞赛活动，包括数学文化、数学建模、英语趣题、联赛模拟等。

3. 发展优质课程、开发应用课程——拓展类

数学组就开齐、开全了系列 3、系列 4 的全部 16 门国家选修课，为此还多次在国培项目中做报告，经过几轮开设，从中精选出了十多门优质课程，作为校本选修的常态课。应用类课程是数学组在这一轮试验中重点开发的课程，我们邀请专家讲座，收集资料，也通过课题研究来开发课程。例如，“基于 PISA 评价的课程设计”中推出了多节区级研究课，就是把这些课逐渐做成活动，做成项目，然后再发展成课程。

（四）团队研究，共同发展

数学组开设选修课的特色之一是课程小组。老师们根据自己的兴趣

爱好自动组成多个课程小组，如数学建模小组、微积分小组、线性代数小组等。这些小组的老师不仅跨年级，还有的跨专业、跨学科。他们共同上一门课也不是简单地把课程分成几块，分别承担其中一部分，而是开课前各抒己见、共同研究，开课后互相听课、轮流主讲，有很多课程没有教材，老师们融合国内外经典的教材与案例，共建课程。

数学组内做过一个调查，请老师们回答：作为教师的你，在人大附中如何成长？老师们的回答主要集中在：①自由的环境、优秀的同事及自己的反思；②无论你有什么想法都能得到支持的环境、交流的氛围；③团队的力量(师长、伙伴)；④职业的追求；⑤教学相长；⑥公开课。老师们的回答印证了团队的研究与共同成长！

第五节　生物学科核心素养落实的教学改革创新

《中国学生发展核心素养》总体框架的正式发布，为学校课程改革和学科课程实施提供了新的视角，核心素养体系被置于深化课程改革的“关键”因素，就好比是学生成长的 DNA。生物学科课程建设和学科教学都需要基于生物学核心素养来设计和实施。

一、生物学核心素养的界定及解读

生物学核心素养是指学生在接受生物学教育过程中逐步形成的适应个人终身发展和社会发展所需要的必备品格和关键能力，是学生通过学习生物学内化的带有生物学科特性的品质，是学生科学素养的关键成分。它由生命观念、理性思维、科学探究、社会责任四个要素组成，这四个要素是一个统一的整体。生命观念是生物学核心素养的基础和支柱；生命观念的形成过程中离不开理性思维和科学探究，理性思维和科学探究互为倚重，理性思维是科学探究的重要内涵，科学探究是理性思维的实证过程；在形成生命观念、进行理性思维和科学探究的过程中，最终形成一定的社会责任意识和义务。它们的关系如图 5-11 所示。

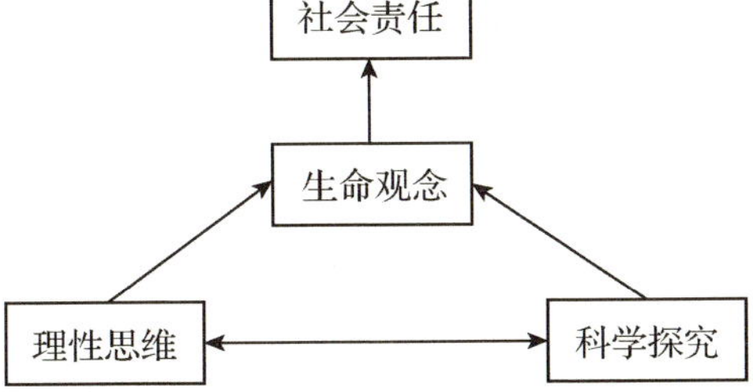

图 5-11　生物学核心素养四个要素之间的关系

核心素养是跨学科的，同样生物学核心素养也具有跨学科的性质。生命观念、理性思维、科学探究和社会责任是科学课程所共有的素养，是跨学科的。例如，生命观念中的“结构与功能的统一观”，不仅在生命个体或系统中能表现出来，在其他学科中也能表现出来。有机化学分子中的结构基团与其功能是统一的，物理机械中的结构与其功能也是统一的，生活中各种物理设施的结构与其功能同样是一致的。理性思维、科学探究和社会责任更是如此。因此，生物学核心素养与其他学科的核心素养一样，具有跨学科的性质。

（一）生命观念

生命观念是指对生命现象的相互关系或特性进行分析后所进行的抽象，是经过实证后的想法或观点，它有助于理解或解释较大范围的相关事件和现象。生命观念不等同于生物学的重要概念，具有跨概念性和上位性，是众多概念的归纳、总结和提炼。生物学中最重要的一些生命观念及其阐释见表 5-4。

表 5-4　生物学中生命观念的阐释及概念支撑

生命观念	生物学阐释	概念支撑例证
结构与功能观	生物体的结构与功能是相适应的，是生物长期进化所形成的，是生物适应环境的一种体现	· 生物各个器官的结构与功能是统一的（个体水平） · 细胞及细胞器的结构与功能是统一的（细胞水平） · 蛋白质和核酸的结构决定其功能（分子水平）

续表

生命观念	生物学阐释	概念支撑例证
物质与能量观	物质的合成与分解总是伴随着能量的吸收或释放而进行的；生态系统中的物质循环总是伴随着能量的流动而展开	·光合作用是将无机物合成有机物，将太阳能转变为化学能，并将化学能贮存在合成的有机物中 ·呼吸作用是细胞将有机物分解，同时释放能量的过程
进化与适应观	适者生存，不适者被淘汰，生物是不断进化的，进化是生物适应环境的表现；生物适应环境的形式是多种多样的	·种内进化的本质是种群基因频率的定向改变 ·种间生物可以进行协同进化 ·生物与环境之间也是相互影响的 ·进化的结果就是生物多样性的形成
稳态与平衡观	生命系统是一个稳态和平衡的系统，稳态和平衡是通过调节来实现的	·细胞生活在一个液体环境中，液体中各种物质的含量及理化因子是处于动态平衡之中的 ·人体的稳态是通过神经—体液—免疫的调节来实现的 ·生态系统的稳定性分为抵抗性稳定性和恢复力稳定性

（二）理性思维

理性思维是指尊重事实和证据，崇尚严谨和务实的求知态度，运用科学的思维方法认识事物、解决实际问题的思维习惯和能力。它是一种建立在证据和逻辑推理基础上的思维，有充分的思维依据，能对事物或问题进行观察、比较、分析、综合、抽象与概括的一种思维。理性思维的类型有归纳与概括、演绎与推理、比较与分类、分析与综合、模型与建模、批判性思维、创造性思维，等等。应该培养学生在学习过程中逐步发展理性思维，如能够基于生物学事实和证据运用、探讨、阐释生命现象及规律，审视或论证生物学社会议题。

（三）科学探究

科学探究强调的是学习方式和研究方式，同时也是学习科学知识、发展理性思维、形成科学态度和精神的一种过程。科学探究是一种综合的能力，其本质是提出问题和解决问题，其核心内涵包括探究的问题、方法、过程、结果和交流，科学探究还包括科学态度和精神。生物学课程中的科学探究一般包括提出问题、做出假设、制订计划、实施计划、得出结论、表达和交流几个环节。因此，科学探究的素养表现为一系列的能力：观察能力；提出问题的能力；制订并实施方案的能力；获取证据或数据的能力；表达和交流的能力等。

（四）社会责任

社会责任是指基于生物学的认识，参与个人与社会事务的讨论，做出理性解释和判断，解决生产生活问题的担当和能力。随着生物科学的迅猛发展，生物技术正在越来越多地走入社会，进入人们的生活。例如，转基因、克隆、基因测序、检测和治疗、试管婴儿等技术一方面服务于大众，另一方面又在某些层面和程度上引起了人们的担心和质疑。因此，学习生物学，就应该具有生物学科的社会责任意识和担当能力，应该基于生物学的认知，积极主动地参与个人和社会事务相关的讨论，做出理性的解释和判断，并尝试解决生产生活中的生物学问题。

二、 在生物教学中发展学生的学科核心素养

（一）做好初高中课程衔接， 打通学科联系通道

努力促进初高中课程的一体化建设，帮助学生在知识体系、学习方法及思维方式上做好过渡和衔接。以北京中学为例，生物学科在“1＋3”试验衔接课程中开发了主题学习模式，兼顾基础性和创新性，丰富生物学科课程体系。通过对“DIY 细胞”“人类遗传性状的调查与分析”“生物技术”“实验探究”四个主题的相关学习和评价设置，为高中生物学科的《分子与细胞》《遗传与进化》等模块学习做好知识铺垫和方法学习，为学生提供合作学习、探究学习、跨学科学习等多样化学习方式的同时，凸显核心概念，助力于理性思维和生命观念等学科素养的培养。同时，增加课程的可选择性，满足学生个性化学习需求。

（二）夯实学科知识基础，是学科素养培养的前提

在教学中，一定要让学生对整体知识形成一种宏观认识，这是建构整个高中生物知识体系的关键。对生物知识进行概括的过程，就是对不同概念进行内化，对不同体系的知识进行脉络探寻的过程。通常情况下，教师可以从细胞、新陈代谢、稳态与调节、生态系统、生物进化、遗传与变异等角度，给学生渗透进化思想以及系统论与生态学思想。而有了这两者作为知识概括的总纲，学生一般就可以对整个高中生物知识形成系统的认识。这个过程不仅培养了学生的知识掌握能力，也培养了学生的学习能力。而这种基于生物学科的概括能力的提升，其实也可以迁移到其他学科中去。这显然是学科核心素养的一个重要组成部分。

（三）设置真实情境，培养科学精神和人文情怀

在什么情况下才能真实地培养学生正确的价值观、关键能力和必备品格？当然是在真实的情境下。因此，课堂教学需要创设一定的情境，让学生在情境中感受生命的发生发展过程，感悟对生命现象的真实研究过程，对培养学生的生命观念、理性思维和科学情怀有重要意义。情境可来源于科学技术与社会的联系，可来源于科学研究的过程和成果，也可来源于真实的现实生活。例如，在学习细胞器结构和功能时，为学生呈现真实的电镜照片；在学习光合作用的探究历程、DNA 结构、遗传定律时，为学生提供真实的科学家实验研究事实和研究背景知识；指导学生收集、展示、交流现代生物科技的进步和发展等活动，引导学生在真实的情境中学习，将学习与科学发现发展联系起来，这些必然有助于科学精神和人文情怀的培养，使学科核心素养在自然而然中得以内化和提升。

（四）精选探究活动，重视模型构建，提升理性思维和科学探究能力

生物学作为一门科学课程，具有科学课程的共同特点，即注重证据和逻辑。对证据的选择、分析和判断是理性思维的结果，逻辑推理既是理性思维的过程，也是理性思维的要求。高中生物教学的内容是非常多的，因此生物学科的探究总难以落到实处，如何协调这个矛盾呢？精选其中若干个探究内容并充分进行探究。例如，观察根尖分生组织细胞的有丝分裂，就可以多花一到两课时的时间，让学生在其中细致观察处于不同分裂时期的细胞，进而理解细胞的分裂过程。在这个过程中，教师要为学生开展探究学习做出表率，如合理改进实验，在执教这一实验课时，分别对实验器皿和染色剂进行改进，将器皿由教材提供的培养皿改为白色点滴板，将解离、漂洗、染色等步骤在一块多孔的点滴板上依次操作完成，既节约实验时间又减少解离液挥发对学生健康的影响。染色剂在提供龙胆紫染色剂的基础上，还给学生准备了碱性品红溶液，使得染色效果更为清晰明显，为学生能做更多的实验探究提供资源和方法支撑，引导学生亲身参与以形成深刻的体验。又如经典的生物模型的建立、双螺旋结构模型的建立、细胞模型结构的建立、种群增长模型的建立等，其中都蕴含着丰富的思想方法，自然也就有了一个让学生不断认识基本概念，进而形成模型的过程。这个过程中思想方法的运用，可以让学生超越知识层面，形成一种方法论。这也是学科核心素养的重要组成部分。

（五）融合各个学科，体现素养教育的跨学科特点

高中生物融合面非常广泛，社会中许多问题都与生物学科有着紧密的联系，如食品安全、药物研发、精准医疗、健康生活、自然资源、全球环境问题等，这些问题都是我们需要面对的，尤其是在当今中国进入快速发展的新时代。而教学应以核心素养的培养为目标，在课堂教学中，有意识地与其他学科教学融合，可以有效地将生物知识与其他学科知识建立联系，帮助学生提升自身的认知水平和能力，改善思维方式，丰富解决问题的办法，更好地促进学生的自我成长。

三、评价助力学科核心素养发展的落地

评价是日常教学过程中不可或缺的重要环节，是教师了解教学过程、调控教和学的行为、提高教学质量的重要手段。评价应以学生发展为本，以生物学课程的内容标准、质量标准为依据，聚焦学科核心素养，促进学生的全面发展。北京中学生物学科根据学科建设的需要，在创设学生生物学科课程评价方案和具体实施过程中，进行了大胆的摸索和尝试，

形成了促进学生核心素养提升，服务于学生全面而有个性的发展的“奖赞星级加评语”学科评价模式。其主要做法如下。

一是丰富评价内容，关注学生的全面发展。设计了以学科核心素养提升为出发点，关注学生学习习惯养成、实验技能形成、合作精神和探究能力提升及创新能力发展等为核心要素的学科评价指标体系(表 5-5)。

二是“奖赞星级”多元评价，激励学生主动发展。针对不同的评价指标采取不同的评价方式，形成了“过程性评价”“等级评判”“项目学习评价”“星级评价”“荣誉称号”等多种评价方式相结合的“奖赞星级”评价体系。

三是私人定制的评语帮助学生认识自己，彰显评价的个性化。每学期给每个学生私人定制一条 100～200 字的评语，发现每个学生的潜质，帮助其更好地认识自己。

四是多评价主体共同参与，增加评价的可操作性。让学生做评价的主体更能增加评价的公平公正，发挥评价的激励作用。

表 5-5　北京中学生物学科评价指标

评价指标	具体细则
学前准备	教材、笔记本、实验报告册、学习用具等的准备情况
课堂学习	课堂上积极思考，参与讨论的积极性与质量，笔记的记录情况等。尤其关注学生是否能提出有价值的问题或是主动分享个人的独特见解
实验操作	操作的规范性，对实验的主动探索性，实验的完成情况，小组内的配合情况，实验台的整洁程度
实验记录	记录的完整性、准确性和规范性。在此基础上鼓励个性化记录
作业	课后作业、项目作业、假期作业的完成情况和完成质量
单元检测	等级制
小组合作	在小组合作中表现出领导与配合，贡献和欣赏等品质
创新	关注在解决问题、实验设计、操作方法、项目作业、模型制作等活动中表现出的创新思维、创新意识和创新能力

上述评价指标的设定注重对学生学习过程的评价，关注学科核心素养的形成。而这些评价指标并不是一成不变的，在具体操作中会结合每一节课的教学需要，适时灵活地调整评价指标。例如，发现学生存在对学科阅读不重视的问题，就可以增加对阅读专注度和理解程度的评价指标；发现学生在课堂交流中存在忽视倾听的问题，就设置与倾听相关的指标等。评价指标的设计会直接影响学生的学习方式和学习热情乃至学习效果，因此调整评价指标要在进行反复的课堂观察之后，精准分析学生学习状态，在遵循学习和认知规律的前提下进行科学合理的调整和设计。

为激励学生保持持久的学习动力，实行进阶性星级评价。即依据得“赞”的多少授予学生相应的星级，并设立了“超给力”“生物之星”等荣誉称号。一个学期下来，累计盖“赞”章：1 星级(5 个赞以下)；2 星级(5～9 个赞)；3 星级(10～19 个赞)；4 星级(20～39 个赞)；5 星级(40 个赞以上)。10 个赞可以获得一个“超给力”称号，学期末直接评为 3 星。拿到 2 个“超给力”称号即可被授予“生物之星”1 次，学期末直接评为 4 星；如果被评为“生物之星”2 次，学期末直接评为 5 星(图 5-12)。

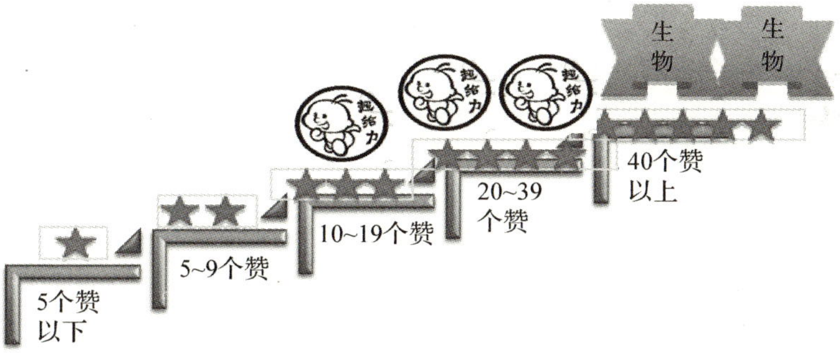

图 5-12　进阶性星级评价和荣誉称号

第六章

基于高中学生发展核心素养的特色课程建设

特色课程是体现学校独特教育理念、回应学生多样化个性化发展需求，充分利用地域、社区与学校等资源，经持续发展形成的具有独特风格和出色育人成效的课程，是学生发展核心素养培养的重要载体。本章在分析特色课程对学生发展核心素养价值的基础上，呈现基于学生发展核心素养特色课程开发与实施的一般路径，同时结合当前高中课改深化的重点，选取促进学生自主发展的生涯规划课程、继承中华优秀传统文化的茶文化课程以及以学生为本的综合实践性课程三个案例，从特色课程建设促进学生发展核心素养角度，为当前学校落实核心素养的课程创新提供借鉴和启示。

第一节 培养学生发展核心素养的特色课程开发与实施

培养学生发展核心素养是课改深化的基本指向，也是学校课程建设的基本依据。学校特色课程立足回应特定地域、学校、学生的多样化个性化学习、发展需求，体现学校育人取向和培养目标的独特性，在促进学生发展核心素养和体现学校育人传统、优势等方面具有独特价值。此部分从特色课程的基本内涵和主要特征出发，分析基于学生发展核心素养的特色课程开发与实施、评价的一般路径。

一、 特色课程的基本内涵与主要特征

对于特色课程，目前有诸多不同的理解。例如，石鸥教授提出特色课程是指学校在先进的教育思想指导下，根据本校的办学理念，以学生的需求与发展为核心，以地域、社区与学校资源为依托，经过比较长期的课程实践，逐步形成和发展起来的具有独特的整体风格和出色的育人成效的课程、课程实施或课程方案。邢至晖等学者从广义和狭义角度诠释特色课程：广义上，特色课程泛指有特色的课程模式，即以先进的课程改革理念为指导，从师生的实际需求和兴趣特长出发，在长期的教育教学实践中逐步厘定学校课程哲学，形成被社会认可的、独特的、典型的课程体系和课程模式；狭义上，特色课程是指独立的、有特点的、具体的校本课程，即学校组织教师自主开发的校本课程，至少经过两至三轮课程试验周期的检验，经过教育教学的实践探索，证明其能够发挥个性化课程独特的育人功能，一定程度上能丰富学生的学习经历，促进师生共同发展的课程。虽然特色课程有多种不同的表现形式，如学校课程方案或模式、各种课程的特色化或创造化实施、学校自主开发的课程等，但本书中的特色课程主要指学校自己创造性开发的课程，包括校本课程以及校本化开发与实施的综合实践课程。

特色从其词汇意义来讲至少包含“独特”和“优质”两个方面的含义。独特性是特色课程的首要标准，是指与同类型其他学校的课程相比所表

现出来的课程种类的差异性。特色课程的独特性强调该课程是根据学校的办学理念，针对本校的实际需要和现实情况，以学生发展为目标，基于自身的办学传统并观照学校发展走向，以地域、社区与学校资源为依托，凝聚全校师生员工的共识悉心开发的。它们与众不同，独树一帜，具备“人无我有”的一般意义。独特性的本质是个性化，个性是事物之间差异性的表现。一门课程之所以被称之为“特色课程”，是因为其具有鲜明的个性，辨识度比较高。优质性是特色课程的根本标准，是指与同类型其他学校的课程相比所表现出来的课程品质的卓越性。特色课程的优质性强调该课程开发应以先进的教育思想作指导，且取得出色的育人成效，并为教育界同行甚至于社会各界广泛认可，具备“人有我优”的一般意义。特色课程开发的根本目的与终极追求是提高育人成效，使学生的个性得到充分而自由、全面的发展。如果课程不能取得出色的育人成效，其课程风格再独特、再与众不同，也是价值不大的。因此，特色课程有别于非特色课程不仅仅体现在独特的风格上，更重要的是体现在出色的育人成效上。正是因为有了优质性，特色课程才会得到公众的认可，才会显示出强大的生命力。从这个意义上讲，真正的特色课程往往以优质的育人质量作为支撑。①

二、 基于学生发展核心素养的特色课程开发与实施

课程是国内外基础教育培育学生核心素养不可或缺的核心载体，世界主要国家和地区均在课程的设计、建设、实施等环节融入了学生核心素养培育。钟启泉教授指出，核心素养是课程发展的DNA，基于核心素养的特色课程要求把六大核心素养和学校的办学理念及育人目标相结合，使教育始终不忘“为了学生”这个初心。夏雪梅研究员也指出，衡量学校课程建设品质的三个核心标准：第一，是否将课程围绕学生的核心素养展开；第二，是否能够在学生的核心素养和学校课程框架之间建立实质

① 石鸥：《普通高中特色课程开发研究》，载《中国教育学刊》，2012(12)。

性的联结；第三，是否能够保证每一门课程的质量为学生的核心素养服务。① 这种标准不仅仅适用于学校整体课程，也同样适用于学校自主开发与实施的特色课程。

（一）将学生发展核心素养融入特色课程目标设定中

中国学生发展核心素养明确了所有学生发展的方向，对各级各类学校的课程建设具有指导价值。到具体落实层面，学校就需要发挥自身的资源优势、文化基础等现实条件将学生核心素养进行校本化表达，从而达到现有条件下学生发展的最优化。目前，关于学生核心素养的研究在国内外已经有不少研究成果可供参考，但其难点在于如何结合学校的具体情况确立适切的核心素养。

实践中已有一批学校正在进行积极的尝试，如清华大学附属小学围绕“为聪慧与高尚的人生奠基”的办学使命，从自我发展(身心健康·成志于学，自强不息·学会改变)、文化修养(工具运用·实践创造，思维品质·审美情趣)和社会参与(公共道德·责任担当，家国情怀·国际视野)三个维度，提出了清华大学附属小学学生的核心素养。浙江大学附属中学在征求学生、家长、教师、社区及教育行政部门各方意见的基础上，确定以身心健康、人格健全、学科素养、学力发展与生涯规划为学生核心素养，建构高中生核心素养模型。北京市八一学校根据对学生核心素养的认识，结合中国学生发展核心素养以及对“品质”文化的思考，对接“核心价值观”，明确北京市八一学校学生发展核心素养领域，即正直公民、学业自信和包容性发展。学校在进行特色课程设计时，就可以将这些校本化的核心素养融入目标设定中，以充分体现学校的育人特色。

（二）将学生发展核心素养融入特色课程内容选择中

基于核心素养的特色课程建设从根本上着力、从长远上着眼，是系统意义上的整体设计。核心素养理念下的特色课程开发是以文化基础、自主发展和社会参与为参照，通过具体的课程类型，包括学科发展性课

---

① 夏雪梅：《基于学生核心素养的学校课程建设：水平划分与干预实例》，载《课程·教材·教法》，2013(7)。

程、个体成长类课程以及社会服务类课程，来满足差异化学生的不同能力和品格的培养要求，培养和发展学生的核心素养。

学科发展性的特色课程，一方面，包括与某一门学科课程的知识领域和学科素养相关的课程，其目的在于拓展或加深学生对该门学科知识领域的认识和理解，加强该门学科素养对学生核心素养的培养和发展。另一方面，也包括结合两门或多门学科课程的知识内容和学科素养，并以一定的方式进行整合。其目的在于融合多学科的知识和素养，强调各学科之间的关联性、统一性和内在联系性，希望通过跨学科的整合，促进学生核心素养的全面发展。

个体成长类特色课程是从学生的兴趣和需要出发，满足学生的个性发展，进而实现学生的自主管理，弥补学科课程对学生核心素养培养和发展的不足。这种类型的课程一般通过活动来组织实施，包括学校组织的各种社团，最终凸显促进学生个性成长价值。

社会服务类特色课程强调课程应与社会的需求、时代的需要相结合，将学生核心素养的培养渗透到社会服务的方方面面，提高学生的社会参与意识，最终凸显课程的社会性价值，增强学生的社会责任感和历史使命感。

不同课程定位下的特色课程开发的理念、目的和作用等均有所不同，对学生发展核心素养也迥然不同。所以，学校应加强特色课程的顶层设计，聚焦学生发展核心素养，精心选择课程内容，推进基于核心素养发展的教学改革，落实以人为本的素质教育理念，克服学科知识本位与教学中的短期行为。

此外，基于学生核心素养的特色课程建设，无论是哪种类型的课程，在内容设置上都需要做到以下几点：一是根据特色课程目标设计中的核心素养，选择与之相匹配的具体内容；二是要改变以“知识为中心”的传统思想，在课程设置中体现以“素养为中心”；三是立足现在，放眼未来，将一些前沿性和发展性的内容融入课程之中；四是打破“以学科为中心”的思想，本着高度集成、深度整合的思路，培养学生的综合素养，形成“核心素养”内核辐射下的特色课程内容体系。

（三）在特色课程实施中实现学生核心素养发展

“核心素养”不是直接由教师教出来的，而是在问题情境中借助问题解决的实践培育起来的。所以，在特色课程实施中，强调情境性、实践性和整合性是提升学生核心素养的重要途径。

1. 设计不同情境，指向认知性、社会性与自主性发展的学习目标

基于核心素养的特色课程实施必须有一个基本的教学定位，即指向认知性、社会性与自主性发展的素养目标。而判断一个人是否具备某方面或某领域的素养，一般是看他能否在复杂的情境中运用所学的知识和获得的技能，正向地解决具体的问题。所以，素养的形成和发展与情境存在密不可分的关系。倘若离开真实情境，可能知识技能熟练，但无素养发展。

要培养学生在不同的新情境中运用他们已经掌握的技能，且能够在不同知识之间建立关联，就需要教师在课程实施过程中扭转局限于课堂范围之内的“授受”教学模式，必须将活动拓展至更广阔的空间，为学生提供在真实生活情境中解决问题的机会，让学生在真实体验中获得知识和发展。而在这种体验式和探究式的学习过程中，学生必然会与他人建立合作式交互主体关系，学会合作、尊重、理解、同情、关爱他人。这个过程就是学生认知性与社会性发展的过程。同时，学生在探究的过程中，必然会形成问题解决方案并诞生新的观念，这个过程不仅是知识获取与应用的过程，也是知识创造的过程，是自我意识形成的过程，是学生自主性发展、自我管理者的过程。例如，很多学校开展的游学课程、职业体验课程、走进博物馆课程等都是让学生在真实的情境中运用他们掌握的技能与素养，发展更加多样化的素养与能力。

此外，核心素养的形成与发展需关注虚拟环境及其对教育和人的发展的影响。由于信息技术的迅猛发展和广泛应用，21 世纪社会环境和学习情境的一大特点是虚拟环境和现实世界的互动与融合。借助信息技术，人们不仅可以超越时间、空间、身份限制与人交往，由此扩大与加深自己的经验，而且可以模拟和创造现实世界不可能存在的事物和现象，从而扩充和增强了现实世界。目前，已经有部分学校借用现代信息技术，建立 E 学习社区，设立各种不同的生活场景，让学生在里面尽情体验。

2. 进行课程整合，指向高阶思维的综合性学习

学生发展核心素养，特别强调学生综合素养的习得与养成。因此，在课程实施中，学校要加大课程整合的力度，教师可以尝试寻找不同学科或领域之间的交叉或衔接点，设立相关主题，在更加开放的学习情境中帮助学生建立不同学习领域之间的联系，实施跨学科学习或者综合性学习。例如，以不同的主题，整合自然科学和人文学科的课程内容，特别是引入科技前沿的知识与成果，满足有相应兴趣爱好的学生的学习需求。在学科拓展类课程中要设置不同的梯度和方向，体现学生的自主选择和个性培养。

课程整合不是简单地将学科课程合并或重新安排课程计划，还应把课程内容与学生生活经验整合。学校课程与社会生活的整合，其最终指向培养适应未来社会的人。目前不少学校尝试以主题为方向，以情境任务为载体，让学生在个人体验、社会生活和学科认知等特定情境中完成不同的学习任务，呈现综合学习的不同表现。例如，北京市朝阳区芳草地国际学校的六大主题课程"我爱芳草地""美丽的中国""可爱的故乡""我想去那里""多彩的世界""唯一的地球"，集中培养学生的语言、艺术、科技、道德、数学、健康等素养。再比如，有学校的"重走长征之路"主题课程包括以下几个内容①："长征故事课"(3 课时)，通过阅读诗歌、回忆录、小说、剧本等，了解长征途中的动人故事、历史知识、重要战役等，理解和欣赏有关"长征"的文学作品；"长征路线课"(2 课时)，绘制红军长征的线路图、遵义会议会址等，用直观的方式了解长征路；"毛泽东诗词课"(3 课时)，举行毛泽东诗词赏读、朗诵会，了解长征中的毛泽东，引导学生解读长征精神，继承和发扬长征精神。培养学生收集、筛选、整理信息的能力，并通过故事会、朗诵会、写作展示、专集展览等实践活动，提高学生的朗读、理解、欣赏、口语交际和想象写作的能力。

在特色课程中落实学生的核心素养，尤其要关注学生高阶思维的培

---

① 王淑英、孙宁、董红红：《课程整合赋予学生成长新意义》，载《人民教育》，2017(3)。

养。通过情境设计和任务布置，激发学生的问题意识，引领学生在实践和体验中自主学习、独立思考、充分表达，形成个性化的想法和观点，达到布鲁姆的教育目标分类学理论中“记忆、理解、运用、分析、评价、创造”的后三个层次(分析、评价、创造属于高阶思维品质)，而不是仅仅停留在让学生简单地完成教学任务，或者只是让学生体验一下而已。所以，这就要求教师在课程开设之初，就至少要明确三个基本问题：我要把学生带到哪里？我怎样把学生带到那里？我如何确定已经把学生带到那里了？

3. 让学校育人理念落位于课堂，落位于学生

特色课程实施有别于一般性的课程教学，可以说，这些特色课程的实施策略、教学方式方法是在遵循教学的基本规律的前提下，紧紧围绕特色课程目标展开的课程实施过程，其教学策略也凸显特色课程的个性化一面，在形式上略显特别。例如，依据学生的兴趣来实施特色课程教学，依据教师的个性来实施特色课程教学，依据教学内容实施特色课程教学，依据学校的特色资源实施课程教学，不仅如此，还需要依据学校的育人理念，把那些有特点、有个性、有魅力、有教育价值的课程传递给学生，将特色课程所追求的价值传播给学生。

三、 基于学生发展核心素养的特色课程评价

指向核心素养的评价，是从整体上推动核心素养有效落实的重要途径，直接关系到核心素养教育的成败。但核心素养相比知识和能力具有更强的综合性、情境性、内隐性和适应性等特点，这是造成其评价困难的原因之一。目前，欧盟的一种思路是将核心素养转换为可观察的外显表现，以此来对核心素养开展评价。① 部分国家和地区的教育者也尝试开发体现核心素养的多样化、多形态的测评工具，力争建立以核心素养为导向的评价与反馈系统，作为核心素养教育的重要抓手。普通高中课程

① 刘新阳、裴新宁：《教育变革期的政策机遇与挑战——欧盟“核心素养”的实施与评价》，载《全球教育展望》，2014(4)。

标准(2017年版2020年修订)也对学科素养水平进行了分级描述，这在一定程度上为基于核心素养的校本课程评价指明了方向。

对于特色课程来说，核心素养一般不只一条，开展评价时，既可以针对这门课程所有的核心素养进行整体评价，也可以选择几条核心素养进行评价，或者单独对某条核心素养进行评价，开发针对特定素养的形成性评价工具。在分解核心素养评价指标时，各指标应尽量避免抽象化，要科学筛选最具有代表性、典型性的行为表现，制定核心素养表现评价量表，使评价的标准可以观察和量化，注重可操作性。而且素养的测评需要在具体的任务中才能进行，测评学生在完成任务过程中的表现，再推断学生的素养达成度。评价时，命题的基础不是简单的知识与技能，但同时也离不开知识与技能，重要的是，要聚焦知识与技能积累之后表现出来的能力，要考查学生通过应用相关学科知识与技能解决问题的能力。

第二节　促进学生自主发展的生涯规划课程设计与实施

高中阶段是学生个性形成和自主发展的关键时期，特别是在高考综合改革的背景下，基于学生的生涯发展和自主发展，对学生发展进行针对性的教育和指导，是普通高中基于学生发展核心素养优化课程建设的重要内容。北京十二中从高考综合改革、学校学生发展指导已有基础和学生学习发展需求出发，整体构建促进学生自主发展的生涯规划课程体系，呈现各类课程的基本定位、主要内容、实施保障、课程评价与效果，对当前高中学校系统设计学生发展指导课程体系，完善全员导师制等具有借鉴作用。

一、 政策背景

北京市自2017年进入高考综合改革试点，2020年按新高考方案招生，参加本科院校招生录取的考生的高考成绩由3门统一高考成绩和选考的3门普通高中学业水平考试等级性考试科目成绩构成。相应地，普通本科院校招生录取模式也进行相应的变革，高等院校可根据办学特色和定位以及不同学科专业人才培养的需要，分专业(类)从 6 门普通高中学业水平等级性考试科目中自主提出选考科目范围。学生和高校的双向选择、学校和专业双重录取的考试招生机制，能在更大限度上把选择权交给学生，进一步帮助学生发现自身倾向，合理规划发展方向。为此，实施担负帮助学生“择其所好，择其所需，择其所能”重任的生涯规划教育及其课程开发受到高度重视。

2010 年，《国家中长期教育改革和发展规划纲要(2010—2020 年)》中就已经明确生涯教育在高中阶段的重要地位：“注重培养学生自主学习、自强自立和适应社会的能力，克服应试教育倾向。”“建立学生发展指导制度，加强对学生的理想、心理、学业等多方面指导。”《普通高中课程方案(2017 年版 2020 年修订)》提出建立学生发展指导制度。《北京市教育委员会关于实施教育部〈普通高中课程方案(2017 年级)〉的课程安排指导意见》提出：学校要建立学生发展指导制度，建立专兼结合的指导教师队伍，通过学科教渗透、开设指导课程、举办专题讲座、开展职业体验等对学生进行指导。生涯规则课程基于学生的自主发展、长远发展，对高中学生核心素养发展具有独特价值。

二、 校情分析

(一)学校基本情况分析

北京十二中秉承“求真、崇善、唯美”的办学理念，构建“真善美”交融的初高一体化课程体系，制定了培养具有“社会责任、学术素养、创新能力、国际视野的大写的人”的育人目标。学校现有 87 个教学班，3700 名学生，高中部科技、艺术、体育特长生各占大约 5%，国际部学生约占六分之一，钱学森航天实验班每年招生 30 名。生源总体上素质较高、头脑灵活、主动性强，且呈现结构多元化、分层化的特征。

结合具有“社会责任、学术素养、创新能力、国际视野的大写的人”的育人目标，学校生涯教育的目标可概括为，着眼于学生在中学阶段所面临的成长与升学的特殊需求，培养学生以自主选择能力为核心的初步的人生规划能力，帮助他们顺利完成人生过渡，培养有自主目标又能适应社会的青少年。

（二）生涯教育需求分析

高考改革的突出特点是将自我的探索和对未来的思考回归学生主体，给予学生充分的自主设计和个性发展的机会。这一举措强调生涯发展中内驱力的作用，有助于将学生的自主性转化为创造力。但是，选择权的突然回归和前置也使得原本致力于单纯解决学业问题的学校、学生和家长倍感压力。

选择考试科目的过程，浓缩了生涯规划教育的重要环节，完整地展示了中学生认识自我、探索环境、实现生涯决策的全过程。因此，学校将选科过程作为生涯教育的切入点，自编问卷《北京市普通高中选科能力调查问卷》进行选科能力模拟调查。通过分析中学生的选科特点、影响因素，透视高考改革背景下学生对生涯规划教育的新诉求和学校生涯教育的新重点。

如从调查可见，学生选科确信程度有明显的年级分层，需要相应地给予澄清、引导、指导等不同层次的生涯教育。学生自我选择的不坚定、不认可需得到教育者的重视，因为对选择的犹豫所产生的内驱力和自信心不足，将直接导致适应力不良和创造力不足。在影响选择科目的因素中，学生首先是考虑个人因素(兴趣爱好、以后学好该学科的信心、现在该学科的成绩优势)，其次是考虑升学和就业等社会因素(对以后生活有用、填报大学专业时选择面更广、与大学想学的专业相关)，最后是考虑学校因素和家庭因素。这反映出高中生做决定的想法与行为的分离，决策过程不整合、不连贯，不能充分考虑和有效利用“外部因素”与“长远目标”，没有很好地建立当前的选择和以后的升学、就业以及生活之间的内在联系。

（三）生涯规划教育的重点分析

1. 选择理念的澄清

从文理二分到 6 选 3 共 20 种组合，从固定行政班到分层走班，从统一必修课到多元丰富的选修课，学生从高中入学之初就面临着自主“选科”“选课”“选学”“选考”等一系列选择。持续的、高密度的选择促使着选择权回归到学生本身，督促着学生积极习得生涯选择的知识和能力。但是，学业水平考试的成绩将计入高考成绩也会滋生一些错误的选择观念，如有些学生和家长会把容易获取高分数的学科确定为高考科目，诸如此类的错误理念会使改革的目标难以落实。

2. 选择能力的提升

高考改革的本意是通过改革倒逼学生了解自己、关注社会，科学地寻找未来的学业方向。然而，长期以来，中学业指导、生涯规划指导的不足，使得学生难以有效处理选科中的诸多选择因素之间的关联和矛盾。最终的结果是，赋予学生自主选择权的高考改革使部分长期处在被安排、被规定学业生活中的学生出现了选择焦虑。开放性调查中有很多学生直接反馈不知道选什么，在行使选择权的过程中，大部分学生也只是简单地考虑分数和兴趣，很少考虑“大学要求”“今后用途”，没有形成整体的、连续的生涯发展观念。

3. 学习状态的转型

选科、选考模式对学校教育教学的组织形式带来了巨大的冲击，走班教学、小班研讨、个性课表、导师制度等在接下来的教育教学工作中会逐渐推广开来。新的教学模式也要求学生积极主动为自己寻求个性化、科学化的学习方式。但是，部分学生未能充分发挥兴趣和自我效能感带来的学习的内驱力，缺乏明确的学习规划和自主的学习能力。

三、 课程结构

中国学生发展核心素养勾画了新时代人才培养目标的具体标准，为学校生涯教育课程开展的方向、内容与方向进一步指明了方向。北京十二中培养具有“社会责任、学术素养、创新能力、国际视野的大写的人”的育人目标与中国学生发展核心素养有内在一致性，体现在生涯教育目标上，就是共同强调了学生通过自我探索，用兴趣、能力、性格等内部动机取代外在考试压力，发展人生价值目标取代升学成绩目标，用自主选择、自主安排取代教师和家长安排，把一段段割裂的被动人生转变为连续生长的主动人生，实现自主发展。

日本有学者认为学生为顺利实现“自主选择”必须满足两点：第一，有足够多的可以选择的项目；第二，选择者具有选择最佳项目的能力。也就是说，学校应为不同层次的学生提供与之相适应的选择空间，学生自身也应利用各种有利条件提高自主选择能力，实现自主发展。学校在推进生涯教育校本化实施过程中，结合整体性、多元性、差异性原则，统整了基础型、拓展型、探究型三类课程组织形式，形成了多种类型的校本生涯教育课程体系(图 6-1)。

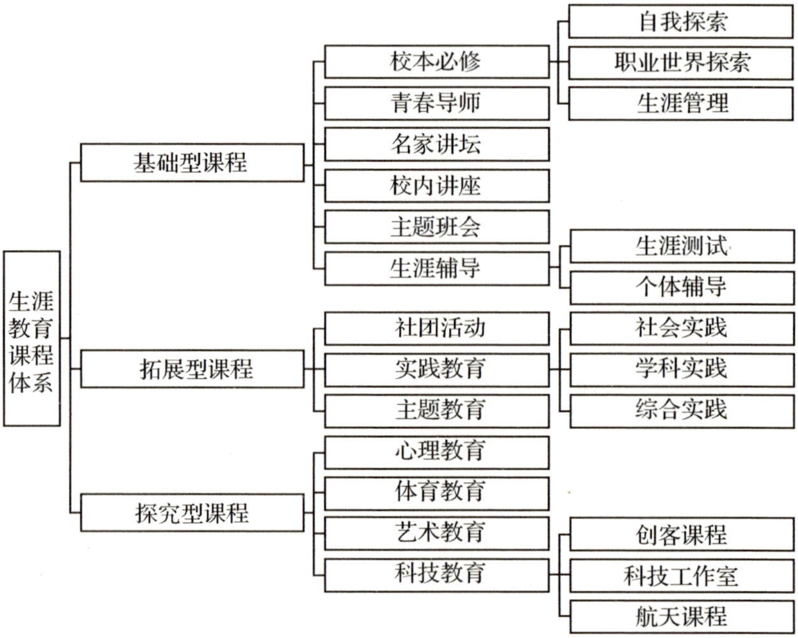

图 6-1　北京十二中生涯教育课程体系

为配合生涯教育课程实施，学校实施全员导师制。学校教师队伍中现有 3 名教育部“国培计划”专家，3 名享受政府特殊津贴专家，21 名在职特级教师，72 名市区级骨干教师，30 多名北京市“十佳”班主任和“紫禁杯”优秀班主任，其中高级教师占 62.3%，博士及硕士占 32.6%，专职心理教师5名，形成了专业能力扎实的生涯规划教育团队，强大的师资力量也为全面开展生涯规划教育提供人力保障。在不断实践的过程中，形成了以校长为组长、各校区德育副校长为副组长、学生成长指导部、心理教研室和年级组教师共同组成的生涯教育工作团队，成立了以心理教师、班主任、活动教师、学生志愿者、家长志愿者、社会志愿者、青春导师为主要成员的生涯教育工作团队，真正实行全员导师制的生涯教育(图6-2)。

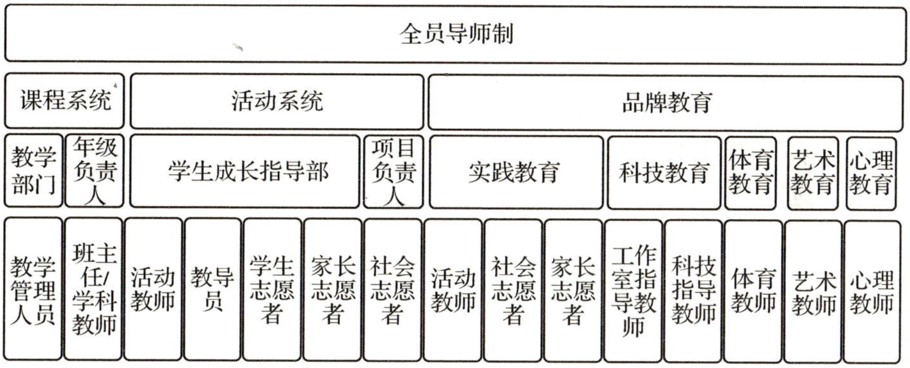

图6-2 北京十二中生涯教育全员导师制

（一）基础型课程

基础型课程聚焦教学，立足课堂，深入内核，凸显自主发展的核心素养，用教育教学行动诠释课程理念。教师通过案例教学来深化学生对知识的理解和对技能的掌握，注重理论联系实际。学生通过主动地参与活动、体验活动，实现自我教育。

1. 校本课程

心理组教师实施以“针对性、时效性”为重点的课程设计和教材开发，课程实施的过程采用系列主题的方式来统筹教材内容，每个主题下设有多个单元活动，以综合交叉、螺旋上升的方式来组织教学内容，由浅入深，逐步落实。课堂教学形式包含教师讲授、案例分析、小组讨论、自我设计、角色扮演、趣味游戏、生涯测评、问卷调查与课后作业等教学形式。如图6-3所示，生涯教育主题选择主要包括以下三类：第一方面是自我发展，主要通过价值观探索、兴趣探索、能力探索、性格探索，辅之以课后专业测评来完成，旨在帮助学生认识自己的独特属性，并以此为坐标规划成长路径；第二方面是职业知识及获取职业信息的方法，通过校园生涯访谈、认识大学专业、职业世界认识等课程，辅之以学生的课后作业，促使学生主动收集行业分类、职业胜任力等信息，帮助学生获得生涯选择必备的基本信息；第三方面是生涯管理，通过目标制定、时间管理、习惯养成、休闲安排、金钱观念、生涯抉择等现实课题，帮助学生以自主发展的意识来管理自己的生活，在自我认识和社会生活之间架起发展的桥梁。

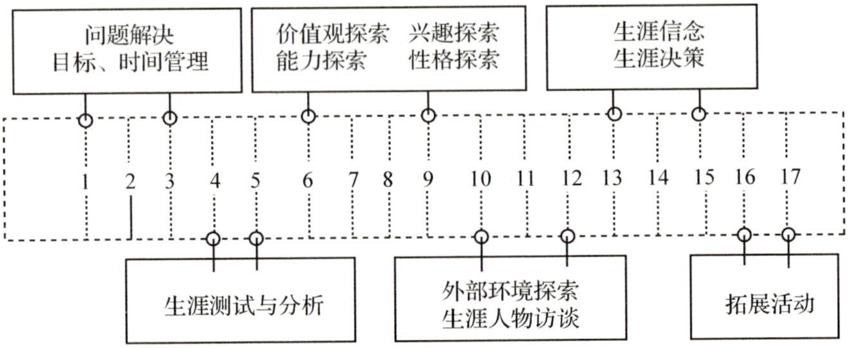

图 6-3　北京十二中生涯必修课主题

2. 青春导师计划课程

青春导师计划课程是北京十二中与丰台区青年联合会共同开展的生涯规划教育活动。青春导师是由从北京市和丰台区青年联合会委员中邀请各行业、各领域有成就、有社会责任感的杰出青年组成。这些青年杰出代表开放各自宝贵的资源，为青年学生提供生涯指导教育和人生理想教育。青春导师计划课程以学生为主体，以活动为载体，将生涯规划教育与社会实践活动相结合，鼓励学生走出校园，走向社会，关心社会发展，关注行业特点，关注就业问题，去尝试理解自己面临的社会问题，探索自我的生涯发展道路。以体验的方式，逐步了解自己的兴趣、能力、优势和不足，帮助学生们树立职业生涯发展和规划的自觉意识，了解职业发展的阶段性特点，掌握相关的职业分类知识、职业生涯计划方法和职业发展路途设计步骤等，从而形成积极正确的生涯态度，掌握科学的生涯选择的决策方法(图 6-4)。

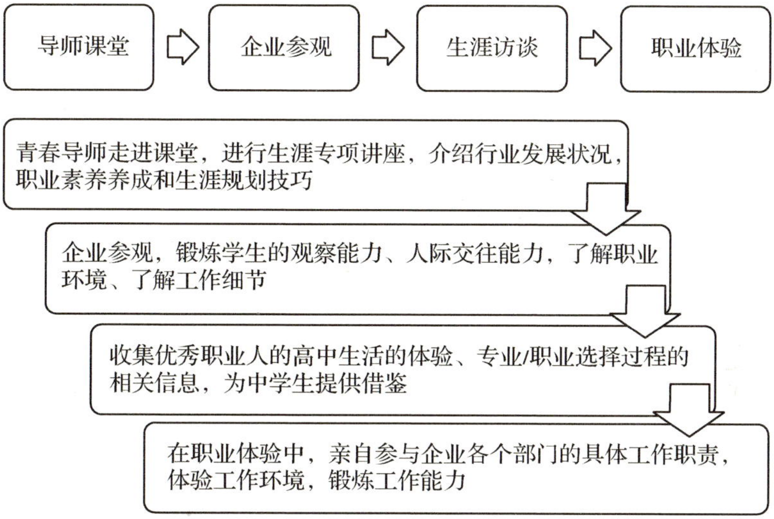

图 6-4　北京十二中青春导师计划课程设计

（二）拓展型课程

拓展型课程以校本课程形式为主，由学校根据学生的需要进行课程资源的开发与实施，鼓励学生根据自己的兴趣、爱好、潜能自主选择，使学生的人文底蕴与科学精神获得充分发展。

1. 社团活动

学生社团是中学生了解社会、走向社会的重要形式。学校特别重视学生社团活动的课程价值，全面规划学生社团，改革学生社团的管理方式，推进学生自我管理机制建设。学生通过积极参与社团活动，在社团中担任重要角色，完成设定社团活动目标、招募社团成员、实施社团活动计划、完成年度总结等任务，承担相应的角色责任，学会与他人协作，并完善对他人、对环境以及对社会的认识。社团活动主题上，引导学生关注当今社会和未来发展的热点问题。例如，辩论社以“青年应多元探索还是聚焦发展”为辩题，模联社团以“未来社会：竞争与合作”作为活动主题，校园电视台以“梦想”“未来”作为微电影选题，帮助学生建立自我和未来、内在与外部的连接。

2. 社会实践

每年6月中旬，学校利用常规教学时间，组织高一年级全体师生奔赴全国各地文化积淀深厚的地区，开展为期一周的京外社会实践活动。学生与友好校师生一起生活和学习，在友好校周边探民风、巡历史、拜英烈、悟文化，在行走中开展体验式学习和研究性学习。京外社会实践还鼓励不同学科教师在参与学生的实践活动中，以开放课堂的形式，将社会情境转化为教学资源。在与同龄人的交流中，了解了来自不同背景的同龄人对学习、对未来、对人生、对生涯的认识。在完成支教、采茶、除草、塑陶等活动的过程中，了解了工作的意义和劳动的价值。在以研究性学习的形式考察当地人文和自然特征的过程中，体验风土人情，理解历史文化。此外，在紧张的行程中高效地完成课题，也是对学生的团队协作能力、时间规划能力与自我管理能力的考验。

3. 主题教育

学校还充分利用开学典礼、成人礼、运动会、联欢会、科技节、艺术节、校长奖学金评选等主题教育活动进行生涯理念的渗透，通过严谨而细致的规则培养学生公平竞争和团队合作的意识，用表扬与嘉奖鼓励学生充分发挥自己的优势，提升自我效能感。

（三）探究型课程

探究型课程采用“以问题为中心的学习”和“以项目为中心的学习”两种学习方式来组织学生进行专题研究，让学生运用探究性学习方式，积累发现问题、提出问题、探究和解决问题的能力。

1. 航天课程

学校通过“钱学森航天实验班”对创新人才的培养做出了有益的尝试。学生们聆听航天专家关于航天器原理、导弹基础、火箭基础等知识的讲解，不断丰富自己的知识储备，还能在科技教师团队的带领下，自己收集资料，充分发挥想象力，谈论自己感兴趣的话题。甚至，像模拟飞行员的身体训练和模拟火箭发射，也成为课程的一部分。在专家引领下，学生们不仅自主学习了无线电、物理学、化学、工程技术和数学等多学科知识，更激发了他们探索未知世界的热情和创新的欲望。这不仅为学生们打开了奇妙的想象之门，更激励着他们一颗颗充满创新潜力的求知之心。不仅如此，学生们更深刻了解科学家和航天人的工作，敬佩他们对祖国的热爱之情、对科学研究的严谨态度、对技术的精益求精的精神、对航天事业的无私奉献、对个人名利的谦逊淡泊。这些科学家和航天人的精神和特质，都是对学生们的激励，鼓励他们朝着自己的生涯目标前进。

2. 科技工作室

学校有针对性地开展了特色鲜明的十五个科技工作室，即帮助学生在掌握课程基本要求的基础上形成自己的优势学科领域。以课程化的标准实施，科学规范地开展教学和评价工作。教学过程中，教师有意识地引导学生积极思考，培养学生的问题意识和科研思维。实验操作阶段，强调实验操作的规范性和科学性，不仅培养了学生的动手能力，还培养了学生细心、严谨的科研品质。最终，学生成果以答辩、科研报告等形式呈现，综合展示学生的对问题的思考、实验的设计、实验现象的讨论、结论的分析。各个科技工作室服务于学校科技工作，为研究性学习和翱翔计划等项目提供服务。

四、 课程实施

（一）基础型课程实施

以青春导师计划课程为例，该课程旨在培养学生规划意识，鼓励学生走出校园，走向社会，关心社会发展，关注行业特点，去尝试理解自己面临的社会问题，探索自我生涯发展道路。

1. 课程内容

在青春导师计划课程开发过程中，不断总结经验，初步建立起系统的内容体系(表 6-1)。

表 6-1　北京十二中青春导师计划课程大纲

章节	教学内容	重点、难点	学时
第一章 导师课堂	1. 课前向学生介绍导师，由学生自主选择导师 2. 导师备课，为与学生交流做充分准备 3. 课堂上与学生交流个人经验和行业信息	导师与学生 互相熟悉了解	2 学时
第二章 行业体验	1. 导师提供开放单位信息 2. 学生分组，在假期到各个单位参观学习 3. 以研究性学习的方式解决生涯问题	将研究性学习与 生涯规划相结合	6 学时
第三章 导师课堂	1. 学生就学习和研究性学习中的问题对导师进行提问 2. 导师回答学生问题，并做出阶段性总结	阶段性总结 并提出新的问题	2 学时
第四章 生涯访谈	1. 学生记录在生涯规划中遇到的问题，对导师进行访谈 2. 所有导师集合、列席，回答所有在座学生关于生涯规划的问题	现场回答学生 提出的问题	4 学时
第五章 成果展示	1. 将生涯规划的成果在班级进行展示 2. 选择优秀成果进行年级的展示	生涯规划成果 的科学性	2 学时

2. 实施保障

人员保障：学校成立以校长为组长、各校区德育副校长为副组长、学生成长指导部、心理教研室和年级组教师共同组成的心理教育工作小组。该小组也是生涯健康教育的组织保障，最终成立了以青春导师、心理教师、班主任、活动教师、学生心理委员、家长志愿者为成员的生涯教育工作团队。

制度保障：学校制定和完善了青春导师计划课程设置，课程方案制订、课题研究流程等。为了保障青春导师计划的有序开展，学校开发了《生涯教育指导手册》。该手册对各层级、各部门职责进行了明确划分，心理教研组负责课程的开发，与北京市丰台区青年联合会沟通细节；年级主任和学生成长指导部负责组织学生，协调课程的时间和场地；班主任和活动教师负责与青春导师沟通课程内容和注意事项，并组织学生记录学习心得，召开主题班会。

青春导师计划作为校内外资源融合的教育方式，为了总结教育教学的经验，梳理课程建设的新成果。青春导师计划每学期召开一次座谈会，从学校、青春导师、学生的角度，围绕校内外课程衔接、课程内容与形式建设以及课程的可持续性发展进行深入探讨，总结已有课程开设的经验，为后续工作开展提出有价值的思考和建议。

一是要围绕自己的人生经历阐述自己的人生格言来鼓舞学生；二是要有亲和力，找到正确切入点，拉近师生之间的距离；三是授课语言要朴实，给学生最直接的观点，使理论和实践变得好学易懂；四是结合本行业发展特点讲述最贴近自己的案例；五是要尽可能为学生提供实习机会，体验不同职业环境，让学生提前对职场产生初步认识。

——青春导师 虞承波

3. 课程评价

对学生的评价包括过程性评价和综合性评价。过程性评价记录学生参与活动的时间、次数、内容和行为表现，包括过程、观察记录、提问记录、活动结论、收集到的资料以及自己的感想等。综合性评价指的是，每次活动后对学生进行一次综合评价，包括让学生交流活动心得和展示活动作品两方面，让参与的老师、家长、学生给予即时评价。

4. 课程效果

学生生涯规划意识的提升，最直接的证据来源于学生的直观感受。从学生的课程总结中可以发现，他们从生涯人物身上得到的不仅仅是信念的激励，也从新的角度认识到生涯规划中目标、时间管理、价值观、兴趣等关键因素的作用，这是对于校内教育所学内容的一次深加工、新体会。

一个有责任心的人在任何岗位上都可以做得很好，一个没有责任心的人做任何事情都不可能那么一帆风顺。那么给我们讲解的大堂经理就是第一种人了。她给我们详细介绍了她日常的工作，每天检查座椅、茶水、报刊、植物……甚至连花草上的枯叶都要一一修剪掉。但从她的神色中却一点儿看不出有任何的不耐烦或者抱怨之意。从象牙塔步入社会似乎离我们还很遥远，但是如果对社会一无所知那就一定会吃很多亏。这次实践活动让平时躲在家里的我们体会到了陌生社会的一些方面，今后还有更多的东西要学，更多的方面要去接触，要打起精神，积极迎接挑战！

——学生 徐少嘉

给我们组留下印象最深的莫过于“黑暗的 36 小时”。现在我们的确是高中生，但是相较于将来的职业规划，即将面临的高考显然才是我们更为关注的。他在高考中失利，任谁这都是一个难以接受的消息，难以置信、恐惧、崩溃，哪种情绪都是有可能的。外界的一切，老师、家长、成绩，只是想想都是一种折磨，恨不得不惜一切逃离这里。他的确崩溃了，关了自己 36 个小时。我们猜不到他在这 36 个小时里都想了什么，如何做出决定，这必定是艰难的。所以，他敢走出屋门面对那令人恐惧的一切，我们就不得不从心底佩服他了。这之后他可能要痛苦地离开兄弟们，面对着或许是陌生的老师，重新过艰难的高三，这是怎样的一种勇气和信念。

——学生 寇静恬

这次经历中，我感受深刻的并非繁多的经营技巧，或者是复杂的竞争意识，而是一种“理念”的维持和守护。致诚公益本着“为社会大众服务”的思想，坚持公平和正义，有力地维护了大众的权利，给大众提供更可靠的保障与帮助。通过这次活动，我体会到，对于自己的理想，更多的还是需要一份热爱与坚持！或许是否达到那个目标并非那么重要，为此努力的过程才是真正能丰富提升自己的，不是吗？有时候充实我们生活的，就是一份“信念”。

——学生 张天慧

（二）拓展型课程实施

以京外社会实践课程为例，在课程组织和实施过程中，始终坚持以社会主义核心价值体系教育为指导；以服务学生、惠及学生、促进学生全面发展和创新精神、实践能力的培养为根本出发点；以学校京外友好校、科研院所等友好单位建设为依托；以育人为宗旨，以促进学校教育与社会教育的结合，学生的知识学习与社会实践的结合为目标；注重学生知行统一教育，鼓励学生通过亲身参与的方式认识社会，了解国情，体悟民情，感受区域文化特色和历史积淀。

1. 课程内容

学生与友好校师生一起生活和学习，在友好校周边探民风、巡历史、拜英烈、悟文化，在行走中开展体验式学习和研究性学习。京外社会实践还鼓励不同学科教师参与学生的实践活动，以开放课堂的形式，将社会情境转化为教学资源。课程内容的设计不拘泥于特定的框架，在保障常规内容的情况下，集合班级特点和时事热点，开发多种形式的实践教育。

校内活动内容：在遵守对接学校正常的教育教学秩序的情况下，开展教育教学交流活动。活动内容包括：在对方学校食宿，与对方学校学生一起跑步做操，随班听课，同课异构，听地方文化讲座，参观校园，开展体育比赛，开展主题班会，开展辩论赛，参加座谈会和文艺联欢会。

校外活动内容：探索友好校周边资源，参观学校周边的文化名胜古迹，以研究性学习的形式对参观的对象进行考察，以小组形式对不同的参观对象进行实地分析，让学生在考察研学中了解地貌的形成特点，认识当地风土人情的人文特色，理解历史文化的博大精深，感悟民族复兴的丰功伟绩，抒发热爱祖国的壮志情怀。

2. 实施保障

人员保障：学校成立以校长为组长，副校长为各支队负责人的京外社会实践活动领导小组，学生成长指导部负责学生实践活动计划与落实，班主任负责本年级或本班的设计与实施。学校充分利用教师资源，发挥学科教师的主观能动性，挖掘校内外的人文、地理、历史等资源，完善社会实践活动课程体系，负责京外社会实践中的具体工作。同时，学校积极向家长宣传京外社会实践的价值和意义，动员家长作为志愿者参与到学生的管理和服务中去。最终，每一支队都成立了以副校长、班主任、活动教师、家长志愿者为主要成员的京外社会实践工作团队，专人专职落实每一项工作。班级内部建立4～6名学生的社会实践活动和研究性学习小组，每组指定小组长，建立全员畅通的通讯联系方式和及时汇报联系机制，推行小组合作和自主管理制度。

制度保障：为了提高全体教师、学生及学生家长对京外社会实践的理解与支持，学校通过召开行政会、教师大会、班主任工作研讨会、学生大会以及家长会，宣传京外社会实践对学生成长发展的重要作用，提高全体教师、学生和家长对京外社会实践工作的认识，提高自觉参与京外社会实践活动的主动性，增强京外社会实践活动的实效。学生成长指导部根据学生的心理特点，统筹规划京外社会实践，制订适合学生需求发展的活动方案。活动开始前，开展学情调查，发放家长通知书，制订安全预案和活动方案，确定京外社会实践活动的内容和形式。活动结束后，组织学生、教师、家长进行总结和反馈。

多年来，学校实践教育活动已横跨12个省、市、自治区，与16所学校建立友好学校关系。在历年的活动过程中，学校不断总结经验，形成了系统的、科学的、具体的实践活动手册。活动手册既是京外社会实践活动的方案设计，也是京外社会实践活动的具体指导，确保各项活动有序开展。

3. 课程评价

课程评价的目的是对课程进行价值判断，以改进学生的学习方式，促进学生的发展。课程评价应能最大限度地拓展学生的学习空间，引导和激励学生参与活动。本课程对学生的评价主要通过活动结束后对学生交流活动心得和展示活动作品两方面进行，也包括参与的老师、家长、学生给予即时评价，最终在学生综合素质评价中体现出来。

课程评价的流程：先由活动的各小组收集和整理活动材料，在班级进行京外社会实践活动成果的汇报；再由各班级进行活动总结，在全年级进行京外社会实践和研究性学习成果的展示；最后由学校对学生京外社会实践活动的成果进行总结提炼，由北京师范大学出版社出版成册，确保了学生社会实践活动落到实处(以下内容节选自《那些渐行渐远的时光》)。

这次社会实践可用六个“心”作为总结——社会实践内容安排精心、教师们关爱学生真心、教师们感恩教育细心以及实践活动中教师们的爱心、职业素养与耐心，这都让随行的孩子家长放心。

——2014 级高一(3)班学生家长

这次实践活动体现了学校在培养学生独立能力、社会能力所付出的努力；学校和老师为了提高学生综合能力，甘愿承担安全风险和压力。这次社会实践活动对每一位学生都是一次难得地锻炼自己、提高自己的机会，必将对学生的成长进步起到有益的促进作用。

——2014 级高一(4)班学生家长

4. 课程效果

增强了学生独立生活与自理的能力：京外社会实践活动是学生离开父母独立参加的活动，活动之前要收拾自己的行李，掌握出行必备的常规知识，活动中要独立自主完成各项任务。不仅如此，有的同学还要肩负小组和班级的管理工作，如卫生小组要清扫每天旅行车上的垃圾、各组负责人要及时清点本组的人员是否到齐、生活小组的负责人要安排好一日三餐的座位及餐余的清理、新闻报道组要负责撰写新闻报道等。离开家庭的庇佑，学生独立生活与自理能力得到了充分的锻炼。

增强了学生自主学习与研究的能力：社会实践教育活动也是一种学习方式，是向自然学习、向社会学习，向纪念馆学习、向博物馆学习，向革命烈士学习、向英雄人物学习，向传统文化学习、向科技文明学习，这些活动穿越了学科、学习和学校的边界，改变着学生的学习方式，大大提高了学生的学习能力。

增强了学生互帮互助与吃苦的意识：每一支线两个班的学生集体外出过程中互帮互助，互相关心，互相协作，表现出了集体意识和时间观念，使活动顺利进行。学生在适应当地的天气与环境、住宿与饮食的过程中，了解同伴学习的勤奋和生活的艰苦，认识到两地差异，培养了坚韧不拔的意志。

（三）探究型课程实施

以脑与记忆工作室为例，该课程以校本选修课为依托开展科技创新教育，以课程化的标准实施，科学规范地开展教学和评价工作。课程内容由校外专家、本校教师甚至学生共同开发，相对于传统学科实验室更加开放和综合。各个科技工作室服务于学校科技工作，为研究性学习和翱翔计划等项目提供服务，也为学生依据学科兴趣开展探究活动，了解专业、职业信息提供平台。

1. 课程内容

脑与记忆工作室是围绕人和动物的学习与记忆行为开展，属于校本学科综合实践活动课程(表 6-2)。课程内容包含脑与记忆的心理学和生理学基础知识讲座、科研能力培训、动物实验讲解和操作等。授课对象为高一和高二学生，具有一定的知识基础，在课堂上能与老师进行多样化的积极互动，共同探讨科学问题，实时地搜索、研读文献，开展小组实验研究，进行数据的分析解读。课程目标是培养学生自主思考、提出问题、分析问题、解决问题的能力以及科学研究中认真严谨的科研品质。

表 6-2　脑与记忆工作室选修课大纲

章节	重点	学时
第一章　记忆的生理基础	记忆的脑机制	2 学时
第二章　记忆的心理基础	记忆的心理机制	2 学时
第三章　实验对象与实验室安全	实验室安全规定	2 学时
第四章　学习与记忆的动物实验	动物实验的思路	2 学时
第五章　科研文献研读	科研文献的逻辑	2 学时
第六章　初级数据统计与处理	基本统计知识	2 学时
第七章　实验设计初探	实验研究的提出	2 学时
第八章　动物实验实际操作	实验的操作和实验结果的解读	暑假

2. 实施保障

物理空间设计：脑与记忆工作室由北京脑重大疾病研究院专家和北

京十二中共同规划，根据工作室的建设目的分析具体的功能分区，列出所需的硬件和软件需求(图 6-5)；根据小班教学和小组讨论的形式考虑容纳学生人数，确定设备数量和规格要求，并进行合理布局；安装相应的系统软件和应用软件，包括信息技术手段的配置与使用，鼓励学生使用网络和探究实验的应用软件，进行采集和分析实验数据，共享和记录实验日志和数据结果。最终，脑与记忆工作室建立起大学与高中链接的科研平台，围绕教学与学习、学习与认知两个主题，探索人与动物的各种认知功能与学习关系，造就了有科研能力的教师队伍和有志从事脑科学研究的创新人才。

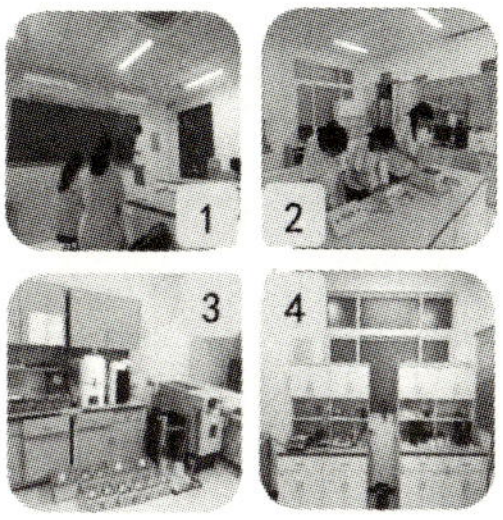

公共区域

办公电脑及电脑椅5套
学生椅10张
打印机（HP 1020plus）一台
常规投影仪（理光PJ K110）一台

动物学习与记忆检测平台

Morris水迷宫测试仪（型号：BW-MWM101）
Y迷宫测试仪（型号：BW-MYM103）
穿梭分析系统（型号：BW-MAS104）
学习无助仪（型号：BW-DLH208）
强迫游泳系统（型号：BW-DFS201）
睡眠剥夺仪（型号：BW-NSD404）
条件性恐惧仪（型号：BW-NFC402）
存放样本的冰箱一台（海尔BCD-241TMCN）

青少年学习与记忆检测平台

视觉运动反应时测试仪（HAD-BD-Ⅱ-511）
学习迁移仪测试仪（EP804）
注意力集中测试仪（EP701C）

生化检测平台

Millipore实验室超纯水仪（MERCK MILLIPORE Milli-Q Reference超纯水系统）
OHAUS奥豪斯一台（CAV412便携式天平）
专业分析天平一台（CAV64C分析天平）
PH计一台　（PHS-3C型上海雷磁仪器厂）
离心机两台（TDL-80-2B 低速台式离心机 5804/5804R台式高速大容量离心机）
多波段全自动酶标仪一台
多功能荧光酶标仪一台（SP-Max 3500FL型多功能荧光酶标仪）
台式恒温恒湿箱（型号：HOC-(K)ZWS1）

图 6-5　脑与记忆工作室物理空间设计

师资队伍建设：科技工作室教师除了具有一般素质和学科能力之外，还应具备创新型教师的素质要求，有先进的教育理念，不断学习新知识，保持积极的思维和灵活的头脑，尊重学生的学习特点，具有较强的实践动手能力。脑与记忆工作室由北京十二中的心理教师和生物教师共同负责组织，从不同学科的角度引导学生对学习与记忆进行探讨。同时，邀请北京脑重大疾病研究院专家，开展科普讲座，进行实验技术指导，教师也时时扮演学生的角色，拓展知识领域，将抽象的科研方法论转化为通俗的课程内容。科技工作室承担了完整的科研流程，为了应对层出不穷的新问题，一方面，教师要不断学习，从教学实践中发现自己的不足，进行改进；另一方面，学校要为教师创造培训和学习机会，从外部环境尽可能为教师争取到更多的支持。

项目运行机制：选修课是科技工作室的常规载体，科研项目驱动是科技工作室的运行机制。根据课题项目的需要，学校教师和高校专家密切合作，为学生提供专业的知识和技能的辅导，研究成果可以作为学生作品参加各类创新活动竞赛，也可以作为高校导师科研课题的研究成果之一，还可以作为学科教师开发课程的案例和素材。脑与记忆工作室组织选修课的学生用《模拟室内甲醛污染对学习和记忆影响的探索》申报2016年度北京青少年科学探索专项资金，校内外老师共同参与学生的选题、开题的培训和指导，利用暑期时间，开展实验，统计结果，撰写论文，在这个过程中促使学生主动探究生活中的实际问题，扩充知识储备，培养学生的团队协作。以科研项目为驱动，不仅使学生得到了系统完整的训练，也使工作室的功能得到了最大程度的发挥。

3. 课程评价

多元化评价方法在科技工作室中具有重要的作用，着眼于学生的创新精神、实践能力、交流合作的培养。学生参与科技工作室的课程成果以研究报告和答辩的形式展示实践能力和创新精神，在研究性学习、翱翔计划、综合素质评价等过程中有所体现。评价内容除了实践创新能力，也包括学生的个性发展，应重视对于学生未来长期发展的影响。

4. 课程效果

学生的主观评价中，反映出的不仅仅是科研能力的提升，还包含科研素养的锻炼，团队合作能力的提高。在参与探究性课程的过程中，学生也能获得对各个学科、专业的直观感受，成为生涯选择的重要依据。

实验过程中也有很多失误与不足。有人的某个数据出现了很大的偏差，导致前几个小时的努力都白费了，但是我们仍细心地分析是哪步出了差错，果然，第二天就有了很大的改观。这次科研的经历会让我在以后的学习上更加有信心、有韧劲。科研精神会伴我同行。

——2015级学生 穆晨阳

从担心操作失误，到看到不理想数据的反思，再到实验成功的欣喜，每个人都很用心地参与了进去，即使步骤复杂累人，但是每天离开实验室的时候，比起疲惫，心里更多的是充实满足。

——2015 级学生 陈雨童

小鼠们来到这个世界的任务就是为实验奉献，甚至是献出生命。他们最最宝贵的价值也在于此，所以我们应该对小鼠报以崇高的敬意来进行这次实验。我们在尊重生命的同时，将其生命的价值发挥到极致，这才是对生命最大的尊敬。

——2015 级学生 苗湛

五、 反思与改进

（一）将生涯教育理念融入学校教育教学整体构架之中

学校的管理者要树立全面持续发展的人才培养理念，清晰生涯教育的定位，制订切实可行的整体规划。生涯教育既服务于解决学生当前考试和升学任务，又能引领学生具备初步的人生规划能力，更重要的是帮助学生获得适应未来世界的能力、态度和信念，懂得基于自身和环境做出适切的选择。

在开展生涯教育过程中，学校要积极推进学校课程建设，推出丰富、多元、分层的课程，满足学生不同层次、不同方向的需求；还要组织教师进行培训与合作，引导全体教师积极参与、主动投入全员导师制中。在具体实施中，以各生涯课程为基础，以生涯课程和个别、团体生涯辅导为支撑，以学科教学为渗透生涯教育的重要阵地的实施体系，搭建一个课程、活动、制度、人力资源丰富的教育系统，为学生的个性化发展提供课程和环境支持。

（二）积极探索生涯教育途径， 充分开发生涯课程资源

为了让更多的学生从中受益，增加课程的辐射效果，学校需要逐步积累各种资料，形成课程资源网络。

一是采用学科融合的办法，提供多元和优质的学习经验。学科教师要为学生提供多元和优质的学习经验，让拥有不同能力特质和性格特点的学生都能从学习中发现自己的能力倾向，建立自信，启迪创造力。

二是学校应开发各种拓展课程和探究课程，完善课程的分层。教师

在传授知识的同时，还应体现各个科目的内在魅力和未来价值，在提升学生能力的同时，还应识别学生的潜能所在，提升效能感、自信心和稳定的兴趣，实现生涯教育与学科教育的融合。

三是学校要发挥学校平台的桥梁作用，促进社会资源、家庭资源和学校资源的整合，调动社会、校友资源和家长的积极性，为学生搭建一个可以利用的、走向社会和职业世界的真实平台与环境支持，获得丰富的职业认知和体验，把职业精神和职业价值融入自身职业理想之中。

（三）注重内在引导，促进学生自主发展

生涯教育的核心在于通过提供不同类型、不同领域、不同层次的学习机会，激发学生的生涯发展的自主性与能动性。在教学和教育实践中，应注重建构学习的意义感和未来感，引导学生了解目前的学科学习和未来发展的关联，激发学习的内在动机，以价值感引领学生自主选择、主动发展。

除此之外，还要引导学生以积极的信念面对选择的不确定性，体验成长的意义，有勇气对自己负责。对自己的选择保持认可和负责的态度，又要以开放的心态，对未来保持关注和投入，在动态平衡中做出适当的选择。

第三节　细品中国精神的茶文化特色课程的构建与实施

茶文化系列课程是北京市第五十五中学开设的一门特色校本课程，面向全面普通高中学生和国际部学生，该课程立足“细品中国精神 重拾文化自信”，着眼学生发展核心素养，实现多学科的整合和主题实施，从优秀传统文化创新性继承和创造性转化的角度，再现了学校特色课程多学科融合性主题开发的路径和特色课程促进学生发展核心素养发展的实践智慧。

一、茶文化特色课程建设的背景

习近平同志在庆祝中国共产党成立 95 周年大会上的重要讲话中强调“全党要坚定道路自信、理论自信、制度自信、文化自信”。在 5000 多年的文明发展进程中，中国人民以自己的勤劳智慧创造了灿烂的文化，为中华民族发展壮大提供了丰厚的滋养，为人类文明发展进步做出了独特的贡献，铸就了辉煌的历史，在今天仍然闪耀着时代的光芒。

中国是茶的故乡，是世界上最早种植茶、利用茶的国家。中国的茶文化及饮茶习俗在汉、唐、宋代就已向中国周边地区辐射，明清以后更传至欧美，对其产生了巨大的影响。全世界有 160 多个国家和地区的共计超过 30 亿居民都喜爱饮茶①，并将饮茶作为文化活动的重要环节，形成了各具特色的茶文化。而中国的茶文化相比西方国家，其重要性、丰富性和它蕴含的哲学意义要更胜一筹②，闪烁着中华民族的荣耀与光辉，也是我们文化自信的底气与来源。

选定中国茶文化作为课程主题，是北京市第五十五中学将课程开发与中华优秀传统文化直接对接的创新尝试：多学科参与，诠释中国茶的起源、发展和传播的历史；师生共同体味、感受茶文化蕴含的人文精神，并且在一个全新的时代与社会背景下，用科学的视角来重新认识茶的健康价值与人文内涵；“解茶语、知茶事、明茶礼与修茶心”这一课程主题与促进学生的全面发展的核心素养框架要求进行对接，引导学生在课程学习过程中体味茶文化中蕴含的中国精神，立志做优秀文化的传承者，树立并提高文化自觉与文化自信意识。

学校茶文化系列课程由浅入深、通俗易懂，融知识性、趣味性、科学性于一体，使学生在轻松、愉快的氛围中获得知识，提高个人修养与生活品位，追求高层次的生活情趣和精神享受，在细品茶文化所蕴含的中国精神的同时，重拾我们的文化自信。

二、 茶文化特色课程的功能定位

（一）促进学生重拾文化自信

茶文化是东方文化的精髓部分和重要的文化遗产。中国的茶文化历

---

① 余悦：《世纪行：东西聚首话茶事——美国“走向 21 世纪中华茶文化国际学术研讨会”综述》，载《农业考古》，1998(4)。

② 张稚秀、孙云：《西方茶文化渊源》，载《农业考古》，2004(2)。

史悠久、博大精深，吸收了儒、道、佛三家的思想精华，对国人性格和处世心态的养成有着重要的影响。茶不仅是作为中国传统文化的一个标志物，对于每个个体而言，与茶相关的生活方式本身，也是一种自我省思和净化。总体而言，中华茶文化的精神集中体现在四个方面，即重德、尚和、崇俭与贵真。

重德，即摆正人与自我关系的准则。重德，是中国茶文化精神中最基本的内容。讲究茶德，塑造高尚人格，完善自我，实现自身的人生价值，是历代茶人崇尚和追求的目标，也是茶文化的核心内涵。而茶德的树立，既是茶的自然特性的显现，又是茶人精神的流露，同时又是茶人所确立的道德标准和行为规范。尚和，即协调人与他人关系的宗旨。茶道中“和”的基本含义包括和谐、和敬、和美、平和等，其中主要是和谐。通过以“和”为本质的茶事活动，创造人与自然的和谐以及人与人之间的和谐。茶文化关于“和”的内涵既包含儒、佛、道的哲学思想，又包括人们认识事物的态度和方法，同时也是评价人伦关系和人际行为的价值尺度。崇俭，即处理个人与民族及国家关系的基础。崇俭，就是倡导勤俭、朴实、清廉的个人思想品德与社会道德风尚。以茶崇俭、以俭育德，既是中国茶道精神的精义，也是茶文化关于人的人生价值的重要思想内容。贵真，即沟通人与自然关系的要求。贵真，就是讲求人与自然的亲和，追求真善美的统一。这既是中国茶道的核心内容，也是传统茶文化的魅力所在，同时也是茶人对人生价值的最终追求。

中华优秀传统文化，既能够增强做中国人的骨气和底气，也是我们最深厚的文化软实力，是我们文化发展的母体。茶文化所蕴含的重德、尚和、崇俭与贵真的中国精神，体现了“天人合一”“和而不同”等社会理想与东方智慧。学校尝试通过茶文化课程的开设，打破学科壁垒，依托一个共同主题，实现课程整合，将学科核心素养的培养落在实处。同时，通过茶文化这一课程主题，使学生对中国特色的精神追求有进一步的了解，体会中华文化的精神内涵，重新建立文化自信；提升对中华优秀传统文化的再认知水平，修身修心，悟法悟道。

（二）培养学生人文素养

中国学生发展核心素养为课程改革明确了方向，是对当前教育方面紧迫问题的回应，也体现着国际共识，它高度关注学生的社会责任感、创新精神与实践能力。了解中华优秀传统文化，是对学生承担的社会责任的要求；传承中华优秀传统文化，更需要学生实践能力的提升。

通常认为，文化的内部结构主要包括物态文化、制度文化、行为文化与心态文化四个层次。① 物态文化层是人类的物质生产活动方式和产品的总和，是可触知的具有物质实体的文化事物。制度文化层是人类在社会实践中组建的各种社会行为规范。行为文化层是人际交往中约定俗成的以礼俗、民俗、风俗等形态表现出来的行为模式。心态文化是人类在社会意识活动中孕育出来的价值观念、审美情趣、思维方式等主观因素，相当于通常所说的精神文化、社会意识等概念。这是文化的核心。

与之对应的，我们将茶文化也应分解为四个层次。

物态文化——人们从事茶叶生产的活动方式和产品的总和，即有关茶叶的栽培、制造、加工、保存、化学成分及疗效研究等，也包括品茶时所使用的茶叶、水、茶具以及桌椅、茶室等看得见、摸得着的物品和建筑物。制度文化——人们在从事茶叶生产和消费过程中所形成的社会行为规范。行为文化——人们在茶叶生产和消费过程中约定俗成的行为模式，通常以茶礼、茶俗以及茶艺等形式表现出来。心态文化——人们在应用茶叶的过程中所孕育出来的价值观念、审美情趣、思维方式等主观因素。

因此，我们从茶文化的四个层次开发了系列课程，将茶文化涉及的物质与精神层面的内容与学科相结合，通过多学科围绕"茶文化"这一共同主题展开，主要从上述四个层次介绍茶文化知识，进行相关调查，学习茶艺操作的具体步骤与规则，中外学生进行以茶会友的沟通交流等，使学生科学掌握茶文化的具体知识，了解茶文化的物质与精神内涵，培养学生核心素养，提升人文底蕴与实践能力，扩展学生的认知领域，以更高层次、国际性的视野认识与传承中华优秀传统文化。

---

① 余英时：《从价值系统看中国文化的现代意义》，台北，时报文化出版事业有限公司，1984。

（三）推进中外两部[①]学生融合课程的尝试

学校的办学理念是“多元，融合，根植中国文化；探究，挑战，共育世界公民”，育人目标是“培养世界的中国人，中国的世界人”。茶文化系列课程的开设，较好地体现了学校的办学理念和育人目标。茶文化课程的开设使我们的传统文化发生在师生真实的相遇与体验中，把茶文化所蕴含的中国精神与东方智慧变为我们的教育哲学，把品茶论道变为教育美学，把中国的传统文化变为学生发展的文化根基。

文以化人、文以载道。学校在国际部开设了茶文化课，专门聘请茶文化专家给国际部学生讲授品茶论茶之道，让文化自身说话，使其成为不同语种、不同地域、不同国家和平交流沟通的媒介，展现中华文化风采，传播与传承中华优秀传统文化。同时有意将茶文化系列课程推进为两部融合课程。目前只是在相关学生活动如多元文化节、国际青少年友谊茶会中有茶文化课程的展示。如何进一步在校本课程和研究性学习课程中融合两部学生，将茶文化课程开展得更加丰富，是我们下一步要推进的工作。

三、 茶文化系列课程的主题与形式

（一）课程主题

1. 学生核心素养的培育及拓展

学生发展核心素养主要是指学生应具备的，能够适应终身发展和社会发展需要的正确价值观、必备品格和关键能力。核心素养是关于学生知识、技能及情感、态度与价值观等多方面要求的综合表现；是每一名学生获得成功生活、适应个人终身发展和社会发展都需要的、不可或缺的共同素养；其发展是一个持续终身的过程，可教、可学，最初在家庭和学校中培养，随后在一生中不断完善。根据中国学生发展核心素养总体框架，学校通过茶文化课程的开设具体落实这些内容，将“解茶语、知

① 两部指校本部和国际部。

茶事、明茶礼与修茶心”这一课程主题与促进学生全面发展的核心素养对接。学生在课程学习过程中体味茶文化中蕴含的中国精神，立志做优秀文化的传承者，树立并提高文化自觉与文化自信意识，是学校茶文化课程的首要主题。

2. 对茶文化的科学解读及实际运用

茶文化涉及内容十分丰富，学校茶文化课程经过教师们精心选择，教会学生科学地解读茶文化，并将学习的内容与生活联系起来，使学生爱学习，爱生活，学会科学的认知方法，不断提高文化素养与生活品质，培养健康的生活理念。

在茶文化课程的学习中，学生锻炼动手实践能力，关注生活与社会现实问题的意识得到提升，理性地分析茶文化背后的社会生活现象，追求艺术与审美情趣，对我国优秀传统文化的认同与理解，注重人文积淀与人文情怀的培养，这是学校开设茶文化课程的主题之二。

3. 培养国际视野与国际理解精神

国际理解教育的首要内涵是弘扬民族精神。茶文化中蕴含的“和”“包容”“天人合一”等理念，正是国际视野与国际理解精神的体现与要求。

国际理解教育还包括“全球视野与胸怀，理解世界各国相互依存的关系，对和平、公正、开发、环境等重大国际问题的观点与态度”。① 学校茶文化系列课程中涉及“茶与咖啡的对话”等内容，通过中西文化对话，有助于推进多元文化的接触、了解、沟通与理解，培养学生的国际视野与国际理解精神。当前学校正在努力推进茶文化课程成为“两部融合”的课程，并编印校本教材，在学生多元国际背景下，将中华优秀传统文化推向世界，让越来越多的学生了解中国优秀传统文化，感受中国文化的精神内涵，增进国际理解。

国际理解教育的本质是要推进教育国际化与本土化的相融相合。中国传统茶文化，茶文化课程，成为学校尊重多元文化，推进国际理解教育，培养学生国际视野的载体。这是学校开设茶文化系列课程的主题之三。

---

① 余新：《国际理解教育发展的研究》，载《外国教育研究》，2002(8)。

（二）课程形式

1. 学校整体课程功能定位的明确

为使任课教师能更好地开设茶文化课程，充分理解课程的意义，方便具体备课，学校将茶文化的四个层面内容与学科知识及发展学生核心素养进行了规划、整合与对接，明确“解茶语、知茶事、明茶礼与修茶心”作为茶文化系列课程的功能定位，各学科围绕学校整体课程功能定位进行具体教学设计如表 6-3 所示。

表 6-3　茶文化系列课程的功能定位

文化的四个层次	茶文化的四个层次	课程功能定位	定位集中体现的学生发展核心素养	主要相关学科
物态文化	茶叶的种植、加工及健康价值的研究；茶具等体现的文化价值研究	解茶语	科学精神之理性思维，勇于探索 学会学习之乐学善学 健康生活之珍爱生命 实践创新之劳动意识，技术运用等	数学、物理、化学、生物等
制度文化	茶叶生产与消费过程中的一系列社会行为规范	知茶事	人文底蕴之人文积淀，人文情怀 学会学习之勤于反思 责任担当之社会责任，国家认同，国际理解等	语文、英语、地理、历史、政治等
行为文化	通过茶礼、茶俗以及茶艺等形式表现出来的，人们在茶叶生产和消费过程中约定俗成的行为模式	明茶礼	人文底蕴之人文积淀，审美情趣 学会学习之勤于反思，信息意识 责任担当之社会责任，国家认同，国际理解 实践创新之问题解决等	语文、英语、地理、历史、政治、综合等
心态文化	人们在应用茶叶的过程中所孕育出来的价值观念、审美情趣、思维方式等主观因素	修茶心	人文底蕴之审美情趣 科学精神之批判质疑 健康生活之健全人格，自我管理等	语文、英语、历史、地理、政治、综合等

2. 校本课程体系的构建与完善

学校的茶文化系列课程主要包括校本课程、研究性学习课程与学生主题活动课程三大部分，其中以校本课程与研究性学习课程为主要形式。以下是在校本课程与研究性学习课程中开设茶文化系列课程的具体情况（表 6-4）。

表 6-4 茶文化课程体系构成

学科	课程名称	课程简介
语文	走进茶文化（研究性学习课程）	通过实践探究活动，让学生了解有关茶的知识，如茶的起源、品种、鉴赏等；了解茶之故乡的人与事、文化与历史等。通过学生亲自“考察”“调查”“探究”“操作”等一系列活动，让学生体验和感受制茶人的艰辛和快乐。培养学生热爱家乡，热爱自然，热爱祖国历史文化的思想感情。
数学	让茶艺游戏走进数学课堂（校本课程）	了解茶知识，师生品茶过程中观察茶杯、茶壶设计特点，展示各类茶杯、茶壶的设计风格。渗透数学符号发展历史，让学生感受到数学的无处不在，提升学生了解对艺术造型的文化理解。分组设计集美观、大方、实用于一体的茶具一套（要求体现抽象数学符号造型……），将抽象转化为实际应用，在应用中升华概念的理解，增强数学符号的艺术之美。
英语	中国茶文化与西方咖啡文化对比（校本课程）	本课程结合茶与咖啡探讨中西方文化，主要从茶与咖啡的起源、发展和象征意义，按时间顺序介绍茶与咖啡背后的文化差异，课程内容包括茶的前世今生、咖啡的前世今生、茶与“大咖”、茶和咖啡背后的故事、当茶遇到咖啡。
化学	茶·意（校本课程）（两部融合课程）	本课程以鉴茶、泡茶两大部分对茶文化进行讲解。其中泡茶部分为课程的重点。学习茶叶的品质特征和冲泡工艺，通过理论学习、感官认识和动手实操，让你能够了解茶叶、认识茶叶，并在茶叶的课程中渗透正确的人生观、认真严谨的做事态度、平和宽厚的生活心态！让我们从茶叶的冲泡工艺中体会茶与心的融合，感受茶文化更深一层的魅力！

续表

学科	课程名称	课程简介
生物	健康与茶（校本课程）	我国的茶文化具有5000多年的历史，成为中华民族的一个组成部分。本课程主要介绍茶的起源与传播和茶的基本知识、北京茶叶市场调查和茶与人体健康、茶中营养成分测定和茶艺、提高茶叶品质。
历史	饮茶史话（校本课程）	茶叶究竟有何魔力能让尝遍百草的神农为之兴奋？汉代以来“以茶代酒”的风尚缘何流行？唐代茶叶走入边疆，少数民族与唐太宗被尊为“天可汗”有何关联？宋代抵抗敌国的利器为何不是兵器而是茶叶？明代以后，为何又有许多海盗为了几斤茶叶而铤而走险？本课程中将会一一揭晓答案。让我们饮茶思源，把思维的触须伸向悠远的历史，遨游于源远流长的历史长河，从浩如烟海的历史文献宝库中披沙拣金，去寻觅中华茶文化的历史轨迹。
地理	“找茶”——十大名茶空间分布（校本课程）	“西湖龙井，洞庭碧螺春，黄山毛峰，庐山云雾，六安瓜片，君山银针，安溪铁观音，信阳毛尖，武夷岩茶，祁门红茶”这些知名茶品，你能否在地图上找到呢？它们的命名方式又是怎样的？从地理的角度，我们去寻找答案。
政治	漫谈茶文化（校本课程）	茶起源于中国，茶马古道既是商路，也是一条文化之路。茶文化中，有经济情缘，也有政治现象，更有中国人特有的哲学思维与生活态度。让我们走近茶文化，多角度了解它的内涵。
政治	探究生活中的茶道（研究性学习课程）	《中国古代文化常识》中对茶道持否定态度。生活中人们对茶道的认识有差异。通过探究，了解茶道文化，了解书中观点产生的原因及中国古代茶道的精神内涵。探究茶道体现的中国传统哲学观以及今人对茶道认知的差异及原因。

四、 茶文化系列课程的组织与实施

学校茶文化系列课程主要以校本课程方式进行组织与实施，其具体实施步骤如下。

（一）初始阶段

(1)由学校共同规划开发茶文化系列课程，设计出整体课程开设计划。与各学科教研组长及学科教师交流座谈，明确茶文化系列课程主题，提出课程内容的意见与建议。

(2)教学处主持召开茶文化系列课程教师专题座谈会，明确学校课程开设计划与要求，明确课程宗旨与主题。听取教研组、任课教师的反馈意见。

（二）推进阶段

(1)学校教学处修改并完善课程开设规划之后，由各教研组长主持、组内教师合作撰写课程开设具体内容与开设实施计划，并报备教学处。

(2)学校教学处与教科研室共同主持，邀请茶文化有关专业人士与任课教师进行面对面交流，进行“茶文化中蕴含的相关学科知识”专题讲座，并由专家对茶文化课程的开设提出意见和建议。

(3)各学科任课教师根据专家提出的建议修改并完善课程开设计划与教学设计，做好开课准备。

（三）实施阶段

依据学校整体课程要求，任课教师在指定时间与地点开设茶文化系列课程。各学科将学科特色与学校茶文化系列课程功能定位对接，用不同的学科语言解读茶文化，不断丰富完善具有学科特色的茶文化课程。

数学学科：以数学游戏的方式使初中学生对“茶的种类与壶的设计艺术”有了初步的了解。绿茶的清香淡雅，红茶的迷醉芬芳，乌龙茶的醇厚甘甜，黑茶的浓酽浑厚等，每种茶独特的个性，盛载在同样独具个性的杯壶之中。

语文学科：学生通过收集、考察与茶有关的人与事、文化与历史等方面内容，了解茶语背后的典故，有了探寻茶乡的冲动与激情。也因为此文人茶事，其故乡早已成为学生们心中倾情奔赴之地。

英语学科：茶之故乡与咖啡产地，在老师与学生们共同构建的课堂中走来。它们的出现有什么不同？其背后体现的文化差异是什么样的？

这些成为学生们乐于发现与探究的内容。学生们努力找寻茶的前世今生与咖啡的因袭变化。

化学学科：比较系统地对“鉴茶与泡茶”内容进行讲解。学生们特别喜欢跟随老师学习冲泡一壶自己的香茶。“初闻祁门香，再品兰花艳”的课堂，让学生们快乐不已，收获良多。

生物学科：引导学生们科学地了解茶的知识，亲自调查北京茶叶市场的现状，从生物学科角度利用学习的知识对茶的营养成分进行测定。在生物实验室里，学生们颇有科学工作者的风范。

历史学科：老师带领学生们以历史的视角从容回望我国汉代以来以茶代酒的风尚；通过阅读分析史料审视唐宋时期“茶叶与少数民族、茶叶与兵器”的关联；澄清茶叶在历史中的面目以及茶文化在中华文明发展史中的地位与作用。学生们在历史课程的学习中饮茶思源，品味文化。

地理学科：从地理角度寻找不同种类的茶的故乡，是一次真正的地理意义上的寻访。“扬子江心水，蒙山顶上茶”，蒙山在哪里？蒙山茶与阿里山的冻顶乌龙茶是同一类吗？西湖龙井真的种在西湖边上？武夷岩茶是否生长在武夷山的石头上？学生们充满好奇地等待一个又一个“茶”的发现。

政治学科：学生们在老师指导下设计了调查问卷，希望了解中国古代茶道的精神内涵，共同探究茶道所体现的中国传统哲学观，并尝试着分析今人对茶道认知存在差异的主要原因。

（四）后续阶段

根据课程开设情况和任课教师撰写的相关教材与教学资料，整理汇编成册的工作目前正在推进中。

五、茶文化系列课程的主要成效

（一）打造茶文化特色校本课程

学校非常支持茶文化课程的开展工作，专门开辟了茶文化课程的专用教室，并外请专家专门给国际部的学生讲授“品茶论茶”课程。2016 年学校开展了多元文化节，茶文化课程是文化节展示的重点内容之一。同年，学校承办并参与了首届国际青少年友谊茶会活动，深受中国部与国际部学生的喜爱。

在学校的规范管理下茶文化系列课程得以顺利开展，特别是生物学科老师从生物学科角度，科学解读茶文化知识，形成校本教材读本。化学学科《茶・意》课程从 2014 年开设一直坚持到现在。茶文化课程内容丰富，极富趣味性，特别是有关茶道与茶艺的实践内容深受学生们的喜爱。

（二）在研究性学习课程中引导学生探究与思考

在茶文化系列课程中，各科教师在研究性学习课程中也进行了尝试。语文学科老师带领学生通过"考察""校内外实地调查""探究""操作"等一系列活动，使学生了解有关茶的知识，探究、体验和感受茶文化的魅力。政治学科老师引导学生对生活中的茶道进行探究与深度思考，引导学生提出自己感兴趣的问题与关注点，自行设计相关调查问卷，在校内外进行了实地调查，以结题报告的方式呈现探究的结果，指导学生完成了题为"对'有茶亦有道'的呼唤"的结题报告。

（三）任课教师的反思与创新

课程开发增强了教师的课程意识，同时提升其课程开发与实施能力。在教师的实践反思与改进中，课程得到持续发展。例如，语文学科老师就茶文化课程的进一步推进有了自己的思考，提出语文学科开设茶文化课程可以从"文士与茶"这个角度进行深度解读，写了题为"青岚骨风，和而不同"的课程思考。

第四节　以生为本的综合实践特色课程体系规划与实施

增强课程的实践性是课改深化的重要内容。根据学生发展核心素养的形成规律，综合实践课程立足于跨学科的学习探究与实践活动，协助学生自主构建学习框架并增强学习体验，对学生发展核心素养培育具有独特价值，成为学校课程创新的重要着力点和增长点。本部分以城乡一体化学校北京师范大学附属中学平谷第一分校(以下简称"北师大附中平谷一分校”)为例，充分利用城乡接合部资源开展综合实践活动课程建设的案例，展现学校综合实践特色课程的整体设计、实施路径和资源开发经验，从实践活动课程角度揭示课程创新对学生发展核心素养培养的支撑。

一、综合实践特色课程建设背景

（一）学校校情分析

北师大附中平谷一分校于2013年建校，是一所完全中学，与北京师范大学附属中学(以下简称“北师大附中”)本部实行“一个法人代表，一体化管理”的城乡一体化学校。学校在校学生800余人，在编在岗教职工近200人。地处北京市平谷区这个生态涵养区，学校的发展必须结合当地实际情况，建校以来努力服务平谷区，做教育发展的带动者，成为平谷区人才培养的摇篮。

学校初中生源主要来自附近农村地区，学生家长多半务农或外出打工，对子女学业关注较少，加之家长本身文化素养偏低，导致学校初中生整体素养偏低，学习习惯较差。高中生源主要来自平谷区、市区及其他郊区县的学生。自学生入校起，学校便着手全面了解他们各方面的情况，通过构建课程和不断调整育人方法，培养学生养成良好的学习习惯，全面提高核心素养。

学校拥有一支优秀的教职工队伍，目前具有博士、硕士研究生学历的教师有68人，占教师总数的41%。中高级教师有70人，占教师总数的42%。专任教师中区级骨干教师有8人。教师队伍充满活力，又具有深厚的专业知识，为学校课程建设提供了重要的专业背景支持和人力资源保障。他们以积极进取、爱岗敬业、无私奉献、教书育人的良好面貌赢得了社会、学生和家长的尊敬。

（二）办学理念与育人目标

学校以德智体美劳全面发展为基本办学理念，秉承北师大附中“全人格、高素质”的育人目标，突出人的发展的需要，解决学生的“成人”问题，使他们成为人格健全的人，成人之后再成才。学校的办学目标：学生成为有梦想、有教养、有境界、有担当的四有新人，教师要人人成为名师、非教学人员要人人成为本职工作专家，将学校办成郊区品牌示范学校。学校以“在平谷区创办优质中学，在全面提升学生素质同时提升学生家长的素养”为出发点，以校本培训和课题研究为突破口，以多种学习方式关注教师成长，以丰富多彩的艺术、体育、科技等选修课为载体，以数字化校园为平台，注重学校文化建设。

二、 综合实践特色课程整体设计

（一）综合实践特色课程的基本定位

学校着力培养学生高尚的道德情操、扎实的科学文化素质、健康的身心、良好的审美情趣，努力使学生具有文化底蕴、科学精神和责任担当，成为合格的国家建设者和家乡建设者。课程建设遵循“夯实基础、提高能力、注重应用、加强实践”的原则，以建立科学规范的管理机制为先导，以抓好教师队伍建设为前提，以课程内容为核心，以现代教育信息技术为手段，以教材开发和网络教育资源建设为依托，以提高教学效果和学生培养质量为目的，有计划、有目标、分阶段、分层次地开展课程建设工作，构建“教学目标明确、教学理念先进、学生能力一流”的课程体系。

学校从办学实际和学生需求入手，将综合实践课程定位为学校特色课程，并结合地域地点进行重点建设。综合实践特色课程建设的基本理念是：学校有条件地自主决策；教师参与课程设计；倡导旨在问题解决的合作、探究与共享的课程开发策略。

（二）综合实践特色课程的建设思路

(1)针对生源复杂、学生学习能力和学业水平差异较大的具体情况，学校在课程设计上体现了分阶层、多领域、立体化、全方位的结构特点，满足了不同层次和不同需求的学生的学习需求。

(2)学校不断探索服务课程目标、适应课程结构和内容的教学模式，有助于学生掌握终身学习必备的基础知识，增强与社会进步、科技发展、创新实践的联系，创设学生主动学习的课程环境，提高学生自主学习、合作交流以及分析问题和解决问题的能力，帮助学生学会学习，培养他们的科学精神和创新实践能力。

(3)学校建立以校为本的教学研究制度，鼓励教师对教学实践中的问题开展教学研究，创设有利于教师创造性实施课程的环境，使课程的实施过程成为教师专业成长的过程，以促进教师专业素质的提高和学校特色发展。

（三）综合实践特色课程的基本结构

学校综合实践特色课程，包括研究性学习、开放性科学实践活动、社会实践、社区服务、地方课程与校本课程。各门课程均结合学科特点，有效开展社会主义核心价值观培育，弘扬和培育民族精神。环境和可持续发展教育、卫生与健康教育、国防和民防教育、安全和自救互救教育等内容也渗透在相应课程中进行。

针对不同层次、不同发展方向的学生，学校构建了三阶课程框架(图 6-6)。学校重视所有学生的核心素养培育，同时尊重学生的个性发展，合理而有序地设置了特色综合实践课程结构(表 6-5)。针对校本选修课建立选课指导制度，完善学校综合实践课程，通过特色综合实践课程建设满足了学生个性化发展的需求，体现多元化的选择和创新人才渐进式培养的过程。

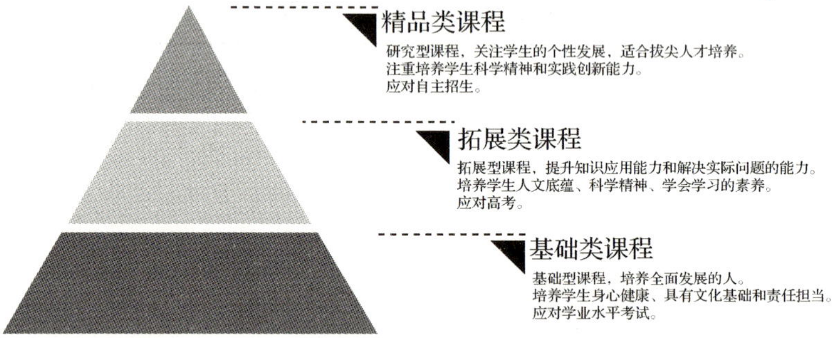

图 6-6　北师大附中平谷一分校三阶课程框架

1. 基础类课程

学校大部分学生是城乡接合部生源，与北京城区学生相比，家庭教育基础薄弱，各学科基础相对较差。通过基础类课程的开设，基本可以满足一部分学生顺利完成学业的需求，在此基础上，学校为他们开设社会实践和职业体验类校本课程，帮助学生掌握基本技能和技术，便于进入高一级职业技术学校学习，将来成为家乡建设的主力军。侧重培养学生健康生活、学会学习和责任担当的素养。

2. 拓展类课程

对于一部分以升学为目标的学生，学校在其学习国家课程的基础上，开设校本选修、游学等拓展类课程，帮助这部分学生将所学的知识，通过实际运用和实践，进行更深入的掌握，满足中高考对能力的要求。侧重培养学生人文底蕴和科学精神的素养。

3. 精品类课程

对于少部分优秀的学生，在学习国家基础类课程、拓展类课程的基础上，学校与大学和研究院所对接，开发了适合中学生的研究型精品类课程，让他们在学有余力的情况下，了解科学研究的方法和技能，促进学生个人学习能力和创新实践能力的提升，并提前感受科研的氛围，为将来职业生涯规划提供参考，以便于学生制定个人发展方向与发展规划，侧重培养学生实践创新的素养。

表 6-5　学校特色综合实践课程结构

	七年级	八年级	九年级	高一	高二	高三
基础类课程	英语阅读	英语阅读	英语阅读			
	语文阅读	语文阅读	语文阅读			
	悦读课	悦读课	悦读课	悦读课	悦读课	悦读课
	心理	心理	心理	心理	心理	心理
	社会实践课	社会实践课	社会实践课			
	职业规划与体验	职业规划与体验	职业规划与体验	职业规划与体验	职业规划与体验	职业规划与体验
	梦想课程	梦想课程		思维训练	思维训练	
	衔接课程			衔接课程		

续表

	七年级	八年级	九年级	高一	高二	高三
拓展类课程	校本选修	校本选修		校本选修	校本选修	
	中英文戏剧	中英文戏剧		中英文戏剧		
	社会大课堂	社会大课堂	社会大课堂	游学	游学	
	社团	社团	社团	社团	社团	社团
	研究性学习	研究性学习	研究性学习	研究性学习	研究性学习	研究性学习
精品类课程	雏鹰课程之环境保护	雏鹰课程之环境保护		翱翔课程之科考与实践	翱翔课程之科考与实践	
	生态农业	生态农业		模拟联合国	模拟政协	
	机器人制作	机器人制作		智能机器人	智能机器人	
	区域生态课	区域生态课		区域生态课	区域生态课	

三、 综合实践特色课程实施及成效

（一）基础类课程

1. 思维训练课

课程目标：思维训练课程在教授学生掌握思维可视化工具的基础上，利用核心思考工具不断完善、升级思维能力，从而构建相应的学科思维，提高学习力。

课程内容：直接思维课，主要涵盖八大图示、思维导图、概念图、核心思考工具等；学科思维课，主要涵盖语文阅读和思维训练等。

实施方式：思维课程学习的构成中，学生优化了的学习笔记、逻辑更加缜密的活动策划方案、结构内容更加科学的复习提纲等都可成为评价的手段。

2. 悦读课

课程目标：秉承学校的育人目标，突出对人的发展需要，通过阅读课程培养学生的读书兴趣，扩展学生的知识领域，使学生学会阅读，并从中品味读书的乐趣；开阔学生的视野，开发和加强学生的阅读能力和欣赏能力，培养学生的创新精神和实践能力，使学生学会生活，并从阅读中感受生活的情趣，体验生命的魅力，成为有梦想、有境界的人；陶冶性情，健全人格，使学生学会做人，成为有教养、有担当的下一代。

课程内容：阅读课程、课外自主学习；学生强化活动：硬笔书法比赛、楹联大赛、汉字听写大赛；班会类活动：读书分享、TED 演讲；诵读类活动、表演类活动、学生讲名著、征文类活动、悦读会、跳蚤市场等。

实施方式：根据学校和学生的实际情况，以兴趣小组的形式，结合选修课、课外活动和社团等形式进行教学，注重自主性、自愿性、开放性、情趣性、实践性等原则。

学生诵读经典《想北平》获得“2016 北京市第二届‘诵读老舍 · 感悟北京’老舍文学作品诵读活动”金奖。

3. 职业生涯规划与职业体验

为了帮助学生认知自我，正视自我，为将来职业的选择奠定基础，学校开设了职业生涯规划课程与职业体验活动。课程开阔了学生的视野，提升学生对职业的了解和认识，让学生对职业选择更加清晰，更有导向性，变遇见为定位；对从业人员产生更多的敬意，并且更加体会到父母的辛劳，对自己的人生规划有了更加清楚的方向。

课程目标：掌握科学的学习方法；学习规划人生的方法，制订好自己的人生规划；能够进行自我分析，科学规划奋斗目标；能够根据自己的情况，及时调整前进方向。

课程内容：北京金乡东旭花卉种植专业合作社种植工作体验、“蜀我最面”和“饺子铺”快餐店的服务员体验、敬老院工作人员体验、北京普析通用仪器有限公司员工体验和金海湖樱桃园果农体验。

4. 心理课程

课程目标：以基础类心理健康课程、探索类活动课程和成长类拓展课程为依托，基于学生的实际需求，注重学生的全人发展。使学生学会学习和生活，正确认识自我，提高自主自助和自我教育能力，增强调控情绪、承受挫折和适应环境的能力，培养学生健全的人格和良好的个性心理品质，最终成长为有梦想、有教养、有境界、有担当的四有新人。

课程内容：基础类课程主要包括自我认识、人际交往、学会学习、情绪管理、社会适应和生涯规划六个方面；探索类课程主要依据学生的实际需求，通过自我体验式的教学方法引导学生进行自我感悟，最终实现自我成长；成长类课程主要由个体心理辅导和团体辅导活动组成。

5. 梦想课程

"梦想课程"的核心价值观为"多元、宽容、创新"，多元视角带来宽容心态，从而培养创新思维。"梦想课程"的核心理念包括问题比答案更重要、方法比知识更重要、信任比帮助更重要。

课程目标：帮助学生实现内心的成长而不是追随外部的诱惑；带来广阔的视野而不囿于狭窄的格局；让人坚持独立的理性判断而非寻找标准的答案；理解多元差异而非臣服于宽容。

实施方式："梦想课程"是一系列面向义务教育阶段 7～9 年级，基于"全人教育"理念，融合问题探究、团队合作、创新创造、情绪智能等元素的跨学科综合素质课程。学校引进"梦想课程"，结合学生和师资实际情况，选择合适的课程内容，在内容和深度上加以调整，面向初中学生开展。

（二）拓展类课程

1. 校本选修

作为城乡一体化学校，结合当地特点与生源实际情况，学校开设了具有地域特色的校本课程，为每一位学生的个性发展奠定不同的基础，使其在学习过程中能够发现并发展自身的长处，使学生亲历道德生活、人文与科学实践、艺术生活、责任与担当，力求培养学生具有较强的学习能力、信息素养、创新精神、家国情怀和国际意识。

学校以传统校本选修课为基础，补充国家课程中的选修模块，开设了 54 门校本选修课程，具体分类如下。

"健身类"课程：武术、棒球、篮球、足球、乒乓球、健美操等。

"学科特长类"课程：《高中数学思维和技能》《化学拓展实验》等。

“学科专项技能类”课程：《播音与主持》《科技小制作》《单片机智能控制技术入门》《英语短剧表演》《植物栽培》《陶艺制作》等。

“博知类”课程：《创造性思维方法与 TRIZ 理论》《新闻时事》《美丽的家园一地球》《生活中的化学》等。

“文学和艺术鉴赏类”课程：《论语导读》《英语戏剧》《合唱练习》《汉字书法艺术》《形体训练和民族舞》《京剧品鉴》《写意花鸟画》《电子琴》《美国脱口秀欣赏》《希腊神话及其对西方文化的影响》等。

“模拟体验类”课程：模拟法庭、模拟联合国。

2. 社会大课堂

课程目标：把课堂搬到校外，实现以游促学，为学生提供在实践中体验生活、感悟文化、开阔视野、培养意志、提高素养的平台；让学生在实践中探求知识，在发现中促进成长，提升学生的人文素养和文化自信，提升学生对民族文化的亲切感和认同感。

校外课程不同于学生出去游玩，每一次活动，都经过精心的设计。一堂完整的校外课堂实践课包括：设计行前准备课(行前手册的编制)、行中参观(体验)和行后的心得体会和收获展示(汇报)。目前设计的实践类校外课程主要分为品格养成的仪式教育、走进博物馆的发现系列活动以及开发出的三条探索文化之旅——齐鲁文化、河洛文明、关中文化。

3. 研究性学习

学生要成为国家和家乡建设的优秀人才，不仅要有完善的知识结构、丰厚的专业知识基础，还要有宽广的知识面、丰富的研究策略。因此不能单纯把考上大学作为他们中学阶段的学习目标。

课程目标：研究性学习注重对所学知识、技能的实际运用，注重学习的过程和学生的实践与体验，特别能够体现课程对学生的知识、方法、能力、情感、态度以及价值观的综合培养。学校提供补偿性、提升性、发展性的学习内容，使学生学识更为广博、学科素养更为深厚，让他们在职业选择上有更多的自主权。

学校以本部校区的丰富经验为依托，以学校优秀的教师队伍为支撑，以平谷区先进的教育理念为保障，使研究性学习课程的开展成为学校建校以来的又一项突破。

实施方式：为提高研究性学习活动的实效性，学校结合学生的游学活动，开展研究性学习，以泰山游学为例，在该研究性学习活动中，让学生经历了选题(各学科)、开题、研究和结题的过程。最终的展示活动包括各类文学作品、调查研究报告、研究课题 PPT 展示、泰山游学 DV 作品等。

4. 中英文戏剧

将戏剧与学科教学相结合，让学生通过戏剧表演的方式，在创造的情境中体味文化魅力，提升语言综合运用能力。帮助学生透过对剧本的内在体验、肢体的外在表达，获得自信与提升；透过对生活的细致观察，将角色更真实生动地呈现出现，绽放学生们的创造力和表现力。

课程目标：通过戏剧课程建设为学生提供多样的学习资源和形式，发展学生个性，培养学生特长，塑造学生终身学习的能力。

戏剧是一项综合艺术，具有很强的实践性和集体性，因此其评价方式也应该是多样的、个性化的。它包括以下两种形式：形成性评价，充分关注学生的个人成长；展示性评价，努力创造学生的展示平台。

英语戏剧《为爱而设》(*Set for Love*)，在“第五届首都学生外语展示系列活动”中荣获北京市高中组一等奖及最佳女配角、最佳创意、最佳编剧以及最佳团队合作五项市级大奖。

5. 社团

社团是在校团委、学生会领导下的学生群众性、自发性的学生团体。学生社团必须在宪法、法律以及学校管理规章制度的范围内开展活动，社团的创建与发展旨在繁荣校园文化生活，提升学生审美品位，丰富学生的第三课堂，培育多才多艺的中学生。

课程目标：学校学生社团着力于活跃学术氛围，繁荣校园文化，促进校园精神文明建设，丰富和活跃学生的课外生活，提高学生的全面素质，广开成才渠道，开阔学生思想，锻炼学生能力。

校级学生社团共分为学术科技类社团、文艺类社团、体育类社团三个大类。其分别为兰亭社、创客社、微视频社团、话剧社、工匠室社、魔方兴趣小组、武术兴趣小组。

学校学生社团在教师的指导下组织了各种各样的活动。例如，学校创客社根据学生的不同兴趣与爱好开设了机器人项目组、研究性科技论文项目组、科技小制作项目组，并多次参加市区级科技比赛并获奖；学校兰亭社参加区级艺术节、书法比赛并多次获奖；学校组织话剧社成员赴北京剧院观看《公民》话剧演出，并成功举办话剧节，校话剧社获“2016年北京市中学生戏剧节”一等奖等。丰富的社团为学生提供了展示自己的舞台，锻炼了学生的组织能力，培养了学生的特长，体现了学校“全人格、高素质”的育人目标。

（三）精品类课程

1. 模拟政协

课程目标：以高中学生为主体，通过模拟人民政协提案形成全过程并结合社会实践等活动，着重培养和提高青少年学生公民意识、制度自信和社会实践能力的一项青少年教育实践活动。活动中，青年学生们分别扮演各界别的政协委员，以模拟参与政协会议的形式，通过提出问题、发现问题、解决问题等过程，熟悉人民政协的运作方式，使青年学生自觉走与人民群众的实践相结合的道路。

课程内容：人民政协的历史，人民政协的组织机构等基础理论；调研的基础方法；撰写议案；听证辩论等。

学校希望通过参与模拟政协活动，提升青少年学生的社会责任感、公民意识和参与意识，在涉及民生的公共政策问题的寻找和改变的过程中关注民生、关注社会；通过对身边事、家乡事的关注和思考，提升同学们建设家乡的热情。

从 2016 年 7 月开始，学校成立模拟政协小组。随后针对“家乡旅游规划”这个议题，撰写了相关提案，并参加了北京市中小学生“模拟政协”推进现场会，被授牌为北京市第一批“模拟政协”实践基地。

2. 未来家乡旅游

基于北京市科技创新翱翔学员和雏鹰学员的培养，学校结合平谷区作为生态涵养区的特点，开发了“未来家乡旅游”课程。课程基于“实践的课程模式”和“过程模式”的思想基础，充分利用旅游规划创造性和实践性的特点，鼓励学生自主学习，大胆实践，建立自信，同时培养学生统筹兼顾、相互协作的科研能力，训练学生缜密的科学思维能力；通过一些计算机软件的使用学习，延伸学生的脑和手能力，为其提供运用现代信息技术处理地理数据的技能。

课程目标：让学生了解计算机制图、地理信息系统、旅游规划实践理论等背景知识，在探究和体验的基础上，初步培养学生科研创新的能力，具备运用简单的信息化手段和技术绘制地图的技能，树立热爱家乡、献身家乡建设的远大志向形成生态环境保护的全球视野，能够从人地关系的角度思考问题。

家乡正在发生的巨大变化，让孩子们真切地体验到“旅游经济发展规划”的巨大作用，让他们有机会去亲手设计“我们家乡的旅游”规划，模拟他们对家乡命运的变革，虚拟自己长大后的家乡旅游业发展宏图。在国家课程基础之上开发的这门课程，带给孩子们的思想意识的改变会很深远。

本课程荣获第二届“真爱梦想杯”全国校本课程设计大赛一等奖，2016—2017 年度北京市基础教育课程建设优秀成果市级二等奖。

3. 科学考察与实践

为了开阔学生的视野，拓展知识面，学校与高等院所合作，开发了假期科学考察与实践活动。

课程目标：课程旨在践行社会主义核心价值观，传播科学知识，唤醒社会、学校、家长对科学教育的重视，调动青少年探究科学奥秘的浓厚兴趣，倡导他们积极参与科学实践，培养独立思考和大胆创新的能力。

课程对象为对生物、天文、地质、科技、旅游地理等科学知识有浓厚兴趣的学生。参与活动的学生每星期定时参加特邀专家的专业辅导，利用寒暑假参加科考实践，同时开展课题研究，在科学家的指导下撰写论文、参加北京市金鹏科技论坛和青少年科技创新大赛等比赛。课程将中国科学院专业科技资源引入学校教学体系，帮助学校建立科技兴趣小组、科技社团、科技特色班。

课程实施包括科学讲座和科学考察两部分。其具体分为以下四个阶段：①前期课题辅导及行前培训；②中期科学实验内容；③后期后续辅导及提交科研论文；④科考活动总结及优秀论文评选、颁奖。

目前已经开展的包括平谷京东大峡谷、天津蓟州区国家地质公园的地质科考活动、暑假长白山科考、寒假海南科考、云南科考等。在科考过程中，学生完成了《朝鲜族饮食文化及用餐礼仪调查报告》《关于北京市平谷区京东大溶洞旅游开发情况的调查研究及建议》等。

4. 区域生态课程

区域生态课程属于结合当地实际的特色项目类课程，包括对环境与生物两方面的研究。

课程开设以“2016 年后备人才计划科学探索专项资助项目”为依托，环境类项目以学生关注的“马坊地区生活饮用水水质”为课题，申请了科学探索基金。在这个项目中，学生们采用文献查阅、问卷调研、实验探究等多种方法进行专业领域的科学研究，并基于研究数据和结果分析撰写科学论文，目前获得 2017 年北京市金鹏科技论坛二等奖、北京市青少年科技创新大赛三等奖。

生物研究项目依托学校建立的一个以生态学、分子生物学、微生物学为基础的生物探究实验室，可以对区域环境进行研究和分析，提出合理性建议，还可以对疾病机理进行探索，了解人类疾病发生的奥秘。目前，实验室有几个方面的项目研究小组，研究课题包括“云蒙山和九龙山狗枣猕猴桃 SSR 遗传分析及保护措施的研究”“骨钙素对 HepG2 细胞胰岛素敏感性的影响及分子机制研究”，两项研究本学期都取得了一定的进展，并且分别在 2016 年北京市青少年科技创新大赛及 2017 年北京市金鹏科技论坛中获得一等奖和二等奖。

5. 智能机器人

本课程旨在充分利用机器人教学的特性，培养学生的动手能力和创新精神，力争使其成为素质教育的新平台。机器人课程的理念是通过机器人教学培养学生的逻辑思维能力和分析问题能力，帮助他们在实践中初步建立系统的观点和意识，促进学生综合素质的提高。

课程目标：让学生掌握机器人的基本分类、运行方式及传感器的使用。学习机器人的组装与编程，传感器的使用。构建机器人采摘比赛，通过竞赛的形式充分提升学生对机器人的理解与使用。

近几年，学校科技教师着眼于区域特色，立足于农业发展，将机器人制作与生态农业采摘相结合，开发出了摘桃机器人。教师一方面希望通过机器人教育提升学生的科学素质，锻炼学生的自主创新能力，激发学生的学习兴趣，培养科技特长生，另一方面也为家乡发展培养人才。学生在“北京市中小学生科技创意竞赛”“北京市中小学生创客大赛”等大赛中多次获奖。

四、 综合实践特色课程建设的创新点

（一）注重本土知识的开发

本土知识是文化的载体，也是区域特色。学生生于平谷、长于平谷，但是对平谷的现状却知之甚少。在必修课中，老师们努力加入本土的信息。例如，语文：说明文阅读题材；生物：大棚农作物的病虫害防治方法；地理：平谷地形；历史：丫髻山的碑等。

乡村学生的教学资源相对简而少，但是老师们努力搭建平台，弥补不足。在校本选修中，学校开设了区域生态课程，特别是“未来家乡旅游”系列课程，牵手高校科研机构，结合平谷区浅山特征的自然环境、人文历史，运用电子地理信息系统和专业电脑地图绘制软件，通过旅游规划，引导学生自主学习，积极探索，激发学生的想象力和创造力。身在农村的学生，通过教师的引导，视野逐渐拓宽。学校在组织实践活动的过程中，走进平谷区图书馆，走进乡村挂甲峪生态园，进行职业体验；走进金海湖樱桃园，了解果农的一年四季。利用乡村的课程资源，以学生熟知的文化作背景，同样能够开发与挖掘学生的学习潜力，引导学生的健康发展，立足于本土，放眼于国家。

（二）力求促进跨学科融合

跨学科课程重在培养学生的批判性思考能力、解决问题能力、创造

性思维及艺术表现能力。通过跨学科课程的学习，使学生学会比较不同的学科和理论观点、理解综合的力量，学会使用对比方法阐明一个或一系列问题，其中心目的是促进学生学习的综合化，使学生的知识结构和知识体系成为一个紧密联系的整体，形成整体知识观和生活观，以全面的观点认识世界和解决问题。

学校开设思维训练、区域生态、中英文戏剧、模拟政协等多门跨学科课程。思维训练课程可适用于各个学科，它旨在帮助学生养成高效思维的习惯，并将习惯自动化，学会用批判性思维看待问题；区域生态课程实现了地理与生物学科的勾连，学生在探索家乡、认识家乡的过程中，探讨自然与社会科学概念和知识的发展，为家乡发展贡献自己的力量；中英文戏剧课程研究多种文化的相互影响，培养学生以不同的观点分析多种文化问题的能力，如艺术与文学方法和风格的变化或技术的演化，学会将学科与论述置于历史的背景中加以研讨；模拟政协课程集结了政治、历史、地理三科，学生既需要学习政协的历史，又需要了解政协的组织构成，还要关注、研究身边的小事。

（三）“以学生为中心”的课堂构建

一门课程是否设计合理，其存在是否具有意义，检验的标准是在课程实施过程中，教学目标是否落实到位。这就对教师在每节课的教学设计和课堂把握上提出了较高的要求。为了培养和提高新教师在这些方面的能力，学校引进了北京教育学院协同创新学校的“SCL 以学生为中心”项目。

这个项目将外教集中培训、学员工作案例分析、课堂实践跟进指导、培训成果转化等研修方式有效整合，旨在促进教师把“学生为本”的理念真正转化为课堂教学方法和工作行为。在“以学生为中心”的课堂上，师与生是平等、和谐的关系，教师给予学生自主合作、探究生成、开放选择的空间，尊重学生的个性发展，鼓励不同层次的学生勇于表现自己。

此外，学校还与北京顺义国际学校和新加坡国际学校交往互动频繁，教师通过走进国际学校，深入课堂，接触学生，了解了 IB、AP、A-level 等课程体系的设置理念以及上课形式，这有助于我们开阔眼界，了解国际趋势和紧跟先进教育理念。

（四）实现学生、教师、学校三位一体发展

在课程体系的建立和完善过程中，学生成了最大受益者。他们从多层次、立体化的课程中养成了积极向上的精神品质，获得了创新发现的学习能力，奠定了终身发展的基本素养。每个人都能发现自己的兴趣，挖掘自己的能力，获得满足感和幸福感。

在没有一名特长生、完全零基础起步的情况下，学校艺术、体育、科技教育在普及的基础上取得了丰硕的竞赛成果。艺术工作方面，舞蹈团、话剧社、诗歌朗诵均获得过北京市一等奖；体育工作方面，学校女篮、乒乓球、初中男足都是平谷区冠军，还被评为国家级校园足球特色学校；特别是科技教育工作方面，位居全区前列，在北京市逐渐崭露头角。

课程体系的研发得益于学校教师的辛勤耕耘和努力钻研，他们中很多人从刚走出校园的大学生转变为引领课堂的教师，相互贡献智慧、汲取智慧，初步实现了个人的专业化发展。学校教师在各级各类教育教学评比中多次获奖，并形成一支师德高尚、业务精湛的教师队伍。

学校在课程一体化建构的过程中文化内涵得到发展，教育品牌得到提升。建校以来，学校已获评北京市基础教育科研先进学校、北京市中小学教师校本培训示范学校、北京市基础教育学生综合素质评价工作先进单位、北京市科学实践教育示范校、平谷区教育工作先进集体等各类市区级奖项75项。在全体师生的不断努力下，学校教育教学成绩逐年提升，社会美誉度不断增强。

第七章

课程创新促进学生核心素养发展的反思与展望

基于学生发展核心素养进行学校课程整体建设、学科课程群构建以及学科课程实施及特色课程建设，是当前高中课改深化的重点。由于各国核心素养提出的背景和取向的差异，具体实施路径各不相同。我国关于学生发展核心素养的理论研究和实践推进也有待进一步深入，有必要对学生发展核心素养与课程创新进行审视和反思，并在探索中抓住重点推进变革性实践。本章基于对学生发展核心素养的再思考，从核心素养整体性、系统性思维的角度，提出学生发展核心素养生态化养成的思考并从实施落脚点的角度，提出通过聚焦深度学习将学生发展核心素养落到实处。

第一节　理性审视核心素养推进课程变革实践

培养学生核心素养是当今教育的改革趋势，基于核心素养的课程建设和相关研究、实践成为热点。但在理论研究和实践探索中也存在诸如概念不清、关系混淆、实践受滞等情况。核心素养(此处所指为通用核心素养，以下如没有特别标示，均指这一范畴)在教育的宏观体系中究竟处于什么位置，和相关概念及理论、实践的关系如何，为更有序地开展核心素养的研究与实践，本部分从十个方面进行梳理与定位，从审视的角度对核心素养进行再思考，以便为推进深层次的课程变革实践提供支持。

一、 核心素养与素质、素养

谈素养，首先必须弄清楚素养与素质的关系。《汉语大词典》对“素质”切近教育类的解释是“事物本来的性质”“指人的神经系统和感觉器官的先天的特点”“素养”①，强调了“素质”的“先在性”特点；而对“素养”的解释是“修习涵养”②，强调的则是“后天养得”的特点，其中教育是重要途径。可见，素质对素养具有统领作用。

学理分析也指向了素质对素养的包含关系。苏联斯米尔诺夫主编的《心理学》对素质的界定是：人不是生来就具有某些能力的。天生的东西只能是机体的某些解剖和生理的特点，其中具有最大意义的神经系统、脑的特点，叫作素质。③ 可见，素质是一个偏生理学、心理学的概念，其所指一方面是前阶的、本源性的、与生俱来的，另一方面和人的主要器官的成熟一并发展，体现了“幼态持续”的独特特征，它是内在尺度。而素养是“由训练和实践而获得的技巧或能力”，是后天的、继发性的，相对于素质而言，它是附加尺度。所以，素质与素养存在前后

---

① 罗竹风：《汉语大词典(缩印本)》，5617 页，上海，汉语大辞典出版社，1997。

② 罗竹风：《汉语大词典(缩印本)》，5617 页，上海，汉语大辞典出版社，1997。

③ [苏联]阿·阿·斯米尔诺夫：《心理学》，339 页，北京，人民教育出版社，1957。

的时序关系、内外的源流关系与彼此的因成关系，素质发展与素养培育之间又存在循环递进的互促关系(图 7-1)。核心素养与素质的关系亦当如此。

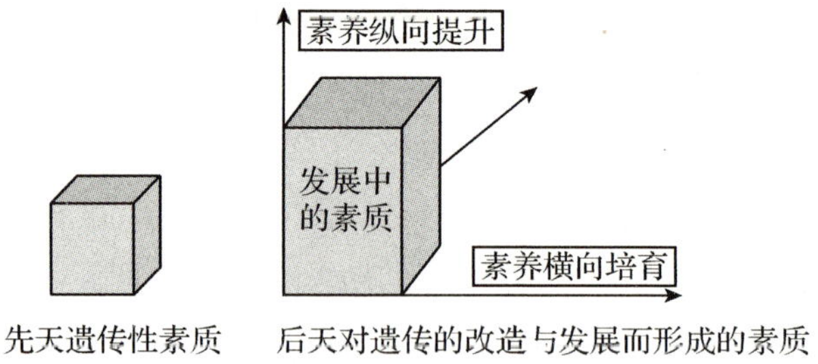

图 7-1　素质发展与素养培育之间循环递进的互促关系

关于核心素养，代表性的说法有两种。2002 年欧盟委员会“工作组 B”的界定是：“核心素养代表了一系列知识、技能和态度的集合，它们是可迁移的、多功能的，这些素养是每个人发展自我、融入社会及胜任工作所必需的；在完成义务教育时这些素养应得以具备，并为终身学习奠定基础。”①此界定强调了三要素的集合、可迁移、多功能、全体性、时限性等特征。中国学者在阐释经济合作与发展组织启动的“素养的界定与遴选：理论和概念基础”项目(DeSeCo)时提道：“核心素养是在现代民主的社会中，儿童和成人过上有责任感和成功的生活所需要的，同时也是社会应对当前和未来的技术变革和全球化的挑战所需要的。”②此界定从生活、时间、社会发展、身份四个维度进行了概括，在对象和时限两方面区别于欧盟委员会的定义，视野更宽阔。

其实，通俗易懂的说法是：核心素养是素养的核心部分。核心素养是客观存在的，而非主观判断。就世界已经公布的核心素养的遴选过程来看，很多做法是不靠谱的，如在旧的课程标准中寻找核心素养、通过调查有限的专家或街头调查的方式来圈定核心素养等。核心素养是对人

① 裴新宁、刘新阳：《为 21 世纪重建教育——欧盟“核心素养”框架的确立》，载《全球教育展望》，2013(12)。

② 辛涛、姜宇、王烨辉：《基于学生核心素养的课程体系建构》，载《基础教育论坛》，2016(9)。

及人才从时代、社会、国家、民族、政党、个体发展等方面的规约(图7-2)，是这些重要变量共同作用的结果，通过客观分析相应变量的当代和未来特征、予以准确判断、把握要求和需求、限定数量等路径，就能核定核心素养。核心素养培育作为教育范畴内的概念，它的上位是素养培育，再往上依次推及就是素质教育、人才的教育、人的教育(图7-3)。核心素养核定不能脱离这些变量，核心素养培育也不能脱离这些教育层次。

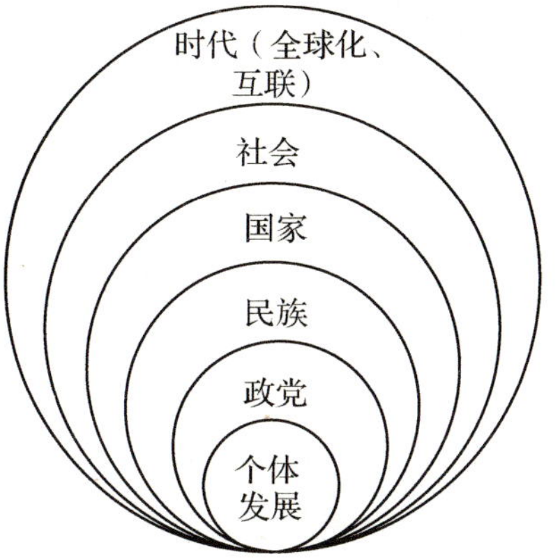

图7-2 影响核心素养遴选的重要变量

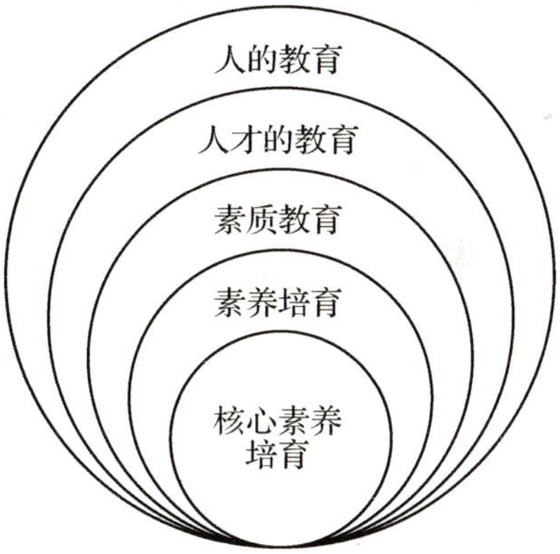

图7-3 核心素养培育的教育关系

要提醒的是，当今很多冠以核心素养的说法并不是核心素养，有的是核心素养所表征的领域，如“人文素养”“科学素养”“艺术素养”；有的是核心素养的某个静态要素，如“科学精神”；有的是核心素养要素的中性表达，如“技术运用”“自我管理”。在已公布的核心素养要素中，表述比较恰切的是类似“勤于反思”的说法。反思，既有方法论知识，又表现为一种技能，“勤”则表明了态度。“勤于反思”的表述集合了核心素养三要素，是规范化的表达。为此，要区别核心素养、核心素养培育、核心素养领域、核心素养品质、核心素养指标、核心素养水平等概念，避免以“核心素养”一言蔽之。

二、核心素养与党的教育方针

党的教育方针集中体现了我们党和国家的基本教育政策以及对于人

才的诉求，是核心素养培育的“指南针”，而核心素养则是党的教育方针中核心要素的细化与具体化。

党的十八大报告指出，要“坚持教育为社会主义现代化建设服务、为人民服务，把立德树人作为教育的根本任务，培养德智体美全面发展的社会主义建设者和接班人。全面实施素质教育，深化教育领域综合改革，着力提高教育质量，培养创新精神”。① 核心素养要素萃取过程就落实了党的十八大报告要求，并在最终结果中或显或隐地呈现出来。“坚持教育为社会主义现代化建设服务、为人民服务”体现的是教育的历史使命，既昭示教育的功能，也是核心素养所要培养的人才的职责；“立德树人”的根本任务，是从人的本质化发展和人才的发展两个角度提出来的，这与教育部文件中对于核心素养的界定是相一致的，即“适应终身发展和社会发展需要的必备品格和关键能力”②；“培养德智体美全面发展的社会主义建设者和接班人”是具体的培育目标，界定了核心素养培养出来的人才的性质、特征。

党的十九大报告特别提到了“加快教育现代化，办好人民满意的教育”“推进教育公平”的新要求。③ 党的十九大的要求应更多体现在落实核心素养培育上来，需要从多方面提高认识：一是全体发展。发展核心素养是全体师生的目标，“一个都不能少”。二是全面落位。通用核心素养和各学科核心素养都要落实到学生发展中，“一个都不能少”。三是最大多数人满意。让尽量多的人都具备高水平的核心素养。四是借力“教育现代化”目标。将核心素养培育过程与教育现代化的根本——人的现代化结合起来，着力培养未来需要的创新型建设者和高素质的接班人。

---

① 胡锦涛：《坚定不移沿着中国特色社会主义道路前进 为全面建成小康社会而奋斗——在中国共产党第十八次全国代表大会上的报告》，载《求是》，2012(22)。

② 教育部关于全面深化课程改革落实立德树人根本任务的意见，http://old.moe.gov.cn//publicfiles/business/htmlfiles/moe/s7054/201404/167226.html，2019-10-01。

③ 习近平：《决胜全面建成小康社会 夺取新时代中国特色社会主义伟大胜利》，7页，北京，人民出版社，2017。

三、 核心素养与社会主义核心价值观

党的十八大报告鲜明提出，“倡导富强、民主、文明、和谐，倡导自由、平等、公正、法治，倡导爱国、敬业、诚信、友善，积极培育社会主义核心价值观”。[①] 价值观教育的实现是人接受教育的高级获得。核心素养培育是教育手段，核心素养是教育目的，这就意味着社会主义核心价值观是我国学生核心素养发展的高级获得。

核心素养培育不但绕不开价值观教育，相反还要紧紧贴近它，实现它。具体来说，需要从三个层面回应与展开：一是国家政制及国家价值认同与遵从，内含国情、国史、国民、国家统一、国家政制、国家利益、民族团结等方面的教育，外显为富强、民主、文明、和谐的国家面貌。二是社会制度及社会价值认同与遵从，内含经济、外交、法律、公民以及沟通、交流、合作等方面的教育，现阶段还要特别关注市场经济、城镇一体化、信息技术变革、互联社会四大社会特征下的核心素养培育问题，外显为自由、平等、公正、法治的社会图景。三是个体价值的实现，内含身心、兴趣、爱好、特长、理想、功名、人格等方面的协调性教育，外显为爱国、敬业、诚信、友善等公民品格。这三个层面的核心价值，不仅道德与法治、思想政治、历史、语文等学科要在培育核心素养过程中重点落实，其他学科也要在选择素材、表达观点、设置情境、设计产品等素养培育过程中加以渗透。

四、 核心素养与立德树人根本任务

立德树人作为教育的根本任务写进了党的教育方针，既是对“德才兼备”的人才传统标准的继承，也是对中国改革开放以来出现的“资源代价、环境代价、道德代价”的直接回应。立德树人作用于个体指向心理学层面的“性格”，涉及三个层面：一是个性，如个体在身心发展、学习能力及风格、生活品质等方面的表现，对应于核心素养体系中的“健康生活、学

① 胡锦涛：《坚定不移沿着中国特色社会主义道路前进为全面建成小康社会而奋斗——在中国共产党第十八次全国代表大会上的报告》，载《求是》，2012(22)。

会学习”。二是社会性格，如个体在世俗生活、公共生活、职业生活中的表现，对应“责任担当、实践创新”。三是文化性格，如个体在人文、科学、审美等方面的认知，对应“人文底蕴、科学精神”。这三个层面，放在国家层次考虑，集中体现为“国民性格”。同时，这三个层面与国外核心素养研究提出的人与自我、人与社会、人与文化三个基本关系是对应的，也与教育中的个体自育、社会公育、文化他育相吻合。[①] 可见，立德树人是根底性的，牵动个体的各个方面，是个体发展的核心。所以，立德树人当是核心素养的魂魄。然而，现有的核心素养体系缺少“自然体验”这一重要领域，相对应地也就缺少性格中的“自然天性”和教育体系中的“自然母育”要素。这是一个明显的缺陷，需要全世界的教育工作者反思。

五、 核心素养与课程标准及三维目标

新修订的高中各学科课程标准与核心素养研究同步进行，吸收了核心素养研究成果，研制了学科核心素养体系。核心素养在课程标准中的落位具有两个主要特点：一是以通用核心素养为纲，内蕴其中；二是以学科核心素养为目，外显其中。二者是课程标准的“双核”，表里相通。各学科课程在实施过程中，则要做到两点：一是注意涵盖性，避免双核遗失；二是保证鲜明性，避免双核失位。同时，加强学科核心素养水平标准与学科质量标准的一致性研究，找到借助质量标准促进学科核心素养培育的具体路径、策略。

关于核心素养与三维目标的关系，争议较大，集中体现为两种说法：一是核心素养替代三维目标；二是核心素养超越三维目标。核心素养是教育总目标中的核心目标，是上位目标，但不是教育的全部目标；三维目标是操作层面的实现目标，是下位目标。例如，中国发布的核心素养中的“科学精神”是总目标之一，要借助具体的课程(数学、小学科学、物理、化学、生物、地理、信息技术、通用技术、劳动技术等)、一些课程

① 朱传世：《基于以核心素养培育为目标的课程创新与实践》，载《北京教育(普教版)》，2016(1)。

的具体内容(科普作品、法理、逻辑等)以及其他学习形态(科技成就展、研究性学习、实验、课题、小制作、小发明、小论文等)来实现，而在每个具体内容的备课环节，教师则可以围绕三维目标来开展融合性设计，正如有的学者提出的核心素养的表述公式：$(\text{知识}+\text{能力})^{\text{态度}}$。[①] 这与欧盟委员会的提法是相吻合的，与官方的说法“核心素养是三维目标的升级版”也是呼应的。当然，核心素养绝不止于三维目标，它还要为学生过成功而优质的生活奠基，促成学生创造性学习和终身学习，引导学生树立崇高的思想境界和美好的社会理想。

六、 核心素养与现代素养及基础素养

一些研究者往往把核心素养等同于现代素养，这种做法既与逻辑不符，也与事实不符。现代素养是与传统素养相对的概念，而核心素养概念本身具有超越时代的特征，任何一个时代都有那个时代的核心素养。例如，传统素养中的“读写算”，在相应的时代就是核心素养。同样，现代素养中有的素养不一定就是核心素养，如使用智能手机是现代素养，但它只是现代人需要具备的基础素养。

还有一些研究者把核心素养等同于基础素养，这要区别对待，不能一概而论。单从必备品格的角度看，这类核心素养是做人、做事的基本前提、必备功课，可以视为“基础”，但从关键能力的角度看，就不能强调基础了，而是要指向“核心知识、核心技能、核心价值观、核心思想”的集合。还有的研究者认为，基础教育阶段的核心素养应该具备“基础性”，这也站不住脚。首先，从反证角度看，如果二者等同，就没有必要在基础教育阶段再提核心素养了。其次，从核心素养的出发点看，更多的不是基于“为了生存的教育”，而是基于“为了更好生活与发展的教育”，基于应对现代和未来社会的挑战、国际竞争。再次，“基础”往往与“全面”对接，而“核心素养不是面面俱到的全面素养，而是在诸多素养中居

---

① 转引自柳夕浪：《从“素质”到“核心素养”——关于“培养什么样的人”的进一步追问》，载《教育科学研究》，2014(3)。

于核心地位的'关键少数'素养"。[1] 可见，"核心素养"不能包打天下，涵盖所有，否则就不能称之为"核心"了。

七、 核心素养与学科核心素养

通用核心素养一般是国家、地区通过教育类文件发布、逻辑化地分类呈现出来的，具有集中性、鲜明性、指令性、统领性等特征，它是基于人的整体性发展的素养，是高阶的共通素养。学科核心素养的提出是对现代分科课程结构的迁就，是研究精细化、专业精细化的必然。通用核心素养和学科核心素养呈现为整体与部分的关系，前者统领后者，具有普适性，后者关照前者，但在各学科中主辅有别。当然，现有的核心素养体系中，学科核心素养对通用核心素养的落位不是很明显。

从学校课程建设的角度看，通用核心素养的三个领域适合从宏观层面落位在学校的教育思想、办学理念、办学目标、育人目标、文化定位等理念系统中，这就要求学校重新审视原有的理念系统，制作出基于核心素养融入的新教育图谱；通用核心素养的六大品质适合从中观层面落位在学校一体化课程系统中，这也要求学校重新架构原有的课程体系，制作出基于核心素养品质的新课程图谱；通用核心素养的十八个要素适合从微观层面落位在学校的教学与评价系统中，新的教学要求与评价体系必然要出台；各学科核心素养则是各学科开展学科课程群建设、革新课堂实践的重要依据。

八、 各学科核心素养之间的关联与融通

分科目落实核心素养的培育永远不可能全面达成通用核心素养的培育目标，为此，需要加强各学科之间的关联与融通。芬兰直接以跨学科的主题来落实核心素养，澳大利亚在七大通用素养的基础上列出了三大跨学科主题，中国北京提出每个学科拿出不低于10%的学时用于开展学科综合实践活动，这些鲜明地体现了从整体上开展通用核心素养培育的

---

① 褚宏启：《国民核心素养清单与重点》，载《中小学管理》，2016(6)。

特点。

通过学科关联与融通落实核心素养的常见路径有两种：一是主题引领。与主题相关的各个学科围绕主题，析出可以培育的核心素养，再围绕核心素养设计课程、载体、程序、方式方法等。二是同“素”异构。围绕某类核心素养，将相关学科统合起来，各科从不同角度、层次、向度培育此类核心素养，以达到互补共促的目的。每一种路径课程化实施常见的设计方法也有两种：一是情境化设计。课程内容围绕知识生发过程真实地还原到生产生活场景中去，引导学生通过任务驱动、问题解决、实验操作、项目实施、身心体验等过程，归纳、提炼、对接原有的经典知识，使经典具有热度，能软化边界，与学生的生活世界建立实质性联系。二是深度学习设计。学习过程设计加强“五联”，即知识之间的联系、技能之间的联系、事物之间的联系、情与理的联系、新与旧的联系。在这个过程中，新生出发现、质疑、批判、建设、创造等环节，从而实现对知识的吸收、运用、重组、再创造，建立必要且坚固的情感联结、价值联结、意义联结、伦理联结。需要说明的是，和三维目标的实现一样，核心素养在培育过程中并不能进行严格切分、简单对应，更不能进行机械训练和开展应试演练。

九、 学生核心素养与教师核心素养

学生核心素养与教师核心素养是一组对举概念，后者是前者的手段，前者是后者的目的，但二者会在实施中相互促进与发展。就学生核心素养方面而言，现在要做的事情是：进一步研制出各学段核心素养的要素、达成标准及程度，构成既有总框架也有学段框架的完整体系。就教师核心素养发展而言，可从以下方面考虑：一是提升教师对学生核心素养的理解力，包括把握概念、厘清关系、明确目标、分清水平层级、对接课程内容与考试评价要求。二是提升教师对学生核心素养的执行力，包括在不脱离学科本质的前提下发展核心素养；调动本学科、其他学科以及生活的前认知参与课程开发与实施；熟练掌握知识、能力、态度转化为核心素养的过程，并结合学生的学习特点，合理设计培育过程、选择培

育方法，创造性地加以实施。三是提升教师对学生核心素养的评估水平，包括研究并掌握学科核心素养的水平标准，将标准细化为具有良性数据结构的评估指标，进行有效的反馈与调整。

十、核心素养与非核心素养

核心素养与非核心素养形成素养体系的闭环。核心素养是素养闭环中最内在的、抵近本质的、切近根本任务的部分，像果实的核(hú)儿一样，具有由内而外的生发力。核心素养之外的是非核心素养，从必备品格的角度看，爱国、诚信是人必备的核心素养，而具有“梅妻鹤子”之称的宋代人林逋隐居不仕的品格则不是核心素养的品格，中庸思想中的一些消极方面也不是核心素养所提倡的；从关键能力的角度看，作为信息社会的居民，信息与媒体素养显然是核心素养，因为它能提升人的生活品质，而吃喝拉撒睡这类简单的生活素养，虽然关乎生存，但不列入现代社会的核心素养。2001 年课改以来，有的学校希望“出奇制胜”“弯道超车”，大搞“旁门左道”“冷门偏门”，结果喧宾夺主，与核心素养培育的方向发生了偏离，需要及时纠偏。当然，如果只抓核心素养，丢了基础教育的“基础”、非核心部分，也会事与愿违。

第二节　学生发展核心素养生态化养成的思考

实践中培养学生发展核心素养时，需要分析和探讨很多因素和相关问题。如何从生态化养成的角度，综合分析、思考学生发展核心素养培养影响因素和自组织的生态系统构建？本部分从学生核心素养生态养成的概念阐释、帮助教师树立生态养成的教育理念、建立学生综合素养增值评价体系以及课堂教学评价体系等方面进行论述，力图为思考学生核心素养培养提供一种整体、系统的思考。

一、学生发展核心素养生态化养成的提出

研究学生发展核心素养是落实立德树人根本任务的一项重要举措，也是适应世界教育改革发展趋势、提升我国教育国际竞争力的迫切需要。对“核心素养”这个词进行追本溯源，便能真正理解其本质的含义。

“素”是个会意字，本义是质地细密、没有颜色的丝绸。甲骨文和金文中的“素”字，中间是两条缠绕的线条，象征丝织品，下方的左右两侧各有一个手形，代表双手捧着这片布。甲骨文和金文中的“养”字，字形左边是一只羊，代表羊这种动物，右边是一个手持鞭子的形象，代表这个人正在用鞭子放牧着羊群。可见，在古时，“养”的本意就是畜养家畜，养羊是放养，是把羊放出去寻找适合自己吃的草料，而不是人为将羊圈养起来，更不是一味地喂养。

“素养”一词中的“素”即为平素，“养”即为素养，“素养”是由训练和实践而获得的一种道德修养。《汉书·李寻传》中有“马不伏历，不可以趋道；士不素养，不可以重国。”南宋陆游《上殿札子》中有“气不素养，临事惶遽。”《后汉书·刘表传》则有“越有所素养者，使人示之以利，必持众来。”礼仪之邦讲的就是道德和素质。因此“素养”最原始、最朴素的理解即为平素的修养，也就是要平素养，素点养，而不是荤点养；“素养”作为现代化的理解则是遵循规律，自然而然的养，而不是突击养、快速养。

“素养”是个体在特定的情境下能成功地满足情境的复杂要求与挑战，并能顺利地执行生活任务的内在先决条件，强调个体与情境之间的互动关联以及对优质生活的追求。素养是在个体与情境的有效互动中生成的，这些情境包括家庭、健康、消费、休闲、职场、教育与训练以及社区和公共领域等。素养与情境因素是相互呼应的，不同的情境所要求的素养组合也有所不同。

素养强调知识、能力、态度的统整，超越了长期以来知识与能力二元对立的思维方式，凸显了情感、态度、价值观的重要性，强调了人的反省思考及行动与学习。素养是有机联系的整体，其中的态度因素特别重要。有关研究者指出：素养＝(知识＋能力)^{态度}，态度是用乘方来连接知识与能

力的。当知识和能力一定时，态度越好，则素养越高，否则反之。

“素养”比“能力”含义更为广泛，它与“能力”的不同点还表现为：能力既可以是与生俱来的，也可以是后天形成的；素养则是“可教、可学”的，是经由后天学习获得的，它可以通过有意的人为教育加以规划、设计与培养，是经由课程教学、环境熏陶、实践活动等引导学习者长期习得的。与此相关的是素养内涵的潜在特质，同时它通过特定情境中的外显行为表现出来，具体表现为行为的意向、行为的技能水平等。素养冰山理论认为，学生的素养就像水中漂浮的一座冰山，水上部分的知识、能力、品格仅仅代表表层的特征，这些外显特征往往比较容易描述和判断；水下部分的动机、特质、责任心才是决定人的行为的关键因素，同时这些内隐的情感、态度、价值、动机则不容易直接观察，难以培养并进行评量，但是从理论上讲，可以根据相关理论所建构的严谨工具加以探究推断。因而素养是可以测评的，且需要长期的培养，并且在培养中要关注水上的显性部分，更要关注水下的隐性部分。

“核心”是相对外围而言的，有两层意思：一是关键，是指个体在 21 世纪生存、生活、工作、就业最关键的素养。二是共同，是指课程设计所面对的某一群体所需要的共同素养。“核心素养”就是个体在知识经济、信息化时代面对复杂的、不确定性的现实生活情境时，运用所学的知识、观念、思想、方法，解决真实问题所表现出来的关键能力与必备品格。这不是我们通常所说的解题能力，也不是指能做某一件生活小事，而是指个体在未来面对不确定的情境中所表现出来的真实问题的解决能力与必备品格，它是通过系统的学习而习得的，是关键的、共同的素养，具有连续性与阶段性。

学生发展核心素养在不同阶段的要求不同，然而培养的途径和方法大致相似，就需要将生态学思想、理念、原理、原则与方法融入现代全民教育的生态学过程中，树立生态理念、建设生态文化、创设生态环境、构建生态课堂、实施生态德育、积极生态评价，从而为学生发展核心素养提供生态土壤，形成生态的世界观、人生观、价值观，促进人的持续发展、全面发展、终身发展。

二、 学生发展核心素养生态化养成的含义

“生态”(Eco-)一词源于古希腊，原意指“住所”或“栖息地”。简单地说，生态就是指一切生物的生存状态以及它们之间和它与环境之间环环相扣的关系。“生态学”(ecology)的本意是“研究住所”的学问。1868 年德国生物学家赫克尔将生态学定义为“研究动物与其无机环境和有机环境的全部关系”的科学，标志着近代生态学的诞生。现在，普遍解释生态学是“研究人与自然环境关系的一门学科”。生态学已经渗透到各个领域，“生态”一词涉及的范畴也越来越广，人们常常用“生态”来定义许多美好的事物，如健康的、美的、和谐的等事物均可冠以“生态”修饰。

“养成”意思是培养而使之形成或成长，在日常生活、工作和学习中，通过行为训练、严格管理等各种教育手段，全面提高被教育者的“知、情、意、行”等素质，最终养成自觉遵守社会道德和行为规范等良好的道德品质和行为习惯。养成有以下特点：一是日常性。养成的特点是从小处着手、小事着眼，从日常生活习惯以及工作、学习态度抓起，达到塑造思想、矫正行为、养成良好习惯的目的。二是长期性。由于养成的日常性特点，决定了养成的长期性。良好的养成不可能一蹴而就，往往伴随终身。三是反复性。由于社会政治、经济、文化的发展变化，工作环境的变迁，身边群体的影响等因素，良好的养成可能受到多种因素的影响。因此养成需要在生活、工作、学习实践中不断培养和提高。

“生态化养成”就是指遵循客观规律，营造生态环境；将生态学思想、理念、原理、原则与方法融入现代教育，通过生态的行为训练、严格管理等各种教育手段，全面提高被教育者的“知、情、意、行”等素质，最终养成自觉遵守社会道德和行为规范等良好的道德品质和行为习惯。学生发展核心素养要得到生态养成，就需要实施生态教育，纯净教育生态，不仅仅要关注学生向上成长的空间，更要关注其向下扎根的土地。生态教育既要求做到教育内容的生态：学习、传播、理解，掌握生态的知识、观点、方法，形成生态的世界观、人生观、价值观；也要做到教育方式

的生态：遵循发展规律，摒弃急功近利、竭泽而渔的发展，拒绝不择手段的发展；还要做到教育结果的生态：追求生态平衡，实现生态价值，促进人的持续发展、全面发展、终身发展。

三、学生发展核心素养生态化养成的路径

在自然生存原发生态性生存方式中的教育方式，主要表现为以下教育观念：人才的形成是一个较长的过程，不可能一蹴而就；人才是自然成长起来的，教师的努力不能代替学生的努力；人才是自然而然、不知不觉形成的，不可拔苗助长，也不可刻意追求；人才的成长需要良好的环境，这种环境具有时间和空间的特征；人才的成长具有很多不确定因素；人才的成长是非标准化、非规范化的过程，人才具有鲜明的个性；人才具有较高的内在和谐性，自身素质的各方面均衡发展并相互促进；人才具有较高的外在和谐性，善于协调人际关系等。我国汉字中的“育”，本义大约是指生物的生长、繁衍，即生育、发育，后来引申为人参与生物的生长、繁衍过程，如育种、育苗、育雏、育婴、养育、培育。由于人才的成长类似于生物的生长，所以出现了培育人才、德育、智育、美育、教育的说法，教育的“育”，表明教育活动本应具有生态性。要想使学生的核心素养得到生态养成，就需要帮助教师树立正确的核心素养生态养成的教育理念，建立基于核心素养生态养成的学生综合素养增值评价体系，建立促进学生核心素养生态发展的课堂教学评价体系。

（一）帮助教师树立核心素养生态化养成的教育理念

在素质教育不断推进的今天，核心素养培养应运而生，在核心素养培养的过程中，教师起着至关重要的作用。教师能否担负起社会所赋予的重任，能否切实提升学生的核心素养，关键在于教师是否具有良好的素质。叶澜教授将教师素质分为教师的教育理念、教师的知识结构、教师的能力结构。[①] 而其中，教育理念是教师素质的重要组成部分之一，是指教师在对教育工作本质理解基础上形成的关于教育的观念和理性信念。

---

① 叶澜：《新世纪教师专业素养初探》，载《教育研究与实验》，1998(1)。

教育理念随社会的发展、科技的进步、培养人才的实践的发展而发展，教育理念包括教育观和学生观两方面。

1. 教育观

教育观是关于对教育的看法和教育思想的理论体系。教师的教育观是其一切教育教学活动的思想基础，影响着教师的教育态度和教育行为，进而影响教师的教学效果。新的教育观应包括以下几个方面。

(1)终身教育观。在互联网+和知识爆炸的时代，单靠在学校学习的知识是不可能终身受用的，必须终身学习，才能跟上社会的步伐。因此教师不仅要教学生在各种考试中取得高分，更要着眼于学生一生能更好地生存和发展所需的素养养成。在教学中，要注意教学生学习的方法，培养学生“再学习”的能力和积极主动学习的习惯，注重学生的创新意识和能力、心理和精神素质的培养，为其适应终身教育的要求，迎接“学习化社会”的挑战打好基础。

(2)赏识教育观。赏识教育是一种以尊重学生人格为前提，通过表扬、肯定学生的某些观点，实现对学生有激励作用的“正强化”教育。[①] 赏识教育要求教育者要尊重学生生命成长的规律，给学生以关心、鼓励和赏识，及时发现学生的闪光点，从而增强学生的自信心。对于在学习上有困难的学生，教师也要循循善诱，逐步增强他们的信心、勇气，使他们体验到尊重、信任和支持，从而能够克服困难。

(3)创新教育观。创新是一个民族进步的灵魂，是一个国家兴旺发达的不竭动力。创新精神也是六大核心素养之一。教育正在向着创新教育而前进，教师要树立创新教育理念，根据社会发展和进步的要求和人的成长发展的需要，创造性地把价值观念、人文底蕴、科学精神、健康生活、责任担当等传递给学生，促进学生的发展，使学生能不断地认识和改造客观世界，促进社会和文化的发展。

2. 学生观

学生观是指教师对学生的基本看法，它支配着教育行为，决定着教

① 周弘：《赏识你的孩子》，成都，四川少年儿童出版社，2000。

师的工作态度和工作方式。学生观不仅是教师的一种外显的态度，更是一种内隐的态度，教师在实际教学过程中要树立正确的学生观。学生观包括对学生地位的认识和对学生特点的认识两方面。

(1)对学生地位的认识。指教师对学生在社会关系和在教育关系中地位的认识。教师要清醒认识到：教师和学生是平等的、双向式的、民主和谐的关系，要求教师从“权威者”变成“平等中的首席”。而教育过程是一种心与心的交流过程，是受教育者精神建构的过程。教师不仅应尊重学生的主体地位和人格，而且应把学生作为自己意识的中心，将学生看成教学的出发点和归宿。相应地，对师生关系中师生双方地位的认识，应由“师本”变为“生本”，在知识与学生发展的认识中突出人的地位，强调人文关怀，形成知识是促进人的教育发展的工具，人的发展才是教育的终极目的。

(2)对学生特点的认识。学生是不断发展、主观能动、独立、具有自我实现潜能的个体角色。因此，教师需要明确以下几点：一是学生是发展变化的个体。处于变化发展之中的学生是具有巨大发展潜能的，因此，在教育工作中，我们必须尽可能地为学生的发展创造各种条件，以保证每一个学生都获得成功的机会。二是学生是主体能动的个体，即学生具有选择性、自主性、能动性和创造性，可以通过自我的力量对发展施加影响。三是学生是自由独立的个体，要注重培养学生的独立性和自主性，注重培养学生自主学习的能力，强调教师应尊重学生的人格，关注学生的个体差异，为学生创造适应个体发展的良好的学习环境。

（二）建立核心素养生态化养成的学生综合素养增值评价指标体系

《国家中长期教育改革和发展规划纲要(2010—2020年)》明确要求：“做好学生成长记录，完善综合素质评价。”探索促进学生发展的多种评价方式，激励学生乐观向上、自主自立、努力成才。但是目前综合素质评价指标体系存在以下问题：一是学生综合素质评价指标体系过于追求全面，把道德品质、公民素养、学习能力、交流与合作、运动与健康、审美与表现界定为综合素质的基本维度，维度指标数量庞大，实际操作难度太大；二是各维度指标独立性差，存在包容、重合交叉问题；三是维度指标具体性差，每一个维度之下，究竟应该评价哪些“关键表现”，即用什么行为指标才能最真实而客观地反映学生某一方面的素养，意义界定模糊，可操作性程度较低。

要达到学生核心素养的生态养成，就需要根据六大核心素养构建出一套注重促进学生个体发展的学生综合素养增值评价指标体系。学生综合素养增值评价指标体系应是由一系列评价指标组成的系统，各项指标应体现国家教育方针政策的意志，能够为学校所控制，各项指标及各级指标相辅相成、互为支持，反映学生发展的全面性与整体性。各项指标设立仍需要遵循量化衡量与质性描述相结合原则、重大影响原则、可操作性原则以及平衡性原则等。

在构建学生综合素养增值评价指标体系时，必须考虑到以下几点：第一，学生仍处于人生发展的过程之中，所谓的“综合素养”也只能是日后继续发展所需要的基本素质和能力。第二，由于学生的综合素养要透过学习和生活的真实过程来体现，所以评价体系指标的确定要符合自身学校的学生实际，以便通过学生的日常表现来进行客观的判断。第三，综合素养的各个维度所包含的评价指标要有很强的可观察性，即指标本身应是学生能够表现出来的具体行为，而不是一个结论性的主观定论。第四，综合素养评价指标的数目要合理，要集中使用那些对学生成长起决定作用的重要指标，避免指标体系大而全。

（三）建立促进学生核心素养生态化养成的课堂教学评价体系

课堂教学的质量直接决定了学生核心素养的生态养成。课堂教学的本质是学生在教师的指导下自我建构的过程，学生是课堂教学的主体。课堂教学评价要以是否有利于促进学生主体性发挥为目标，以是否有利于学生全面发展为目的，通过学生的课上表现来评价学生的学习效果，通过学生的学习效果来评价教师的教学效果，进而评价整个课堂教学质量。因此，评价一堂课，要突出以学生为本，要以学生课上的参与情况、学习效果的好坏为标准。以此来建立“以学生为本”理念指导下形成的课堂教学质量评价体系。

1. 转变评价理念

评价体系首先体现在关注学生的发展，即以学生的发展来审视课堂教学的优劣。同时也要求我们将课堂教学评价的重心由关注教师转移到关注学生上来。课堂教学的评价不仅是评价教师备课备得如何、教师的基础知识、教师教学内容的讲授是否到位、教师的教学任务是否完成等，而还应该将视线转移到学生是否积极地参与了教学过程、学生身上是否发生了真实的学习、学生真正学习的效果如何等。一句话，课堂教学的本质在于学生的发展，课堂教学的评价应以学生的发展为根本评判标准。

2. 完善评价内容

课堂教学要培养学生的能力，以学生发展为本，就必须对传统课堂教学评价的内容进行重塑，体现以学生的“学”来评价教师的“教”的“以学论教”思想和以学生的“学”来评价学生学习效果的“以学论学”思想。它应包括以下几个方面内容：一是关注每一位学生。教师在课堂教学中，关注包括每一位学生在内的全班所有学生。关注的实质就是尊重、关心、唤醒，关注本身就是最好的教育。二是关注学生的课堂表现。主要从学生的情绪状态、注意状态、参与状态、思维状态、生成状态五个方面进行评价。三是关注学生的道德生活和人格养成。课堂不仅是学科知识传递的宝塔，更是人性养育的殿堂，课堂教学不仅是学生学科知识的增长过程，而且是学生人格健全与发展的过程。四是关注学生的差异性。教师需要研究学生的差异，在课堂教学及其评价时重视因材施教和进行差异性教育，以学生的起始为依据，根据其增值进行评价，不仅评价学生最终的学习结果，也评价学生学习过程中的具体表现和增值大小。

3. 改进评价方式

评价不是为了证明，而是为了改进。① 课堂教学评价应改变评价主体单一的现状，实施评价主体多元化，将教师评价、自我评价、学生评价、业务主管部门评价等结合起来；评价方式多元化，如定性与定量相结合，

---

① 瞿葆奎：《教育评价》，298 页，北京，人民教育出版社，1989。

书面与口头相结合，课内与课外相结合，结果与过程相结合等。

第三节　着力深度学习培养学生发展核心素养

基于核心素养的提出和落实，深度学习也进入理论研究和实践探索视野。培养学生发展核心素养，必须依赖学生的深度学习，而学生深度学习的发生，是其核心素养的重要体现。为此，基于深度学习培养学生发展核心素养成为当前高中课改深化的重要主题和任务。此部分基于深度学习的理论基础和内涵特征，提出通过深度学习促进学生发展核心素养落实的相关路径。

一、 深度学习的提出、理论基础与内涵特征

（一）深度学习的提出

随着学习研究的深入，对学习的认识也日益深刻，而深度学习作为一种特定学习概念的表达以及相关的专题研究实际已由来已久。20 世纪 50 年代中期，有研究者开展了一系列对学习过程的实验研究，并在 1976 年发表《学习的本质区别：结果和过程》①，文中根据学习者获取和加工信息的方式将学习者分为深度水平加工者和浅层水平加工者，首次提出并阐述了深度学习(Deep Learning)和浅层学习(Surface Learning)这两个相对的概念。此后，很多国外学者在这一概念基础上都对深度学习进行了不同角度的研究。相对而言，国内对深度学习的系统研究起步较晚，而且最早受到教育技术界的广为关注，这与 AECT 2004 教育技术概念的传播有密切的联系。2004 年，美国教育传播与技术协会(Association for Educational Communication and Technology，AECT)重新修订了教育技术的定义，其中突出强调了深度学习的思想理念，并将促进深度学习作为教

① Marton F & Saljo R，“On qualitative differences in learning：I-Outcome and process，” British Journal of Educational Psychology，1976(46)。

育技术的重要目标。[①] 随着 AECT 2004 定义在国内教育技术领域的广泛传播，深度学习也开始得到国内教育技术研究者的关注。

随着我国深度课改的推进、核心素养的提出，不少教育者开始纷纷关注深度学习，认为深度课改在某种意义上是指向并促进学生的深度学习。而学生的深度学习也在某种程度上倒逼深度课改的推进。两者可谓相辅相成、相得益彰。[②]

（二）深度学习的理论基础

深度学习是当前学习研究的重要内容之一，而对其的认识和理解是建立在多种学习理论的基础之上的。在学习科学视域中，建构主义学习理论、情境认知理论、分布式认知理论、连通主义学习理论以及元认知理论是深度学习的主要理论基础。其中建构主义学习理论为深度学习的知识建构特性与概念交互提供了科学依据：一方面，它认为深度学习过程具有双向建构特征，即“建构一方面是对新信息的意义的建构，同时又包含对原有经验的改造和重组”[③]，是一种双向建构知识意义的学习；另一方面，它认为深度学习最终要形成一种复杂的认知结构，并灵活地运用到各种具体情境中来解决实际问题。情境认知理论为深度学习的学习环境与个人学习空间设计提供了强有力的解释，它认为深度学习的实现需要学习者通过参与真实情景中的活动并用所获得的知识来解决实际问题，才能建构知识意义并真正掌握这些知识。分布式认知理论学习认为深度学习不仅包括个人头脑中所发生的认知活动，还涉及人与人之间以及人与技术工具之间通过交互实现某一活动的过程，即学习的社会性。[④] 连通主义学习理论认为学习包括创建连接和发展网络，知识存在于这个网状结构中，设计合理的网络本身就是学习的过程。元认知理论为深度学习的反思及自我监控提供了依据。在所有的理论基础中，建构主义学习理论及连通主义学习理论对深度学习的影响更直接、更深远。几大学习理

---

① 雷钢：《从 AECT 定义演变看教育技术发展趋势》，载《中国电化教育》，2008(12)。

② 林高明：《深度学习促推进深度课改》，载《中国教师报》，2016-01-20。

③ 张健伟、陈琦：《从认知主义到建构主义》，载《北京师范大学学报(社会科学版)》，1996(4)。

④ [美]戴维·H. 乔纳森：《学习环境的理论基础》，上海，华东师范大学出版社，2002。

论为深度学习内涵的界定、促进深度学习的基本路径提供了基础。

（三）深度学习的内涵特征

基于上述几大学习理论，不同教育者提出了深度学习个性化概念的界定。美国教育学家布鲁纳认为："学习存在表层和深层两个过程，掌握知识经验的过程是学习的表层，而通过知识形成一定的思考方式、学习态度，增强解决问题的能力和自信才是学习的深层过程，真正的学习应包括获取知识、发展能力和形成态度。"黎加厚教授认为，深度学习是指在理解的基础上，学习者能够批判地学习新思想和事实，并将它们融入原有的认知结构中，能够在众多思想间进行联系，并能够将已有的知识迁移到新的情境中，做出决策和解决问题的学习。① 林高明认为，深度学习是指一种全身心投入、经历思维探索过程、获得深度体验的生命化深刻学习。②

综观上述概念，深度学习强调较高的认知目标层次，强调高阶思维能力的培养，强调学习过程中的反思与元认知，并且注重学习行为方面高情感投入和高行为投入，强调学习的意义；在认知结果方面，则注重概念转变，强调复杂认知结构的养成。它是经历感知、思维再到创新的一种学习，是有利于学生关键能力和思想品格形成的一种学习，是有利于学生核心素养培养的一种学习。尤其是通过深度学习和浅层学习的对比(表 7-1)，我们对深度学习将有一个更加深刻的认识。

表 7-1　深度学习与浅层学习对比③

项目	深度学习	浅层学习
学习期待	学习内容的意义和价值	知识的掌握
学习动机	内在需求，与自己有关联度	与自己无关联度，外在压力
学习过程	体验 探究 对话	传授、记忆为主

① 何玲、黎加厚：《促进学生深度学习》，载《计算机教与学》，2005(5)。

② 林高明：《深度学习促进深度课改》，载《中国教师报》，2016-01-20。

③ 张浩、吴秀娟：《深度学习的内涵及认知理论基础探析》，载《中国电化教育》，2012(10).

续表

项目	深度学习	浅层学习
知识体系	新旧知识联系，形成概念网络	零散孤立的知识、浅层的知识
聚焦内容	核心概念、核心观点	无聚焦，外在线索关注较多
实践应用	能在实践中解决问题	不能灵活应用在实践中
思维层次	高阶思维	低阶思维
反思状态	对学习意图和学习策略自我反思	缺少自我反思
投入状态	主动学习	被动学习

二、落实深度学习培养学生发展核心素养

深度学习是当代学习科学提出的新概念，是针对传统课堂教学中的肤浅学习现象而提出的。为了更好地落位新一轮课程改革中提出的核心素养，我们在基于深度学习的建构主义、情境主义、连通主义、元认知等理论基础上，提出落实促进深度学习培养核心素养的七条基本路径。

（一）关注学习意义，提升学习内驱力

过去，当被问及为什么学习时，不少学生脱口而出的就是为了考试，为了升学。他们不知道除了考试和升学之外，学习和自身有多大的关系，他们的学习是迫于外在的压力，而不是内在的需要。所以，他们的学习是被动的、痛苦的、低效的。新一轮课程改革特别强调加强学生学习世界和生活世界的联结，提出关注学习的意义和生命的质量。从一门课程度来讲，学生学习需要了解为什么要学习这门或那门课程？学与不学有什么区别？它能给自身生存和生活带来什么？从一节课来讲，学生需要知道为什么要学习这个或那个知识？这个知识与我有什么关系？只有按照这样的思维方式去思考，去追寻学习的意义和价值，才能激发学习的内驱力。

我们要让学生知道学生学习的课程内容不是枯燥乏味的文字符号，而是有生命、有意义、有价值的知识，是和每个学习者都有着密切关系的。就拿历史学科来说，很多学生认为历史距离自己比较遥远，除了了

解一些史实外，好像和自己没有太大的关系。其实不然，历史学科不是仅仅教给学生们要学的事实，而是帮助学生理解基于史实的解释和所分析问题的本质，帮助他们懂得历史与现实生活的关系。曾经有一位历史教师用开学一周的时间让学生思考并讨论“如何理解任何真实的历史都是当代史”“什么是历史”“我们是怎样知道过去的”“作为经验的一部分，坐下来写历史的人与由普通人制造手工物品之间有什么区别”，通过这些问题的研讨帮助学生理解历史是一种证据知识，而不是一大堆固定不变的姓名和日期。从此，学生再学习历史，就从被动地对过去的旁观者转变成积极参与思维、推理的自由行动者，因为他们了解了历史这门课程的意义和价值。

对一门课程是这样，对一个单元、一节课、一个知识点同样也是如此。每个学习者都应该了解知识与自身的关系，必须意识到所学知识的重要性，特别是它的用处，这样他才能对这个单元、这节课、这个知识点有一个内在的期待。下面我们举一个例子：草履虫的生理特性。如果老师能把这种原生动物的生命与学生个人的生命联系起来，就会让学生产生学习动机。人是怎么活下来的？我的细胞是怎么生存的？我的身体要调动 60 万亿细胞来进行运转，草履虫这样的单细胞怎么完成各项功能？自由细胞构成的生命和互有联系的细胞构成的生命有何不同？再比如，数学中的函数、导数、指数函数问题，如果老师能让学生进入这些函数的创造者的内心世界，进入创造这些函数的背景时空，让学生了解这些公式、原理的发明给人类的生产生活带来了什么影响，那么这些知识就能够更好地得到“传递”。也就是说，把解释引向自我或重大问题，就能让学生产生动机，或者对新知识产生期待。再比如，关于植物的特殊营养机制，光合作用并不是一个会让学生感兴趣的主题，但它是地球食物链的源头，要让学生对这个问题产生兴趣，我们可以让每个人列出人的生存所需：能量、氧气、事物，然后再追溯这三个因素的源头——这样一来，一种动力机制就被调动起来了。这样，学生的学习不再是做题、考试等，而是成为一种生存生活的内在需要，是深度学习的基础和前提。

（二）加强新旧知识联系，提升学生思维能力

孔子曰："温故而知新。"这一精辟的经验之谈，既揭示了新旧知识之间的内在联系，又阐明了运用已有知识学习新知识的重要性，而且还鲜明地体现了学习当中知识迁移的规律性。学习总是在原有知识背景下发生的，学生进入课堂时，并不像一个空容器等着被填满，而是带着对现实世界各种各样的半成型的观点。学习的本质就是"原有知识或经验的迁移"，是把未知的知识与脑中已有的知识联系起来，并生成新的认知经验。所以，学生已有的认知在学习新知识中起着重要的作用，甚至直接影响对新知识的学习。例如，对于一个新词"心锚(Anchor)"，学生完全不知道是什么意思，但是如果老师告诉你"心锚就像你家里的电灯开关。开关一开，灯就亮；心锚一启动，你的大脑、身体就会有某种特定反应"。如此一来，你就能稍微了解这个词了。之所以能了解这个词，与之前对电灯开关知识的了解有一定的关系。

已有的知识有时有利于新知识的学习，有时则是新知识学习的"障碍"。例如，地理课上，老师告诉学生地球是一个椭圆体，但是学生已有的经验告诉自己，地球应该是平的，像个大饼，因为人每天都站在上面，如果是圆的，那么在地球顶端的人应该是倒立的呀，而事实上他们不是。所以，虽然老师告诉学生是由于地球自转和地球引力的存在，但是学生只是在考试时才写上这个答案，一旦考试过后，学生还是天真地认为地球是平的。因为对学生来说，球体形的地球与它们心理上的地球模型不一致。再比如，物理课中讲到的"功"，老师说假如你搬了 10 袋 50 kg 的石膏上七楼，然后你又搬了 10 袋同样的石灰渣下来，那么你做的功等于零，要是你的干劲特别大，还把其他袋子从七楼搬到了一楼，你做的功就是负的。作为初学者简直没法想象还有比这种说法和直觉(先有知识)相差更远的了。还有，洛朗斯·维耶诺曾在巴黎第七大学做过一项出色的研究，其成果在二十年后得到了证实，在回答"有哪些力作用在一个竖直向上扔出去的球上"这个问题时，一些物理系学生甚至某些物理系教师回答道："有两个力，一个是重力，一个是冲力。"超过 50%的受访学生尽管学习了一些学术知识，却还是信奉"冲力说"。球之所以会继续向上，是

因为它拥有一股力，一种冲力。这种想法大错特错，球一旦被扔出去，就只有一种力在起作用，即重力。①

学习总是通过“反对”我们所知道的东西来实现的，这些东西就是以认识论专家居伊·吕默拉尔为首的一些研究者所说的“先有知识”。学习就在于意识到这些知识不太适合或完全不适合处理当下情境，因而要超越这些原初的、先有的概念，从一个认知层面调到另一个认知层面，这才是真正的学习。而要完成这样的认知，简单的信息添加是远远不够的，学习者需要建立一个完整的概念炼制过程。这些先有知识或概念在接受新知识或新概念之前就已经存在了，它和个人经历有着密切的联系，并植根于环境文化之中。而且，学习者对世界、对现象和事件所形成的概念具有阶段性特征，只是表现了自身对于当下的一种不完整的、相对的、部分的看法，当它的局限性越来越大，并出现另一种更有效、更方便的概念时，他会将前者抛弃。② 为了学习，学习者必须跳出习以为常的标线，必须放弃他的习惯，对知识的占有有时来自对已知的颠覆。

所以，在上一门课或者一节课之前，学习者必须提出一些问题，如关于这门课或者这节课想要学习什么？关心的是什么？脑袋里已经有了些什么？对于这个现象或问题有什么看法？我可以借助什么才有进步？如果没有这些思考，学习就没有太大的实际作用，顶多只有浅层的效果。旧概念是非常顽固的，学生不会仅仅因为老师或书本向他们下了命令就放弃原有的认知模式。在没有被放在对抗未知或没有加以研究的情况下，两种对立的概念可以在同一个头脑中并存。一个学生会为了考试背下一种好的理论，一旦假期来临，他就又回收自己的旧知识。所以，教师在教育教学时需要关注学生已有的知识经验，并以此为基础，开展新知识的教学。

（三）深度探究核心概念，提升学科素养

核心概念，一般认为是课程的核心框架，在课程中占有重要地位，

① ［法］安德烈·焦尔当：《学习的本质》，93 页，上海，华东师范大学出版社，2015。

② ［法］安德烈·焦尔当：《学习的本质》，94 页，上海，华东师范大学出版社，2015。

处于主干位置；可以生成其他概念，或与其他概念有紧密联系；知识结构中有不可替代的根基作用。对核心概念的探究学习，有利于学习者把握课程内容的线索和层次以及掌握课程整体结构框架。核心概念在本质上体现的是课程的基本思想，是课程的目标。有学者主张课程教学应注重核心概念，不要一味地让学生掌握事实，而是在学习中锻炼学生的思维能力。课程内容应在学科的核心概念为中心的知识中选择，事实只是用于增强学生理解的工具；教学需要注意将概念用起来，这样才会明白知识还有深层次的含义。学习也应更深入，简单的记忆不能发展思维能力，学习过程中需要更多关注概念的内涵与结构体系。“美国 2061 计划”中指出，应注重知识学习的深入性和整体性，减少结构体系外的概念，重点关注核心概念。学校不必追求知识的多，而要集中在较少的主题上，教师从不同的背景引入概念，并逐步扩展和深化。在课程内容的取舍上，有的知识历久而弥新，究其原因是这些内容具有根基的作用和可增长的特性，能够突破技术限制，不断发展的那些知识应该是选取的对象。尤其要选择可以作为人生建造知识大厦的永久基础的那些概念。

对核心概念的深度学习，是培养学生学科核心素养的基石。然而，就目前的核心教学现状来看，一些教师只是提出概念而不讲来龙去脉，使得学生知其然，但不知其所以然，使得学生不能领会概念背后蕴含的学科思想方法，或者教师本身对核心概念理解有偏差，引入概念形式丰富但依然停留在表面，这样就淡化了核心概念本身的内涵，忽视了核心概念的根基作用，降低了课堂效率，浪费了培养学生核心素养的机会。有时学生看似明白了，但一做题就不会，更不用说在实践中用来解决问题了。

为此，也有一些教师开始尝试研究核心概念教学策略，以数学学科为例，马宁提出了核心概念教学的五个步骤：①教师课前准备：了解学生已有的知识框架和核心概念网络图，深入阅读，广泛联系，建构完整的核心概念网络，收集素材，为讲解核心概念及其生成与联系做好准备。②核心概念引入阶段。选取适当的数学史素材，结合现今生活实际，激发学生兴趣。③加强对核心概念的解读。对核心概念的解读要深刻，就如高层建筑，需将地基打牢。利用多个例子帮助核心概念本质特征的发现和归纳概括，明确概念的内涵，通过正面、反面来确定概念的外延。核心概念的产生不是凭空而出的，必有它发展的前因后果，有其存在的必然性，这些问题对于深刻理解核心概念也有重要意义。④用数学史、概念图等多种手段帮助核心概念体系的构建。⑤用丰富的实例对核心概念进行多次运用，以达到对概念的巩固。①

（四）将新知识整合到相互关系的概念系统中

连通主义学习理论认为，学习包括创建连接和发展网络，知识存在于这个网状结构中，设计合理的网络本身就是学习的过程。知识与知识之间必须相互联系，相互巩固。知识只有在概念网络系统中才能牢固，才能凸显知识的意义和价值。也就是说，我们不能通过研究每块砖来理解一座大楼的运行，思想以及学习都只能通过整体而存在，只有在一个相互联结的整体中它们的特性才会显现。② 学习就是改变信息组织水平。例如，要理解自己的身体如何运转，学生必须在不同系统(内分泌系统、呼吸系统、循环系统、泌尿系统等)之间以及这些系统和器官之间建立联系。吸入的氧气并非只停留在肺部，学生必须对氧气在人体里经历了什么有所设想，包括氧气是如何进入细胞以及如何排出的。这一方法对那种将人体分为一千个孤立部分的观点提出了质疑，后者使孩子们看不到这些部分之间的联系，老师在介绍人体时把器官一个个单独拿出来讲解就会导致这种情况。

在教师看来，在各个知识点之间建立联系对于学习者来说是必不可少的，但我们的思维方式和学校组织都不够重视。在当前的教育环境下，所有人都有研制的笛卡儿主义倾向。学生学到的是要解决一个问题，就必须把它分解成一个个小部分，然后分别来处理。在学校，知识是按照学科来教授的，学科被分成课程或章节，章节被分成若干知识点，每个知识点都被分别处理。正如社会学家莫兰所言："我们的思维方式让我们

① 马宁：《高中数学核心概念及其教学的调查研究》，硕士学位论文，西安，陕西师范大学，2015。

② [法]安德烈·焦尔当：《学习的本质》，31页，上海，华东师范大学出版社，2015。

在事物被分解开来时看得很清楚，而在它们彼此联系起来的时候却变得很近视。”然而意义就是联系，新概念来自有概念的组织，这个组织过程将最终导致新模式的炼制。[①]

新一轮的课程改革提出培养学生的核心素养，强调整体育人。无论是从核心素养的角度还是整体育人的角度，都在一定意义上倡导知识之间的整合，既包括学科内概念系统的整合，也包括跨学科知识系统的整合。不过，有些老师能够进行跨学科教学，当然这并非具备一般教学技能的教师所能胜任的。例如，一位老师以学生们有关自己和有关世界的问题为主线，按照轻重缓急进行排序，构建班级课程，引领学生进行跨学科学习，进而进行知识的系统整合。这需要老师具有丰富的知识，他才能够把学生们的问题编织在相关学科的重要原理之中。[②]

（五）强调实践，突出体验

传统的学习往往是会背公式、原理，会做题，会考试。但我们知道，学习不仅仅是为了做题和考试，更是为了在当下和未来的生活中能够解决一些实际问题。知道一个公式或原理是没有价值的，除非能用它进行运算或者解决某个问题。所以，从这个意义上说，学习是离不开实践的。而且，知识的掌握和能力的形成需要在实践中得以培养和巩固，并帮助其内化为学习者的智慧。当今的学校太过重视重复，这从学生在考试和测验前必须临时抱佛脚地复习就可见一斑，但重复并不能促进知识的长期掌握，为通过考试而记住的知识可能很快就被遗忘，知识需要不断在实践中被现实化。获得的知识定期在不同的情景中被调用，这种持续不断的调用可以使知识精细化或复杂化。此外，新一轮课程改革已经进入了核心素养时代，而核心素养一定与情境联系在一起，与能力和品格联系在一起。如果仅通过接受学习或课堂内学习完成这种意义的传递是不现实的。2015 年北京市修订义务教育课程计划，鼓励学生进行自主、体验和探究式学习，各科拿出不低于 10%的学时用于学科实践。

---

① [法]安德烈·焦尔当：《学习的本质》，86 页，上海，华东师范大学出版社，2015。

② [美]约翰·D·布兰思福特等：《人是如何学习的——大脑、心理、经验及学校》，138 页，上海，华东师范大学出版社，2013。

随着考试改革以及新课程计划的颁布，各个学校的学科实践活动或综合实践活动搞得如火如荼，如每周半天带学生走进博物馆、科技馆、实践基地等，虽然取得了一定的效果，但无数的实践案例表明，不少学校把活动当作最终目的，为活动而活动的现象比比皆是，对于为什么要实践没有一个清晰而深刻的认识。活动本身不是目的，重要的是在于引发个体的深层兴趣，把学习者推向根本性问题，引领其通过发现问题、分析问题和解决问题进行深层思维。例如，下雨了，下雪了，为什么会下雨？为什么会下雪？下雪后，雪一碰到地面就融化了，但为什么落在汽车上却不融化？夏天很热，为什么冰川却没有融化？学习者不能只是看到这些现象，更要进行深度思考和探究。

实践在学习过程中无疑是个必经阶段，但我们也不能把它作为“万灵药”。一方面，实践必须充分地境脉化，为了实践而实践是有害的；另一方面，实践必须和学习特有的其他形式联结在一起，如探究、表达、倾听、分享等。

（六）关注社会交互，促进高阶思维发展

学习科学研究中比较重要的发现是社会交互在学习中所起到的重要作用，最好的学习结果通常源自某种特别的社会交互，如教师、学生、社区成员在共同情境活动中建构与分享知识。学习者通过分享、应用、讨论等形式发展对学科的理解能力。

学习是具有社会性的，其社会性表现在作为学习对象的知识的社会性、学习者的社会性和学习过程的社会性。而直接影响学习者进行深度学习的就是学习过程的社会性，学习过程的社会性主要体现在将学习作为一种对话与交流活动，参与交流和对话的人包括教师、学生、专家和其他社会成员，交流和对话存在于师生之间、生生之间、师生和专家与社会成员之间。学习情景中的对话或交流在学习者内化观念和知识的过程起着重要的作用，学习者的相互碰撞和交流不仅会引起认知变化的共同建构，而且能够产生意义和价值的生成，这是高阶思维过程发展的关键。所以，现在越来越多的教育者关注学习共同体的建立，并开展相关方面的实践研究，取得了一定的效果。但是由于对学习共同体的认识和

理解需要一个漫长的过程，所以在实践中难免出现偏差。例如，只有学习共同体组织，却没有真正的合作与协同，形式化现象严重；认为学习共同体就是在合作学习中针对某一问题能够达成共识，殊不知只有团体内每一个学生都能谈出自己的“一己之见”，才有利于问题的解决，才是更加真实的学习；过于主张学生已知成果的展示，忽略成员之间问题、思考、想法的分享。如何建立学习共同体以促进学生的高阶学习，将是一个长期的、永恒的话题。

（七）强化反思学习，培养反思的习惯

学习科学已经反复证明了反思在深层理解学习中的重要性。反思的基础和前提是具有反省性、探究性的批判性思维，要求学习者发现学习中存在的问题并进行探究及解决，包括学习前反思，在已有经验的基础上对将要进行的学习活动进行计划及指导；学习中反思，根据个人及情境的变化，调整自己的学习策略；学习后反思，对学习结果进行评价，总结成功经验和失败教训。证据显示，反思能力是逐步习得的，它依赖于知识和经验。反思本身并不是目的，而是为了更好地发现问题、解决问题，从而更加高效地学习。如果学习者对自己的学习能力缺乏洞察力，几乎就不能期望他们能制订计划或者做出有效的自我调节。

学生反思性学习能力的发展是一个长期的过程，所以老师和学生都应该坚持不懈。老师要引导、组织和参与这个过程，而不是代替学生思考，为他们做决定。老师要努力思考并设计出具有创造性的反思活动来促进学生反思。例如，教师要帮助学生认识到当他们理解事物时应该反思的问题，让学生在进行知识建构时，思考自己的行动和讨论，在课堂活动结束时，引导学生检查学习过程和结果，发现学习中存在的真实问题，如何深化和提高等，将反思和课堂活动整合在一起。教师要帮助学习者实现能够自觉地对学习活动过程中所涉及的相关因素(认知因素和非认知因素)以及学习结果进行批判地、持续地关注，不断地调节与改进方法，力求消除疑惑、解决问题，促进学习活动的合理性和有效性，最终达到“学会学习”的目的。

然而，在现实的教与学中，反思性学习没有得到广泛的关注。一方面，因为教与学的功利性，一味地追求多和快，以完成教学任务为目的；另一方面，师生都缺乏反思意识，对反思对深度学习的影响没有深入地认识和了解。另外，虽然教育界早就提出了反思性学习，但大多集中在理论探索上，缺乏实践上的具体指导。但是，教师可在自己的教学中引领学生先学会思考。很多学生说思考就是要多做题，多动脑筋。其实，多做题未必就能学会思考。我们希望学生能真正通过学习学会思考各种问题，不只知道是什么，还要知道为什么，怎么办。学生学习中会遇到很多困惑，需要自己去思考、解决，将来走向社会会遇到更多的困惑和问题，这更需要一个人有较高的思维能力和解决问题的能力。所以，今天不照抄答案，多想想为什么，增长智慧，明天走向社会，就能沉着应对各种困难和困惑。除此之外，教师要十分注意对学生反思性批判精神的培养。具体而言，一要引导学生独立思考，对学习内容、学习过程、学习方法与策略有自己的理解和判断；二要允许学生针对教材内容、教师经验和教学结论持怀疑的态度，保持自我的独立精神；三要鼓励学生对同一问题提出不同的意见及其个性化的解决方式；四要强调学生批判性地接受新的知识、经验，保持对学习内容与学习过程的警觉，并自觉和主动地进行反思。

三、以核心素养为导向的深度学习任重而道远

“深度学习”与“核心素养”这两个“高频词”在课程改革深化推进中越来越受教一线教师的关注，越来越多的教师主动参与到“核心素养与深度学习”的话题讨论中来。核心素养是育人目标的具体化，是素质教育和立德树人在新时期基础教育育人目标的完善。那么，核心素养如何在学校落地，需要课程、教学和评价等多方面共同努力。在建构了基于核心素养的课程框架之后，每一位教师都将从自己的课堂教学入手，思考和探索如何让学生的核心素养能够落地，如何借助深度学习的研究和实践更好地培养学生的核心素养。这是迫在眉睫的一个问题，同时也是一个任重而道远的课题。目前很多教师对于学习的本质、对学生的研究以及教与学关系研究等与深度学习相关的探索还处于初级阶段，还有很多问题

像“雾里看花”。

（一）对学习缺乏科学认识

多少年来，教师已经形成了一种思维定式和研究范式，那就是研究“教学”，如何提高课堂教学效率，如何提升学生考试成绩。高校教育研究者也大都把焦点集中在教学的本质研究、知识是如何产生的、教学的方法与策略等问题上，而对于学习却鲜有思考。例如，什么是学习？人为什么要学习？学习是怎样发生的？怎么学习？学习有几个层次？深度学习何以促进高阶思维？何以实现学生核心素养的提高？当然，对于学习的研究不仅仅是在教育学领域，更是在心理学、学习科学、人类学、神经科学、信息科学及其他领域。这显然不是一般教育者包括一线教师所能涉猎的。而事实证明，如果教师不能科学地理解“学习”，那将直接影响到他的教育教学，降低学生学习的效率，更难以生成学习的意义和价值，实现学生生命质量的提升。

（二）对学生缺少科学研究

核心素养指向的是学习结果，针对的是培养什么样的人。然而，作为教育者，作为一线教师又对这个“人”有多少认识和了解呢？教师在课堂教学中关注最多的莫过于自己的学科、自己的教学设计、自己的课堂效率等。新一轮课程改革要求教师“读懂学生”“把学生放在正中央”，但是为什么读懂学生，如何读懂学生，读懂学生什么，怎样才是把学生放在正中央，这些对教师来讲都是没有明确答案的问题。正如原上海市教育委员会尹后庆副主任所说，我们现在并不缺乏认真和熟练的教师，而是缺乏会思考和研究的教师，特别是研究学生的教师，要把对学生的解读力视作现代教师评价的重要内容。他认为专业的学生解读力至少包括专业识别(能读懂学生的能力)、尊重差异和个性化支持三种能力，其中，专业识别是基础能力，它影响甚至决定其他两个方面。教师以后的核心竞争力主要是对学生的研究，这样的说法在目前来看的确有一定的道理，但很多教师在这方面却束手无策。

（三）对教与学关系缺乏科学把握

学习是个人的事情，只有学习者个人才能进行学习，别人不能取而代之。尽管很多教师一再重复“要想让学生学习，只需好好备课”“我的教学任务完成了”“我都讲了 n 遍了，你怎么还不会”……其实，教不等于学，老师好好备课不等于学生好好学习；老师教学任务完成了，不等于学生学习任务完成了；老师教了不等于学生学了；因为老师的教往往是基于已有的经验、教参、教材，而学生的学往往受其先有知识、学习方式、学习情绪、学习心理、认知特点等的影响。所以，学生从来不可能吸收老师教的所有东西，否则也就不会出现考试和测验中的“及格线”。核心素养时代的来临，有力地推动了学生学习方式、学习思维的变革。关注学生、关注学习、关注学习方式变革，并不代表不关注教学和教学方式的变革，教与学的关系就像一枚硬币的两个面，教师的教决定着学生的学，学生的学影响着教师的教。

参考文献

一、 著作

[1][美]林恩·埃里克森，洛伊斯·兰宁．以概念为本的课程与教学：培养核心素养的绝佳实践[M]．鲁效孔，译．上海：华东师范大学出版社，2018.

[2][美]弗雷斯特·W·帕克，埃里克·J·安科幕尔，戈兰·哈斯．当代课程规划(第八版)[M]．孙德芳，译．北京：中国人民大学出版社，2010.

[3]蔡清田．核心素养与课程设计[M]．北京：北京师范大学出版社，2018.

[4]黄光雄，蔡清田．核心素养：课程发展与设计新论[M]．上海：华东师范大学出版社，2017.

[5]成尚荣．核心素养的中国表达[M]．上海：华东师范大学出版社，2018.

[6]成尚荣．课程透视[M]．上海：华东师范大学出版社，2018.

[7]从立新．课程论问题[M]．北京：教育科学出版社，2000.

[8]单中惠．西方教育思想史[M]．北京：教育科学出版社，2007.

[9]冯生尧．高中课程与高考改革：走向多样化[M]．上海：华东师范大学出版社，2019.

[10]郝德永．课程：走向自觉与自律[M]．合肥：安徽教育出版社，2009.

[11]郝德永．课程研制方法论[M]．北京：教育科学出版社，2000.

[12]和学新．基础教育课程的变革与反思[M]．桂林：广西师范大学出版社，2015.

[13]扈中平．教育目的论(修订版)[M]．武汉：湖北教育出版社，2004.

[14]江山野．简明国际教育百科全书·课程[M]．北京：教育科学出版社，1991.

[15]靳玉乐，张铭凯，郑鑫．核心素养及其培育[M]．南京：江苏人

民出版社，2018.

[16]柯政，周文叶．基于证据的课程与教学研究[M]．上海：华东师范大学出版社，2017.

[17]李文萱．聚焦学科核心素养的课堂教学[M]．上海：华东师范大学出版社，2018.

[18]廖哲勋，田慧生．课程新论[M]．北京：教育科学出版社，2003.

[19]林崇德．21世纪学生发展核心素养研究[M]．北京：北京师范大学出版社，2016.

[20]林智中，陈健生，张爽．课程组织[M]．北京：教育科学出版社，2006.

[21]刘旭东．现代课程的价值取向研究[M]．兰州：甘肃教育出版社，2002.

[22]刘月霞，郭华．深度学习：走向核心素养[M]．北京：教育科学出版社，2018.

[23]裴娣娜．变革性实践与中国基础教育的未来发展[M]．北京：教育科学出版社，2015.

[24]裴娣娜．教育研究方法导论[M]．合肥：安徽教育出版社，1995.

[25]上海市教育委员会教学研究室．学校课程计划编制实践指南[M]．上海：华东师范大学出版社，2013.

[26]施良方．课程理论——课程的基础、原理与问题[M]．北京：教育科学出版社，1996.

[27]石中英．知识转型与教育改革[M]．北京：教育科学出版社，2001.

[28]万伟．课程的力量——学校课程规划、设计与实施[M]．上海：华东师范大学出版社，2017.

[29]王健，等．基于学生核心素养的生物学科能力研究[M]．北京：北京师范大学出版社，2018.

[30]王磊．基于学生核心素养的化学学科能力研究[M]．北京：北京师范大学出版社，2018.

[31]王民，高翠微，杨洁，蔚东英．基于学生核心素养的地理学科能力研究[M]．北京：北京师范大学出版社，2018.

[32]肖方明，等．五维一体 全息共生——核心素养视野下的学校整体改革[M]．重庆：西南师范大学出版社，2018.

[33]肖思汉，雷浩．基于核心素养的课程建构[M]．上海：华东师范大学出版社，2018.

[34]杨德军，黄晓玲．"六位一体"：普通高中课程自主创新的首都模式[M]．北京：北京师范大学出版社，2018.

[35]杨九诠．学生发展核心素养三十人谈[M]．上海：华东师范大学出版社，2017.

[36]叶澜．教育研究方法论初探[M]．上海：上海教育出版社，1999.

[37]余文森．核心素养导向的课堂教学[M]．上海：上海教育出版社，2017.

[38]张华．课程与教学论[M]．上海：上海教育出版社，2000.

[39]张慧群．学科核心素养与学科课程群[M]．上海：华东师范大学出版社，2019.

[40]郑林．基于学生核心素养的历史学科能力研究[M]．北京：北京师范大学出版社，2017.

[41]钟启泉，崔允漷．核心素养与教学改革[M]．上海：华东师范大学出版社，2018.

[42]钟启泉，崔允漷．核心素养研究[M]．上海：华东师范大学出版社，2018.

[43]钟启泉．核心素养十讲[M]．福州：福建教育出版社，2018.

[44]钟启泉．课程的逻辑[M]．上海：华东师范大学出版社，2008.

[45]钟启泉，李雁冰．课程设计基础[M]．济南：山东教育出版社，2000.

二、 期刊

[1]安桂清．基于核心素养的课程整合：特征、形态与维度[J]．课程·教材·教法，2018(9)．

[2]北京教育科学研究院基础教育教学研究中心项目组．课堂教学如何为学生核心素养发展提供有效支点？——北京市学生发展核心素养的教与学研究报告(2015)[J]．中小学管理，2016(10)．

[3]褚宏启，张咏梅，田一．我国学生的核心素养及其培育[J]．中小学管理，2015(9)．

[4]褚宏启．国民核心素养清单与重点[J]．中小学管理，2016(6)．

[5]褚宏启．核心素养的概念与本质[J]．华东师范大学学报(教育科学版)，2016(1)．

[6]褚宏启．核心素养的国际视野与中国立场——21世纪中国的国民素质提升与教育目标转型[J]．教育研究，2016(11)．

[7]褚宏启．核心素养与国民素质[J]．中小学管理，2016(5)．

[8]崔允漷，邵朝友．试论核心素养的课程意义[J]．全球教育展望，2017(10)．

[9]顾明远．核心素养：课程改革的原动力[J]．人民教育，2015(13)．

[10]郭晓明．从核心素养到课程的模式探讨——基于整体支配与部分渗透模式的比较[J]．中国教育学刊，2016(11)．

[11]黄四林，左璜，莫雷，刘霞，辛涛，林崇德．学生发展核心素养研究的国际分析[J]．中国教育学刊，2016(6)．

[12]姜英敏．韩国“核心素养”体系的价值选择[J]．比较教育研究，2016(12)．

[13]姜宇，辛涛，刘霞，林崇德．基于核心素养的教育改革实践途径与策略[J]．中国教育学刊，2016(6)．

[14]李润洲．学科核心素养的遴选及其关系辨析——一种知识结构的视角[J]．南京社会科学，2019(4)．

[15]李新．核心素养结构的四种类型比较研究[J]．上海教育科研，2016(8).

[16]李学书，杨敏．学生核心素养的培养：学校层面课程整合的原点[J]．河北师范大学学报(教育科学版)，2018(6).

[17]李颜如，李强．核心素养的意涵再探及其教育教学框架重构[J]．教育研究与实验，2019(1).

[18]李艺，钟柏昌．谈“核心素养”[J]．教育研究，2015(9).

[19]林崇德．学生发展核心素养：面向未来应该培养怎样的人？[J]．中国教育学刊，2016(6).

[20]林崇德．中国学生发展核心素养：深入回答“立什么德、树什么人”[J]．人民教育，2016(19).

[21]林崇德．中国学生核心素养研究[J]．心理与行为研究，2017(2).

[22]刘晟，魏锐，周平艳，师曼，刘坚．核心素养如何落地——来自全球的教育实践案例及启示[J]．人民教育，2016(20).

[23]刘晟，魏锐，周平艳，师曼，王郢，刘坚，陈有义，刘霞．21世纪核心素养教育的课程、教学与评价[J]．华东师范大学学报(教育科学版)，2016(3).

[24]刘霞，胡清芬，刘艳，方晓义，陈英和，莫雷，张文新，赵国祥，李红，辛涛，林崇德．我国学生发展核心素养的实证调查[J]．中国教育学刊，2016(6).

[25]刘新阳，裴新宁．教育变革期的政策机遇与挑战——欧盟“核心素养”的实施与评价[J]．全球教育展望，2014(4).

[26]柳夕浪．从“素质”到“核心素养”——关于“培养什么样的人”的进一步追问[J]．教育科学研究，2014(3).

[27]柳夕浪．走向整体的人：核心素养的整合意义[J]．中小学管理，2019(4).

[28]卢晓旭，陈昌文，周世科，孙灵璐．核心素养体系结构验证与课程承载分析[J]．教育发展研究，2017(24).

[29]聂洋溢．高考改革背景下的高中生涯规划课程建设——基于国际学生发展核心素养的视角[J]．全球教育展望，2019(2)．

[30]裴新宁，刘新阳．为21世纪重建教育——欧盟“核心素养”框架的确立[J]．全球教育展望，2013(12)．

[31]邵朝友，周文叶，崔允漷．基于核心素养的课程标准研制：国际经验与启示[J]．全球教育展望，2015(8)．

[32]师曼，刘晟，刘霞，周平艳，陈有义，刘坚，魏锐．21世纪核心素养的框架及要素研究[J]．华东师范大学学报(教育科学版)，2016(3)．

[33]石鸥．核心素养的课程与教学价值[J]．华东师范大学学报(教育科学版)，2016(1)．

[34]石中英．关于中国学生发展核心素养的哲学思考[J]．课程·教材·教法，2018(9)．

[35]王俊民，丁晨晨．核心素养的概念与本质探析——兼析核心素养与基础素养、高阶素养和学科素养的关系[J]．教育科学，2018(1)．

[36]王俊民．新西兰基于核心素养的课程构建与实施[J]．比较教育研究，2016(12)．

[37]魏锐，刘晟，师曼，周平艳，王郢，陈有义，刘霞，刘坚．21世纪核心素养教育的支持体系[J]．华东师范大学学报(教育科学版)，2016(3)．

[38]夏雪梅．基于学生核心素养的学校课程建设：水平划分与干预实例[J]．课程·教材·教法，2013(7)．

[39]辛涛，姜宇，林崇德，师保国，刘霞．论学生发展核心素养的内涵特征及框架定位[J]．中国教育学刊，2016(6)．

[40]辛涛，姜宇，刘霞．我国义务教育阶段学生核心素养模型的构建[J]．北京师范大学学报(社会科学版)，2013(1)．

[41]辛涛，姜宇，王烨辉．基于学生核心素养的课程体系建构[J]．北京师范大学学报(社会科学版)，2014(1)．

[42]辛涛，姜宇．全球视域下学生核心素养模型的构建[J]．人民教育，2015(9)．

[43]辛涛．学生发展核心素养研究应注意几个问题[J]．华东师范大学学报(教育科学版)，2016(1).

[44]辛涛．学业质量标准：连接核心素养与课程标准、考试、评价的桥梁[J]．人民教育，2016(19).

[45]熊梅，李洪修．发展学科核心素养：单元学习的价值、特征和策略[J]．课程·教材·教法，2018(12).

[46]许祎玮，刘霞．基于核心素养的课程教学改革——基本模式、国际经验及启示[J]．北京师范大学学报(社会科学版)，2017(5).

[47]杨德军，余发碧，王禹苏，郭玉婷，李静．核心素养的落实：他方经验与本土推进[J]．中小学管理，2016(10).

[48]杨惠雯．核心素养的谱系学考察——基于 OECD 的分析与反思[J]．比较教育研究，2019(2).

[49]杨向东．核心素养与我国基础教育课程改革的关系[J]．人民教育，2016(19).

[50]余发碧，王禹苏，李静，郭玉婷．美国 21 世纪核心素养的落实：以教育为主 倾全社会之力[J]．中小学管理，2016(12).

[51]余国良．学生核心素养体系建构的意义与方式[J]．教育理论与实践，2016(23).

[52]余文森．从三维目标走向核心素养[J]．华东师范大学学报(教育科学版)，2016(1).

[53]余文森．论学科核心素养的课程论意义[J]．教育研究，2018(3).

[54]张恩德，彭旭．论指向核心素养落地的科学与人文课程整合[J]．教育科学研究，2019(2).

[55]张华．核心素养与我国基础教育课程改革“再出发”[J]．华东师范大学学报(教育科学版)，2016(1).

[56]郑葳，刘月霞．深度学习：基于核心素养的教学改进[J]．教育研究，2018(11).

[57]钟启泉．基于核心素养的课程发展：挑战与课题[J]．全球教育展望，2016(1).

[58]周平艳，魏锐，刘晟，师曼，陈有义，刘霞，刘坚．提出21世纪核心素养的驱动力研究[J]．华东师范大学学报(教育科学版)，2016(3).

[59]周文叶．核心素养的课程转化：以美国为例[J]．教育发展研究，2017(12).

[60]朱立明，马云鹏．核心素养：敢问路在何方[J]．全球教育展望，2019(3).